光明社科文库
GUANGMING DAILY PRESS:
A SOCIAL SCIENCE SERIES

·经济与管理书系·

清水江流域民间借贷契约文书校释

安尊华 | 点校

光明日报出版社

图书在版编目（CIP）数据

清水江流域民间借贷契约文书校释 / 安尊华点校
. --北京：光明日报出版社，2021.4
ISBN 978 - 7 - 5194 - 5906 - 2

Ⅰ.①清… Ⅱ.①安… Ⅲ.①契约—文书—研究—贵
州 Ⅳ.①D927.730.36

中国版本图书馆 CIP 数据核字（2021）第 060835 号

清水江流域民间借贷契约文书校释

QINGSHUIJIANG LIUYU MINJIAN JIEDAI QIYUE WENSHU JIAOSHI

点　　校：安尊华

责任编辑：曹美娜　　　　　　　　　责任校对：袁家乐
封面设计：中联华文　　　　　　　　责任印制：曹　净

出版发行：光明日报出版社

地　　址：北京市西城区永安路 106 号，100050

电　　话：010 - 63169890（咨询），010 - 63131930（邮购）

传　　真：010 - 63131930

网　　址：http：//book. gmw. cn

E - mail：caomeina@ gmw. cn

法律顾问：北京德恒律师事务所龚柳方律师

印　　刷：三河市华东印刷有限公司

装　　订：三河市华东印刷有限公司

本书如有破损、缺页、装订错误，请与本社联系调换，电话：010 - 63131930

开　　本：170mm×240mm

字　　数：458 千字　　　　　　　　印　　张：25.5

版　　次：2021 年 4 月第 1 版　　　　印　　次：2021 年 4 月第 1 次印刷

书　　号：ISBN 978 - 7 - 5194 - 5906 - 2

定　　价：99.00 元

凡　例

一、标题

本书征引的契约文书一律用文书原标题。在标注第一份文书来源时，注明出自某书的完整信息。以后只标出书名、辑数、册数和页码。立契时间在民国三十八年（一九四九）八月九号（阴历）以后的，则改为公元纪年，不再出注说明。每类按时间先后排列，便于查询。

二、释文

释文一律采用简体字，加上现行的标点符号。错别字照录，把对应的现今之通行字标注在括号里。图像残缺或漫漶时，笔画残损仍可辨识，所释文字在外加方框标明，如 学 。对前面、中间、后面脱落、缺失的字超过三个分别用 ⎵ 、 ⎵ 、 ⎵ 表示。对缺失字仍可看出个数的用口号表示。补字、衍字，在该字外加 〔 〕 并说明。

文书音近或形近的讹字，如"中"作"忠"（作"凭中"时可通），"园"作"圆"，"商"作"谪"，"银"作"言"等，均原文照录，将正确的字加括号置后，作圆（园）、伯（佰）、谪（商）、言（银）。对于省笔字，在其后用括号列出正确字，不作注，尽量简练。如殳（股）、艮（银）、厶（亩）、毛（毫）、卜（分）等。组合的俗字，如"文＋艮"合成一个字，释为"艰"；"文＋斗"组合的一个字，释为"文斗"。在古代汉语中，"伯"通"佰"，本书将表数目的"伯"释为"伯（佰）"。"合＋同"写成一个字，释为"合同"。全书释文所用汉字，皆以《通用规范汉字表》的字为准。

用于防伪、表数量而类似"乙"的符号，释为"一"，表示数目一而写作"乙"的照录；表重量、价钱的数词，按原文书的写法。其他特殊的写法，如"十"字的右下角再加一点，释为"十一"，加两点，释为"十二"，文中不再作注；"零"在文书中与汉字连在一起的"0"，统一释为"○"。

文书中的画押符号，用"（押）"注明；有印章处则用"（印）"，有手印处用"（手指印）"。落款时间空两格排列。

三、脚注

对于特殊词、文字讹误和需要说明之处，略作注释。

总体原则：忠实原文，不轻易添删字词，力求准确释读，体现文书真实信息。

目　录
CONTENTS

二、抵押借贷契约

三、典卖契约 …………………………………………………… 125

四、当约 …… 334

五、民间合会 ·· 349

一、一般借贷契约

1－3－3－005 范富臣借银约（乾隆三十九年八月二十一日）

立借约人格翁寨范富臣，为因家中无出设办，自己登门问到加室寨姜佑章名下[1]，实借过本银六钱正，入手领回家中费用。其艮（银）自借之后[2]，银（言）定照月加四行利，限字（至）十月内本利归还，不得有悮（误）[3]。倘有为（违）误，加一作利。恐后无凭，立此借字为擝（据）[4]。

代笔　范文彬

乾隆叄拾九年八月廿一日　立借

（来源：《清水江文书》第一辑第 7 册第 134 页）

注：

（1）加室，一作"加什""家池""家食""加食""家什""嘉什"等，多数情况下写作"加池"。释文一律按其写法，照录。现今地名写作"加池"。

（2）其艮："艮"，在清水江文书中表示银两、银元等通贷时指"银"，以下遇到这种情况释为"银"。

（3）有悮："悮"为"误"的异体字，以下释为"误"，不再出注。

（4）据：文书中写作"擝"，繁体作"據"，文书中还作"拠""処"，均"据"之异体字，以下凡遇此种情况，均径直释为"据"。

1－3－3－017 姜宏运、姜延灿、姜老连等借银字（乾隆四十八年十一月初五日）

立借字人文斗寨姜宏运、延灿、老连等，今因生理缺少本银，自己问到加池寨姜佐章名下，实借本银式拾八两整，言定照月加四行利，不得有误。口说无凭，立借字为据。

代笔　姜廷望

乾隆四十八年十一月初五日　立

（来源：《清水江文书》第一辑第7册第146页）

1－3－3－019 姜延灿、姜廷珠借银字（乾隆五十年四月十八日）

立借字人文斗寨姜延灿、廷珠二人，为因生理缺少银无出，自己借到家池姜佐章名下，实借过银式拾正[(1)]，入手领回生理应用。其银言加四行利，限在托（脱）木本利归还[(2)]，不淂（得）短少分厘[(3)]。恐口无凭，立此借字存照。

代书中　姜弘道

乾隆五十年四［月］十八日[(4)]　立

（来源：《清水江文书》第一辑第7册第148页）

注：

(1) 实借过银式拾正："拾"下疑脱"两"字，未补。

(2) 限在托木本利归还："托木"，指木材卖掉，换得现金。"托"，当作"脱"，指卖掉变现。

(3) 不淂（得）短少分厘：淂，同"得"，以下"淂"径释为"得"。

(4) 四十八日："四"下疑脱"月"字。

1－3－3－024 范老四借银字（嘉庆四年四月十七日）

立借字人岩湾寨范老四，为因要银使用无从得出，自己借到姜坐漳本银三两七钱正，亲手收（收）回应用[(1)]。其银昭（照）月加三行息，不得有误。如有误者，立字为据。

范文机　笔

嘉庆五年四月初十本利算来五两，收银二两七钱五分，下欠银二两二钱五分。

嘉庆四年四月十七日　立

（来源：《清水江文书》第一辑第 7 册第 153 页）

注：
（1）亲手收回应用："收"为"收"的异体字，以下径释为"收"。

1－3－3－025 范德珍、范玉成借银字（嘉庆四年六月初五日）

立借字人岩湾寨范德珍、玉成，为因生理，自己借到加池寨姜坐章名下本银六□十两□秤，其银照月加三行息，不拘远近归还，不得有误。今恐无凭，立字为据。

代书

范文蔚

凭中

嘉庆四年六月初五日　立

（来源：《清水江文书》第一辑第 7 册第 154 页）

1－3－3－026 范玉玶借银字（嘉庆四年七月二十七日）

立借字人岩湾寨范玉玶，为因生理缺少本银无出，自己借到加池姜佐彰本钱五拾两整，亲手收回应用，不俱（拘）远近相还，照月加叁行利。今欲有凭，立此借字为据。

宗尧　代笔

嘉庆四年七月廿七日　立

（来源：《清水江文书》第一辑第 7 册第 155 页）

1－5－1－014 姜廷华等借字（嘉庆四年十一月初四日）

立借字人本寨姜廷华、姜文玉二人，为因家下缺少银用无从得出，自己问到姜芝珽名下，实借本银拾两整，亲手收回应用。其银言定照月加三行利，不拘远近归还。今恐无凭，立此借字存照。

世琏　笔

嘉庆肆（肆）四年十一月初四日　立

（来源：《清水江文书》第一辑第 10 册第 14 页）

1－5－1－021 姜辛贵借字（嘉庆五年六月十六日）

立借字人姜辛贵，为因家下缺少银用无处得出，自己问到姜保乔名下，实借银乙两整，亲手领回应用。自借之后，言定米（每）年禾一称作利。今恐无凭，立此借字前（存）照。

内添一字。

姜朝俊　笔

嘉庆五年六月十六日　立

（来源：《清水江文书》第一辑第 10 册第 21 页）

1－3－3－028 范玉平借银字（嘉庆五年七月初三日）

立借字人岩湾寨范玉平，为因生里（理）无出，自己借到姜佐章名下，实借过本银乙百两正，亲手收回应用。其银言定照月加三行利，日后不得有误。今恐无凭，立字是实。

文秀　笔

嘉庆五年七月初三日　立

（来源：《清水江文书》第一辑第 7 册第 157 页）

1－3－3－030 范老五借银字（嘉庆五年十一月十五日）

立借字人岩湾寨范老五，为因生理要银使用无从得出，自己问到姜佐彰名下，借过本银拾四两六钱整，亲手收回应用。其银言定照月加三行利，不俱（拘）远近相还。今欲有凭，立此借字是实。

代笔　范起云

嘉庆伍年十一月十五日

（来源：《清水江文书》第一辑第 7 册第 159 页）

1－3－3－031 范老五借银字（嘉庆五年十一月二十八日）

立借字人岩湾寨范老五，为因生理无处得出，自己问到加池寨姜佐章，实借艰艮五两整[1]，亲手领回应用。自借之后，言定照月加三行利，日后木头发卖，本利归还，不得有误。今恐无凭，立此借字实[2]。

姜朝俊　笔

嘉庆五年十一月二十八日　立

（来源：《清水江文书》第一辑第 7 册第 160 页）

注：
(1) 实借艰艮五两整："艮"疑为衍文。
(2) 立借字实："字"后一般情况有"是"字，此处无，仍其旧，未添加。

1－3－3－032 范玉平、范文浩借银字（嘉庆五年十一月二十九日）

立借字人岩湾寨范玉平、文浩二人，为因生理无出，自己借到加什寨姜右章名下，实借过本银一百五十两正，亲手收回应用。其银言定照月加三行利，日后不得有误。今恐无凭，立借是实。

文绣　笔

嘉庆五年十一月廿九日　立

（来源：《清水江文书》第一辑第 7 册第 161 页）

1－3－3－033 范老五借银字（嘉庆五年十二月二十五日）

立借字人岩湾寨范老五，为因生理要银使用无从得出，自己问到加什寨姜佐彰名下，借过本银二拾两整，亲手领回应用。其银言定照月加三行利，不俱（拘）远近相还。今欲有凭，立此借字是实。

代笔　范起云

嘉庆五年十二月廿五日　立

（来源:《清水江文书》第一辑第 7 册第 162 页）

1-3-4-027 范老五借银字（嘉庆六年正月二十一日）

立借字人岩湾寨范老五，为因生理要银使用无从得出，自己问到加池寨姜佐彰名下，借过本银叁拾两整，亲手领回应用。其银言定照月加三行利，不俱（拘）远近相还。今欲有凭，立此借是实。

代笔　范起云

嘉庆六年正月廿一日　立

（来源:《清水江文书》第一辑第 8 册第 27 页）

1-3-3-034 范玉平借银字（嘉庆六年二月十二日）

立借字人岩湾寨范玉平，为因生理无出，自己借到加什寨姜左章名下，实借过本银五什（拾）两正，亲手收回应用。其银言定昭（照）月加三行利，日后不得有误。今恐无凭，立借字是实。

范文秀　笔

嘉庆六年弍月十二日　立

（来源:《清水江文书》第一辑第 7 册第 163 页）

1-3-3-035 范玉平、范玉堂等借银字（嘉庆六年十月十四日）

立借字人岩湾寨范玉平、范文洁、范玉堂、范咸冀四人，为因生理要银使用无从得出，自己问到加什寨姜佐彰名下，实借过本银四百两整，亲手领回应用。其银照月加三行利，不俱（拘）远近相还。今欲有凭，立此借字是实。

代笔　范起云

嘉庆六年十月十四日　立

（来源:《清水江文书》第一辑第 7 册第 164 页）

1-1-3-010 潘盛文借银字（嘉庆七年二月二十日）

立借字人潘盛文，为因家下缺少银用无出，自己上门借到姜廷德名下本银一两五钱正，当日言定照月加四行息，限至秋收本利相还，不得短少分利。恐后无凭，立字为据。

代笔　刘大雅

嘉庆七年二月二十日　立

（来源：《清水江文书》第一辑第 1 册第 309 页）

1-1-3-008 潘必朝借银字（嘉庆七年四月初七日）

立借字人潘必朝，今因缺少银用无从得处，自己请中上门问到姜廷德名下，借出纹银十两整，利银谷六十斤九秤，限至十月本利还归，不得有误。今幸有凭，立此借字存照。

每两一秤。

保人　潘登万

二人□伐

笔　潘必达

嘉庆七年四月初七日　立　　本银在外

（来源：《清水江文书》第一辑第 1 册第 307 页）

1-1-3-009 潘登万借银字（嘉庆七年四月初九日）

立借字人潘登万，今因缺少口粮无从得处，自己上门问到姜廷德名下，出银式两一钱正，作包古（谷）本利二石乙斗相还，不得为（违）误。今幸凭，限至十月还归。

凭中　笔　潘必达

嘉庆七年四月初九日　借日

（来源：《清水江文书》第一辑第 1 册第 308 页）

1-3-3-039 姜朝俊借银字（嘉庆七年七月二十六日）

　　立字人姜朝俊，为因理生无处得出[1]，自己问到姜佐章名下，实借过本银四两三钱五分正，亲手领回应用。自借之后，言定照月加三行利，不恂（拘）远近相还，日后不得有误。恐口无凭，立此借字是实。

　　　　　　　　　　七月所收银二两五钱整，并无算利。

嘉庆七年七月廿六日　亲笔　立

　　　　　　　　　　　　（来源：《清水江文书》第一辑第 7 册第 168 页）

注：

(1) 为因理生无处得出："理生"，当作"生理"，依其旧。

1-1-3-012 潘□□借银字（嘉庆七年十二月二十一日）

　　立借字人潘□□，今因家下要银用度无从得出，自己请中问到姜廷德名下，借出银乙两四钱正。其银行利加叁相还，不得有误。限至来年十二月相还。今幸有凭，立此存照[1]。

　　　　　　　　　　　　　　　　　潘必达　笔

嘉庆七年十二月二十一日

　　　　　　　　　　　　（来源：《清水江文书》第一辑第 1 册第 311 页）

注：

(1) 立此存照："此"字下疑脱"借字"二字，依其旧。

1-1-3-013 潘□□借银约（嘉庆八年正月二十二日）

　　立借约人潘□□，今因要银使用无从得处，自己上门问到姜廷德名下，出银式两正。其银加四行利，不得误。如有者，将猪作当。今人不古，借约存照。

　　　　　　　　　　　　　　凭中笔　潘必达

嘉庆八年正月廿二日　立

（来源：《清水江文书》第一辑第 1 册第 312 页）

1-2-16-014 张高农立借地契（嘉庆八年五月初八日）

立借地人张高农，今因借到加食姜佐兴、廷德山场，四股均分，坐路（落）土名虫强，上平（凭）姜梦山田，下平（凭）路，右平（凭）兴隆地，左平（凭）岩塝杉木，四字（至）分明，张姓借土□□，日后木头长大，连木带地归与主家。客并无系分[1]。

笔　高 夏

嘉庆八年五［月］初八日

（来源：《清水江文书》第三辑第 6 册第 14 页）

注：

(1) 客并无系分："系"疑为"丝"字，从其旧。

1-4-3-008 陈咸冀、范咸芳借银字（嘉庆八年十月十一日）

立借字人岩湾寨陈咸冀、范咸芳，今因木行生理无银过价，亲自全到加什寨问及姜士周，实借过本银乙百伍十两正，亲手领回应用。其银言定照月加叁行息，不拘远近交还，不得有误。如有误者，立此借约存照。

嘉庆捌年十月十乙日　立

（来源：《清水江文书》第一辑第 9 册第 358 页）

1-1-3-016 潘必达借银字（嘉庆八年十二月初十日）

立借字人潘必达，今因要银使用无从得处，自己问到姜廷德名下，借出本银十九两四钱正。其银行利加叁相还，不得有误。今幸有凭，立此借字存照。

代笔　潘仕滢

嘉庆八年十二月初十日

（来源：《清水江文书》第一辑第 1 册第 315 页）

1-1-6-013 范文浩借银字（嘉庆八年十二月二十日）

立借字人岩湾寨范文浩，为因缺少银用无从得出，自己借到加池寨姜廷德名下，借过纹银拾七两二钱整，限至二月之内归还，不得有误。如有过限，照月加三行利。今恐无凭，立此借字是实。

玉琢

凭中　范

文彬

代笔　范起云

嘉庆八年十二月廿日立

（来源：《清水江文书》第一辑第 3 册第 13 页）

1-5-1-032 姜文玉、姜起三借银字（嘉庆八年十二月二十七日）

立借字人本寨姜文玉、姜起三二人，为因家下要银使用无从得出，自己问到姜保乔名下，借出本银三两整，亲手收回应用。其言（银）艮（言）定照月加三行利，不拘远近归还，不得短少。今恐无凭，立此借字是实。

收起三名下本利二两五钱八分。

姜通文　笔

嘉庆八年十二月二十七日　立

（来源：《清水江文书》第一辑第 10 册第 32 页）

1-5-1-034 姜朝俊、姜登高借银字（嘉庆九年二月初一日）

立借字人姜朝俊、登高二人，为因□理无处得出，自己问到姜君仁名下，实借本银十六两整，亲手领回应用。言定照月加三行利，不拘远近相还，日后不得有误。恐口无凭，立此借字是实。

内添"君""两"字。

五月初四日之连收登高银十五两正。朝俊下欠之连本利银七两正。加三行利。

嘉庆九年二月初一日　亲笔　立

（来源：《清水江文书》第一辑第 10 册第 34 页）

1－1－3－017 张和位借银约（嘉庆十年十二月十八日）

立借约人张和位，今因家下要银用度无从得处，自己问到姜廷德名下，承借本银伍两正。其银每月行利加三，限致（至）秋收相还。如银不及，将包谷下楼，不得留。今欲有凭，立借字存照。

凭中　杨文泰
代笔　杨恒玉

嘉庆十年十二月十八日　立

（来源：《清水江文书》第一辑第 1 册第 316 页）

1－3－3－045 姜应文借银字（嘉庆十一年五月）

立借字人姜应文，为因缺少银用，自愿问到亲戚家姜松乔名下，实借本银二十两整，亲手领回应用，日后如有银两，即当照本归还。恐后无凭，立此借字是实。

代笔　姜□□

嘉庆十一年五月初□

（来源：《清水江文书》第一辑第 7 册第 174 页）

1－3－3－046 姜光周借银字（嘉庆十一年九月十一日）

立借字人文斗寨姜光周，为因生理要银用度无处得出，自己问到加室寨姜老松名下，实借过本银叁拾两整，亲手收回偎用。其银言定照月加三行利，后木发卖，本利归还，不得有误。今无凭，立此借字为据。

亲笔

嘉庆十一年九月十一日　立

（来源：《清水江文书》第一辑第 7 册第 175 页）

1-5-1-053 姜奉生借银契（嘉庆十一年十二月二十七日）

嘉庆十一年十二月二十七日，为张廷贵□言□造契税，弟兄不服，与张廷贵上城，到□洞主家留坐劝息，去之琏银三两，奉生落一两五钱得归还，召（照）月加三行利。

姜廷芳兄　笔

（来源：《清水江文书》第一辑第 10 册第 53 页）

1-1-3-018 杨恒凤借银约（嘉庆十二年六月初四日）

立借约人杨恒凤，今因借到姜廷德名下，借出猪弍支（只），作价银叁两四钱正。其银每月行利加三，限致（至）猪托（脱）相还，不致有误。今恐人心不古，立借猪为照。

恒玉　笔

嘉庆拾二年六月初四日　立

（来源：《清水江文书》第一辑第 1 册第 317 页）

1-1-3-019 杨恒玉借银约（嘉庆十二年八月十五日）

立借约人杨恒玉，今因家下要银用度无从得处，自己问到姜廷德名下，借出骆银叁两叁钱正。其银每月行利加三相还，不致有误。今恐人心不古，立借字照。

亲笔

嘉庆拾二年八月拾五日

（来源：《清水江文书》第一辑第 1 册第 318 页）

1－3－3－048 姜映文借银约（嘉庆十三年十月初四日）

立借约人姜映文，为因生理，问到姜松桥名下，实借过本银叁拾两整，言定炤（照）月加叁行利，不拘远近相还，不得有误。今恐无凭，立此为据[1]。

代笔　胡回澜

嘉庆拾叁年十月初四日　立

（来源：《清水江文书》第一辑第 7 册第 177 页）

注：

（1）立此为据："此"字下脱"借字"，依其旧。

1－2－2－019 姜绍青借银限字（嘉庆十六年十月初七日）

立限字人扒洞寨姜绍青，为因欠到加池寨姜佐兴名下银七两二钱五分整，现又应用其银，限□□年十二月内归还，不得为（违）误。今恐心难凭，立此限字为据。

亲笔

嘉庆十六年十月初七日

（来源：《清水江文书》第一辑第 4 册第 142 页）

1－3－3－050 姜笔昌等借银字［嘉庆十七年五月刀（初）三日］

立借字人平敖姜笔昌、圣华二人，借道（到）松富名下本银十两，限至木头卖正本相丘（归）还，不得有负。

姜延蛟　笔

嘉庆十七年五月刀（初）三日　立

（来源：《清水江文书》第一辑第 7 册第 179 页）

1-1-3-025 杨长福、杨生福欠银约（嘉庆十九年二月十六日）

立欠约人杨长福，为因生理，缺欠二舅姜廷德名下，实欠过本银七两整，不拘远近归还，不得短少。今久（欲）有凭，立约存照。

亲笔

嘉庆十九年二月十六日　立

（来源：《清水江文书》第一辑第 1 册第 324 页）

1-1-3-026 杨□才等借银约（嘉庆十九年三月十七日）

立借约人杨□才、杨□才，今因家下要银用度无从得处，自己问到加池寨主家姜廷德名下，承借银式两贰钱正。其银每月行息加叁相还，不至（致）有误。今恐人心不古，立借字存照。

代笔　唐友明

嘉庆十九年三月十七日　立

（来源：《清水江文书》第一辑第 1 册第 325 页）

1-3-3-053 姜朝俊借银字（嘉庆二十一年闰六月十八日）

立借字人本寨姜朝俊，为因家缺少良（粮）食无处得出，自巳（己）问到姜松乔名下，实借谷五称整，亲手收回应用。言近（定）价共银一两八钱整，不拘远近相还，日后不得有误。今恐无凭，立此借字是实。

内添"共"字。

嘉庆二十一年闰六月十八日　亲笔　立

（来源：《清水江文书》第一辑第 7 册第 182 页）

3-2-2-046 姜揆立借字（嘉庆二十一年十一月二十日）

立借字人平鳌寨姜揆，为因生理缺少本银，今借到家室姜佐兴旧（舅）爷名下本银伍拾两整。其银自借之后，照月加三行息归。恐后无凭，立此借字为据。

嘉庆贰拾壹年十一月二十日　亲笔　立

（来源：《清水江文书》第二辑第 2 册第 187 页）

1-1-3-031 姜东保借银字（嘉庆二十二年二月十二日）

立借约字人姜东保，为因家中度用无处得出，自己借到姜成德名下，实借过本银二两五钱，照月加三行利，不拘远近归还。所借是实。

之俊　笔

嘉庆二十二年二月十二日　立

（来源：《清水江文书》第一辑第 1 册第 330 页）

1-3-3-057 陆钟山借银字（嘉庆二十二年七月十九日）

立借字人中仰寨陆钟山，为因缺少银用无处所出，自己问到加池寨姜之模名下，借银一两二钱整，亲手领回应用。其银言定召（照）月加三行利，不拘远近归还，不至（致）有误。恐后无凭，立此借字存照。

亲笔

嘉庆二十二年七月十九日　借

（来源：《清水江文书》第一辑第 7 册第 186 页）

1-4-3-014 杨昌兴兄弟二人借地字（嘉庆二十二年九月二十三日）

立写地人本寨杨昌兴兄弟二人，为因银少饭无从所出，自己上门问到姜世太、姜世荣、姜世德弟兄三人名下，实与地名养衣一块，一（以）后地主栽杉木，杨昌兴二人无患。所借耕种一（以）后杉木病（并）无股患。今恐无凭，立此写地存照。

代笔　黄明科

嘉庆二十二年九月二十三日　立

（来源：《清水江文书》第一辑第 9 册第 364 页）

1-3-3-058 陆廷因等借银字（嘉庆二十二年十月初四日）

嘉庆二十二年十月初四日中仰寨陆廷舜、陆廷因，为因家下缺少银用无处所出，自己上门问到姜之模借玉（与）本银拾陆两整，入手收回用度。其银召（照）月加叁行利，不恂（拘）远近归还。恐后无凭，立此借字为据。

亲笔

（来源：《清水江文书》第一辑第 7 册第 187 页）

注：

在本借银字中，时间写在最前面。落款处无"嘉庆二十二年十月初四日立"字样。

1-1-3-037 龙腾贵借银约（嘉庆二十四年五月初四日）

立借约人龙腾贵，今因借到姜廷德猪式过（个），借价银式两三钱，召（照）月加三行利，后猪发卖，本利相还。今欲有凭，立此借约存照。

腾贵亲笔　立

嘉庆二十四年五月初四日　立

（来源：《清水江文书》第一辑第 1 册第 336 页）

1-1-3-040 借银字（嘉庆二十五年八月初四日）

☐☐姜廷德名下，实借☐本银拾陆两伍钱，亲手收回☐☐银言定照月加三行息，限☐☐归还，不得有误。如有误者，☐☐是实。

亲笔

嘉庆廿五年八月初四日　立

（来源：《清水江文书》第一辑第 1 册第 339 页）

1-1-3-041 马宗荣借禾字（道光元年三月初一日）

立借禾字人马宗荣，为因缺少粮食，自己借▢▢▢寨姜熊占名下，借禾三百斤，亲手收回应用，每年一本一利，不得有误。今恐凭（无）凭，立子（此）借字为据。

代笔　马宗和

到（道）光元年三月初一日　立

（来源：《清水江文书》第一辑第 1 册第 340 页）

3-2-2-056 姜文恒立借字（道光元年六月初一日）

立借字人平敖寨姜文恒，为因生理缺少银用，今借到加池寨姜佐兴名下本银五十两整。其银木托照月行加三息归还。今欲有凭，立此借字是实。

子姜揆　笔

道光元年六月初一日　立

（来源：《清水江文书》第二辑第 2 册第 197 页）

1-3-3-062 彭相吉借银字（道光元年七月二十九日）

立借字人格翁寨彭相吉，为因缺少银用无出，亲自借到加池寨姜之模贤旧（舅）名下本银拾五两捌钱正，言定召（照）月加叁行息，不拘远近归还，不得有误。今恐无凭，立此借字存照。

内添"捌钱"式字。

二年收银十〇四钱一分。又收银四两式钱六分，利未算。

亲笔

道光元年七月廿九日　立

（来源：《清水江文书》第一辑第 7 册第 191 页）

1-2-2-043 姜世琦借银字（道光三年四月初七日）

　　立借字人本寨姜世琦，为因家中费 用 不足，自己问到姜凤梭名下，实借过本银一两七钱整，亲手入回应用。其银言定召（照）月加三利息，不拘远近相还。恐口无凭，立此借字□□。

代笔　姜世泽

　　道光三年四月初七日　立

（来源：《清水江文书》第一辑第 4 册第 166 页）

1-1-1-026 姜官绞借钱字（道光四年正月初五日）

　　立借字人本房姜官绞，夬（缺）少银用，自己借到姜开明名下本钱叁拾两，亲手收回应用。其银照月加叁利息。今恐无凭，立此借字为据。

　　道光四年正月初五日　代笔　姜之模　立

（来源：《清水江文书》第一辑第 1 册第 26 页）

1-2-1-041 李荣魁借银字（道光四年又七月二十四日）

　　立借字人韶霭寨李荣魁，因家中缺少银用无处所出，自愿借到加池寨姜开让名下，实借本银拾四两六钱整，亲手收回应用。其银照月加三行利。恐口难凭，故立借字为据。

凭中　姜之模
代笔　姜开渭

　　道光四年又七月廿四日　立

（来源：《清水江文书》第一辑第 4 册第 41 页）

1-2-3-027 李荣魁借银字（道光四年又七月二十四日）

　　立借字人韶霭寨李荣魁，因家中缺少银用无处所出，自愿借到加池寨姜开让名下，实借本银拾四两六钱整，亲手收回应用。其银照月加三行利。恐口难凭，故立借字为据。

凭中　姜之模
代笔　姜开渭

道光四年又七月廿四日　立

（来源：《清水江文书》第一辑第 4 册第 313 页）

1-2-16-078 李荣魁立借字（道光四年又七月二十四日）

立借字人韶霭寨李荣魁，因家中缺少银用无处所出，自愿借到加池寨姜开让名下，实借本银拾四两六钱整，亲手收回应用。其银照月加三行利。恐口难凭，故立借字为据。

凭中　姜之模
代笔　姜开渭

道光四年又七月廿四日　立

（来源：《清水江文书》第三辑第 6 册第 78 页）

注：

1-2-1-041 李荣魁借银字、1-2-3-027 李荣魁借银字、1-2-16-078 李荣魁立借字所列的三份文书内容完全相同，应为同一份，列于此。

1-3-3-063 姜维远借银字（道光五年二月十六日）

立借字人本房姜维远，为因家中缺少银用无处所出，亲自问到姜之模名下，借过本银一两三钱五分整，亲手收回应用。银定照月加三行利[1]，不怕（拘）远近归还，不得有误。恐后无凭，立此借字为据。

开基　笔

道光伍年二月十六日　立

（来源：《清水江文书》第一辑第 7 册第 193 页）

注：

（1）银定照月加三行利："定"字前疑脱"言"字，"银"字前疑脱"其"字，依其旧。

1-2-16-081 范绍源立借字（道光五年五月十九日）

立借字人岩湾寨范绍源，为因缺少银用，自己借到加池寨姜开让名下本银壹两壹钱，亲手领收应用。其银照月加叁行利，不拘远近归还，不至（致）有误。恐后无凭，立此借字为据。

绍源亲笔

道光五年五月十九日　立

（来源：《清水江文书》第三辑第6册第81页）

1-2-3-030 范绍源借银字（道光五年五月十九日）

立借字人岩湾寨范绍源，为因缺少银用，自己借到加池寨姜开让名下本银壹两壹钱，亲手领收应用。其银照月加叁行利，不拘远近归还，不至（致）有误。恐后无凭，立此借字为据。

绍源亲笔

道光五年五月十九日　立

（来源：《清水江文书》第一辑第4册第316页）

1-2-1-042 范绍源借银字（道光五年五月十九日）

立借字人岩湾寨范绍源，为因缺少银用，自己借到加池寨姜开让名下本银壹两壹钱，亲手领收应用。其银照月加叁行利，不拘远近归还，不至（致）有误。恐后无凭，立此借字为据。

绍源亲笔

道光五年五月十九日　立

（来源：《清水江文书》第一辑第4册第42页）

注：

1-2-16-081 范绍源立借字、1-2-3-030 范绍源借银字、1-2-1-042 范绍源借银字三份文书内容完全相同，疑为同一份文书，录于此。

1-2-2-052 张团列、张孝方借银字（道光七年二月十五日）

立借字人三眼桥张团列、孝方，为因本身用度不足，自己借到姜开让名下，实借过本银四两整，亲手入回应用。其银言定召（照）月加一行利，不拘远近相还。恐口无凭，立此借字是实。

十一月收过银三两。

代笔 姜世泽

道光七年二月十五日 立

（来源：《清水江文书》第一辑第 4 册第 175 页）

1-2-3-033 姜士敖等借银字（道光八年七月二十八日）

立借字人堂东寨姜士敖、登才、世荣、吴光彩众人，为因钱粮之事要银使用，无从得出，自己借到加池寨姜开让名下本银拾两正，亲手收用，言定照月加三行利，不得有误。恐口难凭，立此借字为据。

代笔 吴焕奎

道光八年七月廿八日 立

（来源：《清水江文书》第一辑第 4 册第 319 页）

1-2-16-088 姜士敖等立借字（道光八年七月二十八日）

立借字人堂东寨姜士敖、登才、世荣、吴光彩众人，为因钱粮之事要银使用，无从得出，自己借到加池寨姜开让名下本银拾两正，亲手收用。言定照月加三行利，不得有误。恐口难凭，立此借字为据。

代笔 吴焕奎

道光八年七月廿八日 立

（来源：《清水江文书》第三辑第 6 册第 89 页）

注：

1－2－3－033 姜士敖等借银字与 1－2－16－088 姜士敖等立借字内容完全相同，当为同一份文书。

1－2－16－091 姜维明立限字约（道光九年九月二十九日）

立限字约人扒洞寨姜维明，今限到加池寨姜开让、开异弟兄二人名下本银四两五钱整，限开年二月内归还。如有过限，自愿每年租谷二秤半。今恐无凭，立限字为据。

代笔　绍祥

道光九年九月二十九日　立

（来源：《清水江文书》第三辑第 6 册第 92 页）

1－2－3－035 姜维明借银限字（道光九年九月二十九日）

立限字约人扒洞寨姜维明，今限到加池寨姜开让、开异弟兄二人名下本银四两五钱整，限开年二月内归还。如有过限，自愿每年租谷二秤半。今恐无凭，立限字为据。

代笔　绍祥

道光九年九月二十九日　立

（来源：《清水江文书》第一辑第 4 册第 321 页）

1－2－1－046 姜维明借银约（道光九年九月二十九日）

立限字约人扒洞寨姜维明，今限到加池寨姜开让、开异弟兄二人名下本银四两五钱整，限开年二月内归还。如有过限，自愿每年租谷二秤半。今恐无凭，立限字为据。

代笔　绍祥

道光九年九月二十九日　立

（来源：《清水江文书》第一辑第 4 册第 46 页）

注：

1 - 2 - 16 - 091 姜维明立限字约、1 - 2 - 3 - 035 姜维明借银限字和 1 - 2 - 1 - 046 姜维明借银约三份契约内容完全相同，当为同一份契约文书。

1 - 2 - 2 - 056 姜元方借银字（道光十年又四月二十七日）

立借字人本房姜元方，为因缺少口粮无处所出，自己借到姜开让名下，实借本银九钱整，亲收应用。言定召（照）月加三行利，不俱（拘）远近相还，不得有误。如有误者，愿将猪一只作当。恐后无凭，立借当字是实。

代笔　姜开文

道光十年又四月廿七日　立

（来源：《清水江文书》第一辑第 4 册第 179 页）

1 - 2 - 3 - 036 姜光伟等借银限字（道光十年七月十八日）

立借字人本寨姜光伟、姜光秀、姜光明、姜世衍，为因生意缺少用度无处得出，自己借到姜开让名下，实借过本银九两五钱八分整，亲手入回应用。其银言定照月加三利息，不拘远近归还。恐口无凭，立此借字为据。

世泽　笔

道光十年七月十八日　立

（来源：《清水江文书》第一辑第 4 册第 322 页）

1 - 2 - 16 - 092 姜光伟等立借字（道光十年七月十八日）

立借字人本寨姜光伟、姜光秀、姜光明、姜世衍，为因生意缺少用度无处得出，自己借到姜开让名下，实借过本银九两五钱八分整，亲手入回应用。其银言定照月加三利息，不拘远近归还。恐口无凭，立此借字为据。

世泽　笔

道光十年七月十八日　立

（来源：《清水江文书》第三辑第 6 册第 93 页）

1－2－1－047 姜光伟等借银字（道光十年七月十八日）

立借字人本寨姜光伟、姜光秀、姜光明、姜世衍，为因生意缺少用度无处得出，自己借到姜开让名下，实借过本银九两五钱八分整，亲手入回应用。其银言定照月加三利息，不拘远近归还。恐口无凭，立此借字为据。

世泽　笔

道光十年七月十八日　立

（来源：《清水江文书》第一辑第 4 册第 47 页）

注：

1－2－3－036 姜光伟等借银限字、1－2－16－092 姜光伟等立借字和 1－2－1－047 姜光伟等借银字内容完全相同，当为同一份文书。

1－2－6－036 姜贵乔、姜有乔弟兄借银字约（道光十一年二月二十二日）

立借字约人塘东寨姜贵乔、姜有乔弟兄，为因家下要银使用，问到加池寨姜开让兄名下，实借过好纹银拾两弍钱，亲手收回应用。其银言定照月加三行利，日后不拘远近归还。恐口难凭，立此借字存照。

凭中
姜秉义
代笔

道光十一年二月廿二日　立

（来源：《清水江文书》第一辑第 5 册第 357 页）

1－2－2－058 范老五借银字（道光十一年五月初二日）

立借字人岩湾寨范老［老］五[1]，要银用度[2]，无处所出，自己问到加池寨姜开让名下，寔（实）借过本银式两正，亲手收回应用。其言（银）照月加叁行利，不得有误。今恐后无凭，立［立］此借是寔（实）[3]。

亲笔　范绍祥

道光十一年五月初二日　立

（来源：《清水江文书》第一辑第 4 册第 181 页）

注：

（1）岩湾寨范老老五："老老"衍一"老"字。

（2）要银用度：文书中写作"食+艮"，释为"银"，薯类东西。按文意，指银。

（3）立立此借是寔："立立"衍一"立"字。

3－2－2－063 姜启渭立借字（道光十一年五月初六日）

立借字人姜启渭，为因缺少银用，无处借出，请中问到本房姜烈名下，实借本银拾两整，亲手领回应[1]。其银照月加三行息利，不居（拘）远近归还，不得有误。立此借是实。

凭中　姜启学

道光十一年五月初六日　启渭亲笔　立

（来源：《清水江文书》第二辑第 2 册第 204 页）

注：

（1）"应"字下疑脱一"用"字，仍其旧。

1－2－2－060 龙现彩借银字（道光十一年十月十八日）

立借字人本寨龙现彩，为因家中要银使用无出，自己借到姜开让名下，实借过艮十八两五钱四分整，亲手领回应用。其银言定照月加三行利，不得有误。白（自）愿将地基当抵。恐口无凭，立此借字是实。

中笔　开吉

道光十一年十月十八日　立

（来源：《清水江文书》第一辑第 4 册第 183 页）

1-1-1-039 姜世宽借银字（道光十二年三月十二日）

立借字人本寨姜世宽，为因生理缺少银用无从得出，自问到姜开明名下本银拾四两整，亲手收回应用。其言（银）召（照）月加三行利，不拘远定（近）相还，不得有误。今恐无凭，立此借字是实。

外批：皆移田一丘作当，银洪平兑。

黄

凭中　世

培

亲字

道光十二年三月十二日　立

（来源：《清水江文书》第一辑第 1 册第 39 页）

1-2-3-037 姜开书借银字（道光十二年十一月初九日）

立借人本房姜开书，为因生理缺少银用无处得出，自己上门问到姜开让名下，实借过本艰一两正，亲手收回应用。其银言定照月加三利，不得有误。今恐凭[(1)]，立此借字是实。

洪平兑。

亲笔字

道光十二年十一月初九日　立

（来源：《清水江文书》第一辑第 4 册第 323 页）

注：

(1) 今恐凭："恐"字下疑脱一"无"字，依其旧。

1-2-16-095 姜开书立借字（道光十二年十一月初九日）

立借人本房姜开书，为因生理缺少银用无处得出，自己上门问到姜开让名下，实借过本艰一两正，亲手收回应用。其银言定照月加三利，不得有误。今恐凭，立此借字是实。

洪平兑。

亲笔字

道光十二年十一月初九日　立

（来源：《清水江文书》第三辑第 6 册第 96 页）

1-2-1-050 姜开书借银字（道光十二年十一月初九日）

立借人本房姜开书，为因生理缺少银用无处得出，自己上门问到姜开让名下，实借过本艰一两正，亲手收回应用。其银言定照月加三利，不得有误。今恐凭，立此借字是实。

亲笔字

道光十二年十一月初九日　立

（来源：《清水江文书》第一辑第 4 册第 50 页）

注：

1-2-3-037 姜开书借银字、1-2-16-095 姜开书立借字和 1-2-1-050 姜开书借银字内容完全相同，当为同一份文书。

10-1-1-003 词稿簿之三（道光十三年七月□日）

金龙元年，今命微臣妆作迷食之人，以至贵州各财富者，每借兵食粮银三百两或一千两而止。多有多之咎，少有少之咎。今吾出征，至长沙界止。暂候杨令□卒兵，方可再出，今在城绁（才）以二月，银粮将要用尽。火速命下臣，备银养兵。儿（而）借有银者，各将姓名批明于后，候吾月下将面定拘，带领人马，征上清水河，安顿苗人田土，不准有堡。各将出银姓名赐候，切莫畏兵，吾自有善要之用也。吾命速下，切不可明传于世。此时为官者，尽是翻君人马，恐失机关。倘或不信者，一面专人随银来而更妙也。吾此时在长沙永盛府、筹蓉寺等备兵丁，不食民间之禄。绤（才）专命八人名臣，上贵州与各贤臣相借粮银，切莫违误。

正主赵金龙元年正二月行贵州，限三月回朝。

保驾将军赵金凤、赵金虎。

　　　　　　　　　　　　　石阡府黄朝用借银一千两

　　　　　　　　　　　　　镇远府龙映飞借银一千两

　　　　　　　　　　　　　天柱县龙世□借银三百两

　　立借人主

赵金龙因兵丁缺少粮，借到老臣三百两，其银月下付还。

　　　　　　　　　　　　　承借银老臣范文通

　　　　　　　　　　　　　后裔贤臣范金

　　　　　　　　赵金龙元年三月　立

道光十二年三月初十酉时所造逆书坐诬　抄白

　　借字内盖有红印一个，真字现存开泰县衙内

　　　　　　　　（来源：《清水江文书》第三辑第 1 册第 152～153 页）

1-2-2-068 姜伍生借银字（道光十四年五月初八日）

　　立借字人本房姜伍生，为因 缺 少粮食，今借到姜开让，实借过本银捌钱

整，亲手 ▢▢ 月三分利息，不恂（拘）远近相还。立此借字是实。

　　　　　　　　　　　　　　　姜开文　笔

道光十四年五月初八日　立

　　　　　　　　　（来源：《清水江文书》第一辑第 4 册第 191 页）

2-12-1-003 姜绍吕立借字（道光十四年十二月十九日）

　　立借字人姜绍吕，今借到叔爷姜映辉名下艰拾别（捌）两正，亲手收用，

后干在杂木发卖归还，不得有误。

　　民国六年八月初八日还清。凭中下砦（寨）钟灵笔

　　　　　　　　　　　　　▢法　熙豪

　　　　　　　　　　　　　姜

　　　　　　　　　　　　　恩相　易老泉

熙豪笔　借契缴清

道光十四年十二月十九日　立

其银付姜世美、姜世臣、姜登儒叔侄等手领，以后查出作为造契，照罚处治。实还足银六两归清。

（来源：《清水江文书》第三辑第 10 册第 3 页）

1-2-2-069 彭玉洁欠银字（道光十五年八月二十五日）

立欠字人彭玉洁，今欠到加池寨姜开让名下租谷纹银叁两正，限就本年十月内归清，不得有误。立此限字是实。

彭相廷

凭中

范国章

道光十五年八月廿五日　亲笔　立

（来源：《清水江文书》第一辑第 4 册第 192 页）

1-1-4-062 姜世和等存银字（道光十八年二月二十九日）

道光十八年二月廿九日世和、世道、世红、世杰、之毫、开文、开明、开让等存艰九两四钱正［整］，以敬 南 岳菩萨寿诞十二月十六日。今众等同心合意付与世明收存，每到寿旦（诞）之期，各人记诚心敬奉，日后人人子孙发达，富贵双成。其有银两，日后不恂（拘）内外借代（贷），先出当头通知众等一言。银内大式定（锭）、小一件。恐口难凭，立此字为据。

之毫九九平。

加十　开让笔立

十九年寿旦（诞）用去五钱二分。二十年寿旦（诞）用七钱五分。廿一年寿旦（诞）用去五钱一分。廿二年寿旦（诞）用去五钱八分。廿三年寿用六钱五分[1]。二十四年寿用七钱五分。廿五年寿用五钱一分。廿六年寿用去四钱一分。廿七年寿用去四钱。廿八年寿用去三钱四分。二十年八月初四（开文借去二两九钱五分）。廿八年三月刀（初）五（凤仪借去银一两）。

（来源：《清水江文书》第一辑第 2 册第 62 页）

注：

(1) 廿三年寿用："寿"下脱一"旦"字，承前省略，仍其旧，下同。

1-2-2-071 姜世和借银字（道光十八年六月二十日）

立借字人姜世和，为因缺少饮食无处得出，自己登门借到姜开让名下，实借过文（纹）银叁钱六分，言定照月加叁行利。恐口难凭，立此借字是实。

道光十八年六月廿日　亲笔

（来源：《清水江文书》第一辑第 4 册第 194 页）

1-5-1-158 姜载渭收银字（道光十八年十一月十二日）

道光拾捌年十一月十二日姜载渭收到加池寨姜之琏艰壹两陆钱伍分正，以后结账漫扣。所收是实。

亲笔

（来源：《清水江文书》第一辑第 10 册第 158 页）

1-5-1-159 姜载渭等收银字（道光十八年十二月十二日）

立收字人文斗寨姜载渭、苏容光二人，又转拿马家尧家之木作之琏，请中讲理，为地方银两不齐，送草上飞中等所断三两八钱五分为清。现有先年当契未退，日后子孙抄出，俱为故纸。所立收字是实。

凭中　姜之豪

代笔　姜世琏

道光十捌年十二月十二日　立

（来源：《清水江文书》第一辑第 10 册第 159 页）

GT－WHX－112 ／ GT－011－102 道光十九年六月五日蒋政怀领钱字

立领字人蒋政怀，今因领到蒋芝相道光十一年所借政伦、政怀众钱壹千文，政怀一半，凭中本利一概领清，并不□少分文。恐后无凭，立领字为据。

房□　□士　代笔
凭中　昌贵

道光十九年六月初五日　立领

（来源：《天柱文书》第一辑第 7 册第 194 页）

1－3－4－059 龙家琼弟兄收清银字（道光二十一年十月初二日）

立收清字人韶霭寨龙家琼弟兄，为因先年之模所欠之项银五两，今将本利归艰伍两，银主亲收归家，日后如有寻出收字，银主自愿将本利归还。立此收字是实。

姜凤仪
凭中　姜世泽
姜大荣

道光二十一年十月初二日　家琳亲笔　立

（来源：《清水江文书》第一辑第 8 册第 59 页）

1－2－2－077 姜明川借银字（道光二十二年正月十五日）

立借字人本家姜明川，为因生意缺少银用无处所出，自己借到姜乔保名下艰一两三钱正，亲手收回应用。其银言定照月加三行利，不拘远近归还，不得有误。口说无凭，立此借字为据。

亲笔

道光二十二年正月十五日　立

（来源：《清水江文书》第一辑第 4 册第 200 页）

1-2-2-076 姜明川借银字（道光二十二年二月初一日）

立借字人本家姜明川，为因生意缺少银用无处所出，自愿将到地名皆旺大田一丘出当与姜乔保爷娘名下，借过艰三两零六分整，亲手领回应用。其银言定照月加三行利，不拘远近归还，不得有误。今恐无凭，立此借字是实。

凭中　老孟

亲笔

道光二十二年二月初一日　立

（来源：《清水江文书》第一辑第 4 册第 199 页）

1-3-3-081 姜开义借银字（道光二十九年七月初二日）

立借字人本房姜开义，为因家下缺少银用无处得出，自己上门问到姜玉秀名下，实借过本银一两四钱整，亲手收回应用。其银言定照月加三行利，不居（拘）远近归还。此银将从故宠杉木一块本名一股作当。今恐无凭，立此借字为据。

代笔　姜开仕

道光式拾九年七月初二日　立

（来源：《清水江文书》第一辑第 7 册第 210 页）

1-1-3-059 姜元方、姜乔申父子续借地基还债字（道光二十九年七月十一日）

立续地基借字人本寨姜元方、子乔申，为因偷到姜生绞腊蔡，众往发（罚）银无处得出，乔申求凤仪弟兄地基一间与众往出卖与别人，乔申自愿助工三年足，与凤仪弟兄续地基一间，每年送乔兴依库艰四钱[1]。如三年不足，向天生一面全当。如有多手重犯，不关凤仪弟兄之事。各在元方、天生一面全当。恐后无凭，立此续借字为据。

朝弼

凭中　姜光秀

代笔　开吉

道光廿九年七月十一日　立

32

（来源：《清水江文书》第一辑第 1 册第 358 页）

注：
（1）依库艰四钱："依库"，疑为"衣裤"，从其旧。

1-1-3-061 姜天生借谷契（道光三十年二月二十五日）

道光卅年二月二十五日本房姜天生，为因缺少无处得出，自己上门借到姜宗保名下本谷九十斤，加五利，不拘远近归还。恐口难凭，爰立借字存照。

代书　姜盛达

（来源：《清水江文书》第一辑第 1 册第 360 页）

1-1-8-055 姜开相等清算先年父母亲合家欠债字（道光三十年十二月二十日）

立借字人本寨姜开相、开化、开庆、侄贵长四人，因先年道光九年父亲母亲合家所欠之账，至三十年开相与侄贵长亲身登门亲（清）算，除让四人止（只）还十两，四股均分，开相占式两五钱，贵长占式两五钱，开化占式［两］五钱，开庆占式两五钱，今大白（伯）与贵长自愿仰年工钱相还，不得异言。其有开化、开庆二人，日后依然照旧。恐后无凭，立此借字为据。倘不仰年工约银相还，久年照月加三行利。

凭中　陆大勇
亲笔　开相

道光三十年十二月二十日　立
外批：开化、开庆二人共在五两，日后照月加三行利，开相笔批。

（来源：《清水江文书》第一辑第 3 册第 365 页）

1-1-3-063 姜恩瑞欠姜开让猪价欠条（咸丰元年三月十四日）

立欠猪价字人本房姜恩瑞，喜事无钱交足，今欠到本房叔公姜开让艰一两四钱一分,自愿照月加三行利,不得有误。恐口难凭,立此欠字据。

凭中代笔　姜凤仪

咸丰元年三月十四日　立

至十二月二十八日母亲手还清,他不要利,退回。

(来源:《清水江文书》第一辑第 1 册第 362 页)

GT－WHX－115 / GT－011－097 咸丰元年十二月二十七日蒋加益向蒋再学借钱并行利约

立借钱人蒋加益,今因家下要钱用度无从得处,自己问到族内蒋再学承借钱伍伯(佰)玖十六文。其钱行利,照月加二五相还,备得本利上门抽约。立借是实。

自请政道代笔

咸丰元年十二月廿七日　借

(来源:《天柱文书》第一辑第 7 册第 197 页)

GT－WHX－148 / GT－011－170 咸丰三年至十一年杨泽金欠蒋再学钱清单

咸丰三年三月二十日杨泽金借蒋再学钱钱四千文,共算八年,周年加式伍相还,母(每)利钱乙千文,八年捌千文,本利共该壹十二千文。

咸丰八年蒋再学拨泽金钱伍仟四伯(佰)文足,共算三年,母(每)年乙千三佰五十文。

蒋再学共收泽金钱九千四佰五十。

泽金除扣,下少蒋再学钱式仟五伯(佰)五十文。

再学补泽金田价钱乙伯(佰)文。

三月廿日泽金补再学钱式仟四伯(佰)五十文。

泽金此笔

咸丰十一年三月廿日

蒋再学下少杨泽金田价钱壹拾柒仟伍伯(佰)文足,当收乙千除扣,蒋再学下少泽金乙十六五伯(佰)。

咸丰十一年三月廿日

杨泽金得典蒋再学田壹连二丘，收谷捌运，凭中典价钱壹拾陆仟肆伯（佰）文足。

（来源：《天柱文书》第一辑第7册第231~232页）

1-3-3-089 姜克昌借银字（咸丰四年十一月二十八日）

立借字人加池姜克昌，为因缺少银用无处所出，问到苗光寨姜灿林先生名下，借钱十二千五百文。今限到正月之内归还，不得有误。如有误者，任凭银主上门取讨，借主不得义（异）言[1]。

凭中　李老岩

咸丰四年十一月廿八日　清（亲）笔立

（来源：《清水江文书》第一辑第7册第218页）

注：

(1) 借主不得义言：此句以下疑有脱文。

GT-WHX-006/GT-010-014 咸丰五年二月二十二日蒋再宽向蒋昌逞借钱并付息字

立借钱蒋再宽，今因要钱用度无从得处，自己问到房侄蒋昌逞承借钱六百四十文扣水。其钱行利照月加五相还，不限远近，备得本利上门抽字。立借字是实。

昌耒　笔

咸丰五年二月二十二日　立

（来源：《天柱文书》第一辑第6册第127页）

1-3-4-065 姜克昌借钱字（咸丰五年三月初五日）

立借钱字人加池寨姜克昌，为因要钱使用，自己问到黎平城内杨太兴店，寔（实）借钱式千六百文，言定每千议价艰肆钱五分整，亲手领用，加三行利，不得有误，限在四月之内本利归还。今恐无凭，立此借字寔（实）。

咸丰五年三月初五日 亲笔 立

（来源：《清水江文书》第一辑第 8 册第 65 页）

GT-WHX-123 ／ GT-011-094 咸丰七年闰五月二日吴□□向蒋再学借钱并行利约

立借钱人吴□□，今因家下要钱用度，自己问到亲蒋再学承借钱式仟文足。其钱行利照月加式五相还不误。日后备得 本 利上门抽约。今欲有凭，立借是实。

　　　　　　　　　　　　　　　　　□文　笔

咸丰七年后五月初二日 立

（来源：《天柱文书》第一辑第 7 册第 205 页）

1-3-3-091 姜克贞、姜吉恩叔侄二人借银字（咸丰十一年二月初九日）

立借字人加池寨姜克贞、姜吉恩叔侄二人，为因先前吉恩之父所借苗馁燕喜之账至今无银归还，自己上门问到苗馁寨龙表兄家相名下，实借过大钱式千伍伯（佰）文，亲手领回应用。此钱照月加式行利钱息。恐后无凭，立此借字为据。

咸丰十一年二月初九日 胞兄克顺笔

（来源：《清水江文书》第一辑第 7 册第 220 页）

GT - GYD -041 / GT -006 -043 咸丰十一年四月十二日龙昆隆出具龙神送借钱本利还清收字

立收字人高冲寨龙昆隆,今收到高鲁寨龙神送于咸丰十年所借二千文一契本利一概收清,并无后欠。兹因老契遗失,日后寻出遗为故纸,不得重讨。恐口无凭,立收字为据。

代笔　杨通衡

咸丰十一年四月十二日　立

(来源:《天柱文书》第一辑第 12 册第 224 页)

1 -3 -3 -092 姚小冯收钱字（咸丰十一年冬月初六日）

立收字人姚小冯,今收到加池姜福寿所借之钱式千文,凭中收清无欠,所收是实。

凭中　龙家相

咸丰十一年冬月初六日　立

(来源:《清水江文书》第一辑第 7 册第 221 页)

GT - WHX - 163 / GT -011 -083 同治三年三月三日杨昌荣收钱清单

同治三年三月初三日
杨昌荣收到蒋再学田傢（价）钱二千二伯（佰）文足。长男杨宗二笔
□　　昌立该在学谷子钱式千二百文,田价面分胜（剩）乙千六百六十五文,扣除田价,下少在学谷子钱五百三十六文。

(来源:《天柱文书》第一辑第 7 册第 247 页)

GT－WHX－173 ／ GT－011－089 同治四年四月十四日游希林向蒋再学借钱并加息字

立借钱人游希林，今因借到蒋在学钱四千文足正，其钱照月加弍伍相还，不得有误。自愿将到钱主邀文会一却（角）作抵。此借是实。

希林　笔

凭中　杨昌照

同治四年四月十四日　借

（来源：《天柱文书》第一辑第 7 册第 257 页）

GT－WHX－178 ／ GT－011－106 同治七年四月一日杨秀来向蒋再学借钱加息并限期归还字

立借钱人杨秀来，今因要钱用度无从得处，自己问到伊亲蒋再学承借足钱肆阡（仟）文。其钱行利，照月加弍伍相还，自将十月二十三杨政宁首约会钱拾弍阡（仟）文作抵，日后接会之日相还，不得有误。今欲有凭，立借是实。

杨秀凤　代笔

同治七年四月初一日　立

（来源：《天柱文书》第一辑第 7 册第 262 页）

1－5－2－026 姜克贞借银字（同治八年十一月二十一日）

立借字人本寨姜克贞，为因要银用度无处，自愿借到姜天佑名下，借过艰一两六钱九分整，亲手收足。其有银限开年二月之内归亲（清），不得有误。▢

得银归还，除让本银四钱五分整。

凭中　凤仪

同治八年十一月廿一日　亲笔　立

（来源：《清水江文书》第一辑第 10 册第 201 页）

6 –37 –1 –024 王得光立借字（光绪六年八月初三日）

立借字人本寨王得光，今因缺少钱用无处所出，要钱借到本寨王连梅名下，承借钱壹千文，行利加式五，不限远近归还。立此借字为据是实。

光绪六年八月初三日　立借

（来源：《清水江文书》第二辑第10册第230页）

6 –1 –1 –015 王成旺立借银字（光绪八年十一月初七日）

立借银人本寨王成旺，借到王见滔银六两五钱五分，今因无处所出，大达田一丘作柢（抵），银重不限远定（近）圭（归）还。立有柢（抵）字为据。

光绪捌年拾一月初七日　立柢（抵）

（来源：《清水江文书》第二辑第5册第276页）

1 –3 –3 –121 姜恩厚立清白账务字（光绪十年三月初二日）

立清白账务字人姜恩厚，自高祖以来，所欠克顺弟兄叔侄之银账，为因争论，今凭亲族解劝，前后之账一概清楚，其有借字与薄子单子日后寻出，俱系故纸无用。恐口无凭，立此清白字为据。

外批：光绪十年以先克顺弟兄叔侄与恩厚叔侄上下二家之银账肉账凭中一概面结清楚，日后儿孙不得异言。

炳政

范基元　　兆璋

姜开周　姜兆珊

凭中　凤至　　培刚

凤飞

亲笔

光绪拾年三月初二日　清白　立

（来源：《清水江文书》第一辑第7册第250页）

6-1-1-018 刘远祥立收字（光绪十三年十一月二十八日）

立收字人皮厦寨刘运祥，今收到魁胆寨王建怀，因先王建保所借之银，本利一概收清，并无短少系（丝）毫。今人不古，立收字为据。

再礼
凭中　王
荣开

光绪十三年十一月廿八日　亲笔立

（来源：《清水江文书》第二辑第 5 册第 279 页）

1-5-2-096 姜万成借银字（光绪十四年七月二十日）

立借字人本寨姜万成，为因缺少艰用无处得出，自愿上门问到姜吉祖名下，借银壹两柒钱伍分整，照月加三行利，生佃后当，不得异言。恐后无凭，立此借字为据。

代笔　秉智

光绪拾四年柒月廿日　立

（来源：《清水江文书》第一辑第 10 册第 271 页）

1-5-2-099 姜万全借粮字（光绪十五年二月初九日）

光绪十五年弍月初九日本寨姜万全，为因缺少粮食，今借到本寨姜吉主名下之谷壹佰壹拾觔（斤）[1]，足（逐）年加五行利。恐后无凭，立此借字为据是实。

（来源：《清水江文书》第一辑第 10 册第 274 页）

注：

(1) 壹佰壹拾觔："觔"，同"斤"，以下"觔"作"斤"。

3-4-2-011 姜作武立借字（光绪十九年二月□九日）

立借字人姜作武，为因生理缺少银用无处得出，自己登门借到姜□泽母子之本宝银玖两式钱整。其银照月加三行利，不居（拘）远近归还，不得有误。口说无凭，立此借字为据。

外批：将虎皮皆□田式丘约谷五但（担）作抵。

光绪拾玖年式月□九日　亲笔　立

（来源：《清水江文书》第三辑第 10 册第 193 页）

3-1-1-112 姜德明立借字（光绪二十三年三月十五日）

立借字人姜德明，为因生理缺少银用，登门借到姜宣熙母子名下，实借宝银柒两五钱八分，其银照加三行息。后木出卖，本利归还，不得有误。如有误者，情愿将勇额所典之田作抵。如有久延不归等情，已为断字管业。或又另将别处补。口说无凭，立借抵字据。

光绪二十三年三月十五日　亲笔　立

（来源：《清水江文书》第二辑第 1 册第 112 页）

GT-GGD-112/GT-033-115 光绪二十九年五月四日龙恩德归还本息收条

廿八年龙恩德付来宝艰九两七钱正。

廿九日每两照月加三分，五月初四日本利凡（还）艰银拾四两○五分。

下达来□益兰财礼艰十四两○五分，益兰艰凡（还），恩德收。

中付艰　龙瑞璋

杨东沛字

光绪廿九年五月初四日　立

（来源：《天柱文书》第一辑第 21 册第 162 页）

6－40－1－035 王永臣、王岩荣借据（光绪三十年十一月初十日）

　　▢▢王永臣、王岩荣二人名下，光绪二十六年借到吴小斌本艰十一两整，至光绪叁十年蒙本寨中人解劝，当还八两整，以后不得少欠两分文。恐口无凭，立有收字存照为据。

祥
吴发　收
才
代笔　刘祖来
品先
凭中　王
秀荣

光绪三十年十一月初十日　立收

（来源：《清水江文书》第二辑第 10 册第 497 页）

注：
本契前面疑有脱文。

6－21－3－005 杨顺全借银字（光绪三十二年十月二十八日）

　　▢▢字人杨顺全，今因要银使用，▢▢到魁胆寨王华恩名下，承借银▢▢正，▢月行利加三，限至明年本▢将还，不得异论。恐口无凭，立有借字存照为据。

请代笔　王宏斌
光绪叁拾二年十月廿八日　立借是实

（来源：《清水江文书》第二辑第 8 册第 118 页）

3－1－1－154 姜盛清立借谷银字（宣统元年三月初二日）

　　立借谷子银字人姜盛清，为因缺少用费无处得出，自愿借到姜宣才母子本

银一两整，限至五月归还，不得有误。如有误者，自愿上利谷五十斤，到九月
本利归还不误是现。此据。

凭中　姜为英

宣统己酉元年三月初二日　亲笔　立

（来源：《清水江文书》第二辑第 1 册第 154 页）

3－1－1－155 姜景标立借字（宣统元年三月十八日）

立借字人姜景标，为因生理缺少银用无从得出，自己请中登门借到姜宣才
名下宝银六两□钱，亲手收足应用。其银每月愿当租利谷伍十斤，限至九月之
内银谷归还，不得有误。今欲有凭，立此借字为据是实。
内添八字、涂"七"字。

凭中　姜盛清

宣统元年三月十八日　亲笔　立
此系景标借字。

（来源：《清水江文书》第二辑第 1 册第 155 页）

3－1－1－158 姜景标立借字（宣统元年十月二十日）

立借字人姜景标，借到姜宣才名下之谷伍百五十八斤，限至十二月十六日
归还，不得有误。今歇（欲）有凭，立此借条字为据。
宣统二年十月廿日　亲笔　立

（来源：《清水江文书》第二辑第 1 册第 158 页）

GT－GFB－039 ／ GT－042－055 宣统三年六月二十日龙作宾领银字据

立领银字人龙作宾，今因收领到平□寨陈天元借我父亲兄弟六人众银二十
两正。立有借字在我叔父荣富手执，以后借字执出，以为故昏（纸）。今人不
古，立有领字是实。

亲笔　立

43

宣统辛亥年六月廿日　立领

（来源：《天柱文书》第一辑第 16 册第 232 页）

3-1-1-160 姜良之还账条（宣统三年七月二十日）

凭条。为替人还账，善良之人情具限条，出艰五两五钱七分，并兼前阻之艰欠一钱五分，日后共要补出艰五两七钱式分，后至十月之内不得失言。

东山

克纯

凭中　姜周礼

绍甫

宣统三年七月廿日　姜宣才手条

（来源：《清水江文书》第二辑第 1 册第 160 页）

1-2-3-140 萧禹臣欠银字（民国四年十一月初八日）

立欠银字人南哨萧禹臣，情因先年办木，实欠家池寨姜兴盛宝印名下足银柒拾陆两捌钱正，今已多年无归。其银如下面之木卖获钱即能归还，决不致误。恐口无凭，立此欠字是实。

凭中　姜槐森

民国四年十月初八日　萧禹臣　立

（来源：《清水江文书》第一辑第 4 册第 438 页）

GT-GMS-100/GT-030-042 民国四年一月十日姚秀山、姚再清、姚再全等父子四人收领钱字

立收领字人姚秀山、长子再清、再全、再□父子四人名下，前为□侄姚再兴出事壹条欠父子四人名下之钱，今来填还，寻字约未得全圆，恐防后来寻出有字，既然还清，分文不欠短少。虽然本利还清，防后人心不古。恐口无凭，□有收领字后人存照为据。

姚老皮

凭中

蒋老五

讨笔　刘泽永

民国四年岁次乙卯正月初十日　　□

（来源：《天柱文书》第一辑第 19 册第 108 页）

3 – 1 – 5 – 011 姜景恩立限字（民国七年十一月三十日）

立限字人姜景恩，情因景彰所欠纲首罚歁（款）钱四千六百廿四文，限至十二月初三日还清不误。如有误者，加倍培（赔）清。是实为据。

民国七年十一月卅日　景恩笔立

（来源：《清水江文书》第二辑第 2 册第 11 页）

3 – 1 – 5 – 013 杨顺美等收据（民国八年二月初九日）

民国八年岁次己未二月初九日杨顺美、杨顺隆、杨顺武、杨顺举四人，今收到姜庚午松刀典价银四两〇八分，此银只留廿八扣，实收银叁两式钱六分。其有典契奈此时寻查不出。如日后寻出此，或价银多少，或新宝或足银，亦照契相补无期。此据。

顺隆笔立

（来源：《清水江文书》第二辑第 2 册第 13 页）

1 – 4 – 2 – 129 姜□□立限期还银字（民国八年十二月初三日）

立限字加实姜□□、姜□□，兹因本年十一月廿五日到苗□胡建斌、胡建功木一单，记数三百三十株，共价艰式百一十四两八钱，其价限至十一月卅日三股兑清。二股平□兑足。当兑票艰三元，散宝一件，一共重廿二两九钱零五分，如若三十日价不到，当凭中证言定胡姓将此纹银作开消（销）伕费，姜姓不得异言。俟胡姓木卖退艰还原。情因过限无艰来兑，至十二月初二日，只来光洋五十八元。故耳特立限条，再限本月初四日兑清，不得再误。如有误者，恁凭胡姓搬运出江，无论卖与上下客商，不与姜姓弟兄相干。恐后无凭，特立限字为据。

范克致
中
胡瑞清

民国八年十二月初三日　立

（来源：《清水江文书》第一辑第 9 册第 319 页）

6－21－2－043 老关等立欠铜银钱字（民国十年十一月十七日）

立欠铜钱□人坐据河老关、老□、老张、老二四人，下欠魁胆寨王华恩米钱式□□□文正，限至壬戌二三月间之内上来将还补足，不得异言有误。若有误者，不得番（翻）悔异言。恐口无凭，立有欠字为据是实。

外批：内添二字。

凭中
龙政标
讨笔

民国十年岁次辛酉十一月十七日　立欠契

（来源：《清水江文书》第二辑第 8 册第 105 页）

6－3－1－091 龙灯祖、龙祖吉具收条（民国十七年腊月二十三日）

具收条人平秋龙灯祖、龙祖吉，情因志林由丙寅年借到龙德明光洋叁拾式元，至今三年满，本利收清。虽则抵头所在都是废契，切切。此据。

笔　昌宏

民国拾柒年腊月廿三日　立收条

（来源：《清水江文书》第二辑第 5 册第 485 页）

6-1-1-062 庚寿、庚吉立借钱字（民国二十二年九月十九日）

立借钱字人庚寿、庚吉二人名下，今因要钱使用无所出处，自己登门问到本寨王氏丙爱，承借钱陆拾仟文整，承利加四归还。恐口无凭，立有借字为据。

内添乙字。

亲笔

民国癸酉年九月十九日　立

（来源：《清水江文书》第二辑第 5 册第 323 页）

1-3-3-184 姜天培借钱字（民国二十五年六月初七日）

立借字人家十寨姜天培，为因缺少洋用无处得出，自愿登门借大洋弍元，每元当脚谷弍十弍斤。

九榜杨宗保父子之洋弍元。

乙卯年三月付还清字退。

凭中　姜东成

丙子年六月初七日　亲笔　立

（来源：《清水江文书》第一辑第 7 册第 313 页）

1-2-4-136 姜双培立限缴清字（民国二十五年阴八月初九日）

立限缴清字人本寨姜双培，情因先年严父价断姜纯武地名冉佑田一份，因姜纯武出外从戎久未回里，今父亲已故，应欠纯武田价，当凭族戚和平解决，免生衅端。双方甘心意愿，我应出洋卅四元补清，奈手中不便，当付大洋弍元，其有叁拾弍元之数，愿限九月重阳节内备足缴清，不得延挨逾限。如有因循疏忽不缴此，加倍赔还。自甘领罪。特立限字为据。

共收囗钞洋叁拾伍又光洋弍正。占光笔批。

恩宽

劝中人　姜

维元

47

亲　　　　　龙德彰

代笔　姜元瀚（押）

民国二十五年阴八月初九日　立

（来源：《清水江文书》第一辑第5册第138页）

3-2-3-149 姜宣韬借木据（民国二十五年十二月十二日）

今因姜于瑞、姜于高弟□，为修造坐屋无有柱木所用，借到宣韬大木两根，今将皆雅田坎木两根相还宣韬蓄 禁 为业。此据。

凭 中 宣伟

民国二十五年十二月十二日　高笔　立

（来源：《清水江文书》第二辑第2册第408页）

22-1-1-030□□□立借洋字（民国二十八年二月二十一日）

立借洋字人□□□，今因要洋应用无从得出，自愿上门问到□□□名下，承借市用洋六元正，当面议定每月加五行息。日后不得反悔等情。恐口无凭，立有借字为据是实。

代笔　□□□

民国弍捌年弍月念（廿）壹日　立借

（来源：《清水江文书》第三辑第3册第93页）

GT-GFB-026 / GT-042-024 民国三十年三月十日龙政钟借洋字

立借字人老来溪龙政钟，今因家中要洋用度无所出处，自愿问到潘年中 □ 陆拾圆整，亲手领足。及（其）洋每月 加 叁 行 息，限至捌月初十日，不得有误。洋到字回，不得异言。恐口无凭，立有借字为据。

代笔　龙政举

民国三十年三月初十日　立

（来源：《天柱文书》第一辑第 16 册第 215 页）

6-16-1-034 王有林借谷条（民国三十一年七月五日）

锦屏县九寨联保第二保第一甲甲长王有林，今借到本联保积谷捌斗，限本年农历十月以前按加二认息，本利一并遂请（清）。或短欠情事，由担保人负责赔缴。此据。

十捌日缴来积谷柒斗式升。欠贰斗二升。

借谷人　王有林

但（担）保人　王凤发

证明人　弟（第）二保甲长

中华民国叁拾壹年七月五日　条

（来源：《清水江文书》第二辑第 7 册第 222 页）

3-2-3-205 姜宣韬收条（民国三十二年三月初二日）

　　今收到

姜宣韬赎报牙田两间，当先建勋兄弟典宝银伍拾余两，及抵借花谷一概总算，该市洋式佰肆拾元正，其有典字及来历抵当各色借字尚未清出，日后查出，俱作无用之故纸。此据。

于简

凭中　姜

贤臣

民国卅式年三月初二日　逢春亲笔　立

（来源：《清水江文书》第二辑第 2 册第 464 页）

22-1-1-074 收条（民国三十四年六月二十一日）

今收到

龙华炘市洋陆仟伍百捌拾元正。

廿八又收市洋壹仟零陆拾元。

卅四年六月廿一日　龙耀春　手条

（来源：《清水江文书》第三辑第 3 册第 137 页）

6-15-1-018 王清禄借积谷条（民国三十五年六月二十七日）

锦屏县九寨乡第三保花名自耕农王清禄，今借到本乡积谷六市斗，限于本年古厂（历）十月以前还清。□兴担人负责缴清。

借谷人　王清禄

担保人　王碧树

证明人　龙立善（印）

民国卅五年六月廿七日　立借条

（来源：《清水江文书》第二辑第 7 册第 184 页）

GT-LDS-007/GT-017-006 民国三十七年四月十二日杨胜鱼向黄招汉借谷行息并限期归还字

立借谷子人杨胜鱼，今因缺少粮食无从得处，自己上门借到亲识黄招汉名下，借出老斗谷子五斗正[(1)]。其谷言定加陆行息相还，行息限至八月底相还不误。特立借字一纸为据。

凭中代笔　杨宏开

民国三十七年四月十二日　立借

（来源：《天柱文书》第一辑第 3 册第 228 页）

注：

（1）老斗谷子五斗正：老斗，计量单位，与小斗相对，小斗谷为 30 斤，米为 45 斤，

50

老斗具体数值不详。

1–2–7–132 姜宗耀欠条（民国三十七年十月初七日）

今欠到

加池姜元瀚叔侄等 慌 朗下之山价洋肆百柒拾万零陆仟元，因物价高涨，凭中总共着另补洋式亿元（印），限本月十五日付清，不得短少。此据。

外批：此散系代理姜宗铭之手续。

姜宗耀（印）
证明　范春枝

民国三十七年十月初七日（印）

（来源：《清水江文书》第一辑第 6 册第 153 页）

GT–JDP–081/GT–012–061 公元一九四九年古历八月二十六日杨德森借杨金发猪肉并限期归还字

今借到

杨金发猪肉叁佰伍拾斤整，限至卅八年八月抵（底）相还不误。如有误者，将到己分土名作抵。恐口无凭，立借字为实。

借　主　杨德森（印）
凭中人　杨承纬

民国卅八年八月廿六日　亲笔　立

（来源：《天柱文书》第一辑第 3 册第 83 页）

GT–WCB–035 ／ GT–009–141 公元一九五〇年二月十九日蒋泰顺土退字

立土退字人蒋泰顺，先有借条字约拨谷，借条谷子拾石，蒋泰富还清，日后执出拨条，子孙永远故纸无用，今欲有［有］凭(1)，立土退实为据。

凭中　蒋景能

民国卅九年二月十九日　亲笔　立

（来源：《天柱文书》第一辑第 8 册第 150 页）

注：

（1）有有凭：此处衍一"有"字。

5-1-4-119 杨镇藩立借钱字（民国己□年八月十八日）

立借钱字人杨镇藩，今因无钱用度，亲自登门借到白岩塘彭仁彬先生名下，承借元钱叁拾贰阡（仟）整，其钱照月加叁行息，不限远近，日后备得本利上门赎约，不得有误。今欲有凭，特立借字为据。

民国己□年八月十八日　亲笔立借

（来源：《清水江文书》第二辑第 5 册第 257 页）

1-1-4-140 杨秀廷借银字（丁巳年七月初五日）

立借字人党秧杨秀廷，为因借到加池寨姜源林之钱柒仟四百文整，限定七月初八日归还，不得有误。若有误者，钱主请人坐手（守）开工养饭是实。恐口无凭，立借字为据。

凭中　姜献文

丁巳年七月初五日　亲笔　立

（来源：《清水江文书》第一辑第 2 册第 140 页）

1-1-4-141 杨秀廷借银字（丁巳年七月十一日）

立借字人党秧杨秀廷，为因缺少钱用，上门借到加池寨姜源林之钱陆仟九百文，亲手收足，限至七月内十八日还清，不得有误。若有误者，钱主上门坐守开工养饭，欠主不得异言。恐口无凭，立此借字为据。

外批四字。

凭中　杨维相

丁巳年七月十一日　亲笔　立

（来源：《清水江文书》第一辑第 2 册第 141 页）

1-1-3-098 杨维相借姜源淋银字（丁巳年七月十二日）

立借钱字人党秧杨维相，为因缺少用，上门借到姜源淋之钱八仟文，亲手收足，限至八月初十凡（还）清，不得误。若有误者，请人坐守开工养饭，借主不得异言。恐口无凭，立此借字是实。

凭中　姜廷渭

丁巳年七月十二日　亲笔立

（来源：《清水江文书》第一辑第 1 册第 397 页）

1-1-3-107 姜三绞借银登记（时间不详）

加（嘉）庆廿二年三月初十姜三绞借过卧屡、妍谨二人本银三两二钱五分，三分利息。之俊笔。

廿三年正月收过银二两八钱正，欠下一两三钱五分。至今照字清等。

加（嘉）庆廿二年二月十五姜老苏、老元二人借过大姐绞妙本银十两正，三分行利。三月初一才老禾、老元借过卧峰、绞妙二人名下本银十两正，三分利。

（来源：《清水江文书》第一辑第 1 册第 406 页）

1-1-3-131 付账单（时间不详）

前借瑞艰陆元，共重叁佰○三两三钱一分，算两个月利，该利艰一十八两一钱八分。

前收去老宝式元，又收新宝叁元，外加对子式十四两，共收去艰式佰柒拾三两五钱五分。

后收去打宝一元，肆拾七两八钱八分，前后共收艰式叁佰廿一两四钱三分，付还玉艰十五两六钱。又利艰叁两三钱六分。在江付荣富艰一十两五钱。

付糖艰四钱一分，付丁子艰捌钱式分，付舡（船）艰五钱式分。

付药艰四分。付□宝、工□子共艰一钱五分。付先相饭艰三两。

付先相之路费钱式百文，又付先相开舡（船）力钱一百□□文，该艰三钱一分。

以上该艰廿五两七钱一分。除付香账廿五两七钱一分，余存廿式两一钱七分。付上口在开伏。

（来源：《清水江文书》第一辑第1册第430页）

1-1-3-141 结算单（时间不详）

三月十三日晚面算除收外，下欠钱四千五百七十八文，廿三晚面算，连借共该钱一千〇六十四文。

五月十六日面结，该钱三千四百文。借钱一千四百五十文。

六月初八日面算，该钱五千三百卅文。

原差规矩钱十二千文。结钱四千四百文。先生结钱二千二百文。得主家钱六百四十又七百。□□。

欠钱廿七千七百八文。结规（归）共一十七千。□的文三千八百四十□。

（来源：《清水江文书》第一辑第1册第440页）

1-1-3-143 杨维相收姜源淋银据（时间不详）

收姜源淋之钱七仟文。收清。

亲笔　杨维相　立

（来源：《清水江文书》第一辑第1册第442页）

1-1-3-144 记账（时间不详）

庚午年十二月十二日千花来米叁十三件，每件六十文。

又来酒卅件，每件一百文。庚文笔。存酒壹十一件退原主。

十一月廿日来谷一百斤，价钱五千八百五文。

共来九千七百廿十文，存钱七百五十文。

照币扣光洋式元〇柒仙□□

（来源：《清水江文书》第一辑第 1 册第 443 页）

1－1－4－183 存银清单（时间不详）

光绪廿五年存利银〇两〇钱九分，廿六年存利银七钱九分，廿七年存利银九钱一分三厘。廿八年存利银九钱〇分八厘，廿九年存利钱七钱九分四厘，卅年存利银八钱七分，卅一年存利银八钱一分八，卅二年存银七钱七分九，卅三年存银八钱七分九，卅四年存银八钱〇分六厘。宣统元年存银七钱一分四。以上十一年□存利　　　　，利两。

二年存银三钱四分一，三年长用八分。民国元年存银一钱四分，二年存银四分，三年存银式钱六分，四年存银式钱六分，五年存银四钱六分八，六年存银五钱六分，七年存银四钱七分，八年存银四钱整，九年存银三钱七分，十年长用六分，十一年存银二钱〇分四厘。以上十三年内存利钱三两三钱八分，共本利钱十一两四钱三分。

（来源：《清水江文书》第一辑第 2 册第 187 页）

1－1－5－168 甲长姜做光收姜汉川钱、粮凭证（时间不详）

今收到

嘉池姜汉川关来米式佰柒拾捌碗正，付价每碗肆拾文，光洋每元作钱壹仟玖佰文，外油每斤价壹佰柒拾文。此致

姜甲长做光鉴　　　　　　　　　　副官处代收　　（印）条

（来源：《清水江文书》第一辑第 2 册第 372 页）

1-3-5-148 姜松桥还姜佐兴银两清白字（时间不详）

立清白字人姜松桥，为王治浩勾串强木一事，姜佐兴叔看松桥年幼帮五拾两，至嘉庆十九年六月初十日，松桥转还五十两整，凭房族归清。此银相帮，情愿并无利息，日后 不 得异言。今无凭，立此清白字是实。

依口代笔　姜之琏

（来源：《清水江文书》第一辑第8册第336页）

注：

此份文书，未标明姜佐兴借给姜松桥银五十两解决勾串强木事件，此时姜松桥年幼，属于出银相帮，姜佐兴未确定利息。因此，嘉庆十九年六月初十日姜松桥把本银五十两归还其叔姜佐兴。字据中特别言明，属于帮助，借方情愿无利息。这与普通的借钱付息契约有较大的区别。

二、抵押借贷契约

3－1－2－017 姜国龙立借字（乾隆五十五年□月初四日）

立借字人姜国龙，今因向万元所被龙云章在司攀控一案所借银两拨分名下该银，奈因无银开还，只得愿将己名共塘一分，再将乌金堆下盘水沟大小木不计其数，塘木二处出当。今当到龙启熊、龙启富名下，实当本银五两正，其银自借之后，言定每两作却（脚）禾，共计五两却（脚）禾三百八十斤，不敢缺少。其银不拘远近相还，不得推欠有误。倘有日久推误，银主只得将塘与木发卖，借主不得异言。恐后无凭，立此借当字为据。

中　姜国春　笔

乾隆五十五□□月初四日　立

（来源：《清水江文书》第二辑第 1 册第 202 页）

GT－GYD－026/GT－005－091 嘉庆二十四年九月二十四日刘岩锦、龙朝相借银字

立借银人归姅溪刘岩锦、登水寨龙朝相二人，同本生理买到摆洞寨陈万红、陈万才、杨老乔、陈万恳四人杉木壹单肆伯（佰）零捌根，凭中刘文英议定价银壹伯（佰）式拾式两正。因银拨借未得，三姓同立借字，行利加三，自愿将到土名归弟溪田一丘、岭岑田式丘作抵，朝相自愿将到土名鬼脚冲田一丘作抵。其银限至脱货还钱，不得有误。有误，任从下田耕种，不得异言。恐口无凭，立字为据。

凭中　刘文英
朝相亲笔

嘉庆二十四年九月二十四日　立

（来源：《天柱文书》第一辑第 10 册第 28 页）

1-5-1-164 姜之琏借银字（道光二十年十一月初一日）

立借字人加池寨姜之琏，为因在司缺少用费无处所出，自愿上门借到杨光 [瑢]大爷名下，实借艰贰拾两零肆钱整，亲手领回应用。其艰两自借之后，言定每两加贰行利，限在本年十二月初十内归清，不得为（违）误。有为（违）误，自愿将杉木一块，坐落地名羊豹作抵。又羊豹田一丘给谷捌旦（担）作抵。今欲有凭，立此借限字为据。

内添二字，除一字。

<table>
<tr><td></td><td></td><td>苗馁寨曾光生</td></tr>
<tr><td></td><td></td><td>岩湾寨范绍昭</td></tr>
<tr><td>凭中</td><td>担保人</td><td>加池寨姜光秀</td></tr>
<tr><td></td><td></td><td>文斗下寨姜光兆</td></tr>
<tr><td></td><td></td><td>罗天才</td></tr>
<tr><td></td><td>主家</td><td></td></tr>
<tr><td></td><td></td><td>杨光林</td></tr>
</table>

道光二十年十一月初一日　姜之琏亲笔　立

（来源：《清水江文书》第一辑第 10 册第 164 页）

GT-SCM-038 / GT-007-227 道光二十二年九月一日龙朝富以田作抵向谭有博借钱字

立借钱人龙朝富，今因要钱正用无从得处，自己上门问到谭有博承借本钱柒千文整。其钱自愿将到土名阴推田一丘，收禾花壹伯（佰）弍拾稨作抵，限至开年二月内本利归还，不得有误。立此借字为据。

钱重二十六斤。

朝□笔

道光二十二年九月初一日　借

（来源：《天柱文书》第一辑第 2 册第 321 页）

1－2－3－052 姜朝圣借银字（道光二十四年十一月十八日）

　　立借字人堂东姜朝圣，为因先年国彩、吴焕奎，姜诏、姜士文合伙生理贩木，国彩、焕奎向加池寨姜开让借过本色银壹佰两，多年本利无归，至道光式拾肆年开让取讨，伙等无银归还。苦求开让让利，将色银壹佰两折归纹银伍拾两，伙计四人分，每人名下落艰壹拾式两五钱，各写抵当，每年朝圣名下上谷利壹佰五拾斤，不得短少。其银各还各清，朝圣自愿将乜妯田壹丘，约谷十担作抵。恐口无凭，立此借抵字是实。

凭中　吴焕章

道光廿肆年十一月十八日　圣笔　立

（来源：《清水江文书》第一辑第 4 册第 338 页）

1－2－3－053 姜士文借银字（道光二十四年十一月十八日）

　　立借字人堂东姜士文，为因先年国彩、姜士文、吴焕奎、姜诏合伙生理贩木，国彩、焕奎向加池寨姜开让借过本色银壹佰两，多年本利无归，至道光廿拾肆年开让取讨，伙等无银归还。苦求开让让利，将色银壹佰两折归艰伍拾两，伙计四人分，每人名下落艰壹拾式两五钱，各写抵当，每年士文名下上谷利壹佰五拾斤，不得短少。其银各还各清，士文自愿将到坐屋壹间半作抵。恐口无凭，立此借抵字是实。

凭中　吴焕章
侄朝圣　代笔

道光廿四年十一月十八日　押　立

（来源：《清水江文书》第一辑第 4 册第 339 页）

1-2-16-119 姜朝圣立借字（道光二十四年十一月十八日）

立借字人堂东寨姜朝圣，为因先年国彩、吴焕奎、姜诏、姜士文合伙生理贩木，国彩、焕奎向加池寨姜开让借过本色银壹佰两，多年本利无归，至道光弍拾肆年，开让取讨，伙等无银归还，苦求开让让利，将色银壹佰两折归纹银伍拾两，伙计四人分，每人名下落艰壹拾弍两五钱，各写抵当，每年朝圣名下上谷利壹佰五拾斤，不得短少。其银各还各清，朝圣自愿将也姁田壹丘约谷十担作抵。恐口无凭，立此借抵字是实。

凭中　吴焕章

道光廿四年十一月十八日　圣笔　立

（来源：《清水江文书》第三辑第6册第120页）

1-2-16-120 姜士文立借字（道光二十四年十一月十八日）

立借字人堂东寨姜士文，为因先年姜国彩、吴焕奎、姜士文、姜诏合伙生理贩木，国彩、焕奎向加池寨姜开让借过本色银壹佰两，多年本利无归，至道光廿四年，开让取讨，伙等无银归还，苦求开让让利，将色银壹佰两折归艰五拾两，伙计四人分，每人名下落艰壹拾弍两五钱，各写抵当，每年士文名下上谷利壹佰五拾斤，不得短少。其银各还各清，士文自愿将到坐屋壹间半作抵。恐口无凭，立此借抵字为据。

凭中　吴焕章
侄朝圣代笔

道光廿四年十一月十八日　押　立

（来源：《清水江文书》第三辑第6册第121页）

1-7-1-025 姜开良兄弟借茶油字（咸丰元年正月二十日）

立低（抵）借茶油字人加池寨姜开良兄弟，因家下无从得出，兄弟商议，将加池寨祖业乍（榨）一座并屋基屋地，今低（抵）到湖南袁有华父子名下，实借茶油八十斤，言定限至十月内将本利茶油归还。如不归还，油乍（榨）分为四大股，本名占一大股作低（抵）袁有华，悉凭出卖，开良不淂（得）异言。今恐无凭，立低（抵）借纸为据。

咸丰伍年十月十二 吉日 有华请大荣

妣（批）：姜开良名下还清，分厘未欠。日后承出，居（均）是故之（纸）。

陈申一

凭保人

范永山

咸丰元年正月廿日　开吉笔　开良　立

（来源：《清水江文书》第一辑第 11 册第 169 页）

GT－WHX－147 ／ GT－011－091 咸丰十一年十二月十九日杨品刚以猪牛作抵向蒋在学借谷字

立借古（谷）子人杨品刚，今因借到蒋在学谷子一石二斗，照开年三四月价钱相还，不得有误。自愿将到猪牛作坻（抵）。立借是实。

亲笔

咸丰十一年十二月十九日　借

（来源：《天柱文书》第一辑第 7 册第 230 页）

GT－WHX－149 ／ GT－011－173 同治元年三月七日杨秀魁、杨秀金、杨秀鱼兄弟三人以屋场作抵向蒋再学借钱并行利契

立借钱人杨秀魁、杨秀金、杨秀鱼兄弟三人，今因家下要钱用度无从得处，自己上门问到伊亲蒋再学名下，借钱陆阡（仟）文足。其钱行利，照月加式伍周年加三相还不误。如误，自愿将到老屋场左边姚家屋场丙坉作坻（抵）。若有误者，任从钱主耕管，借主不得异言。立借是实。

凭中　杨显高代笔

同治一年三月初七日　立借

（来源：《天柱文书》第一辑第 7 册第 233 页）

GT－WHX－161 ／ GT－011－178 同治三年一月十六日杨昌立以田作抵向蒋在学借谷字

立借谷字人杨昌立,今因借到蒋在学谷子式大斗,将到借主马安坡长田尾田坎上小田乙丘、坎上油村一副作抵,不得有误。若误,任从钱主,典借主不得异言。今恐无凭,立借是实。

凭中　杨宗福
借主亲笔

同治叁年正月十六日　　借

(来源:《天柱文书》第一辑第 7 册第 245 页)

GT－WHX－165 ／ GT－011－085 同治三年三月二十三日杨昌立以田作抵向蒋在学借钱字

立借钱人杨昌立,今因缺少用度无从得处,自己借到蒋在学钱三千文足。其钱将买黄古(牯)牛一边,折收谷利每年共七斗五升净谷,不得短少。若有短少,钱主将牛出卖,借主不得异[1]。今欲有凭,立借是实。

亲笔

同治三年三月二十三日　　立

(来源:《天柱文书》第一辑第 7 册第 249 页)

注:

(1) 不得异:"异"字下脱"言",仍其旧。

1－3－3－107 姜克贞叔父借银字(同治十二年十一月二十一日)

立借字人本家贞克叔父,为因要银□用无处借出,自亲问到吉清名下,实借过艰伍两整,亲手领用,此银照月加三利。今愿将屋□坪在明高屋坎上上下式块,又在吉昌地坪角一块,此三块分为叁股,本名占一大股,今将本名一大股作抵与吉清名下□银,日后不得有误。恐后无凭,立此借抵为据。

凭中　凤至

同治十二年十一月廿一日　亲笔　立

（来源：《清水江文书》第一辑第 7 册第 236 页）

GT－WHX－191 ／ GT－011－096 光绪三年七月十六日杨秀林借钱字

　　立借钱人杨秀林，今在家下要钱用度无从得，自己上门问到伊亲旧氏蒋昌有兄弟名下承借钱陆仟文足。其钱行谷利，秋八月粮谷每仟四大斗相还不误。若误，自愿将到土名水玖冲水田乙丘，收谷捌箩（箩）作抵（抵）。若有误者，下田耕种收花为息，借主不得异言，日后备得原本上门赎字。今欲有凭，立借字为据。

杨思□

亲笔

光绪三年七月十六日　立借

（来源：《天柱文书》第一辑第 7 册第 275 页）

6－5－1－016 王寿荣借银抵田字（光绪七年十二月二十八日）

光绪七年十二月廿八日

　　王寿荣借到王在礼、邦启二人名下，借出本银陆两八钱四分整，其银照月行利加二五归还，恨（限）至三月内，原出高愿焕田作抵。若有过恨（限），下田耕种，日后不得异言。恐口无凭，立有抵字存照。

（来源：《清水江文书》第二辑第 6 册第 45 页）

注：
本契无中人、代笔人等信息，疑有残缺。

GT－SBD－092 ／ GT－007－086 光绪九年十一月二十一日刘发祥以田作抵向龙昌化等借钱字

　　立抵田契字人刘发祥，今因家下要钱使用，无所出处，自愿将到土名上摆田一丘作抵，绍忠田为界，下抵龙姓田为界。丹溪田一丘作抵，上抵木山为界，

63

下抵河为界，左抵大魁田为界。王邪田二丘作抵，上抵陈姓田为界，下抵陈姓田为界，四至分明，要银出抵。自己上门问到龙昌化、龙昌灿兄弟四人承借银捌拾捌两一钱正，限十二月初十归还，不得有误。若有误者，下田耕种收花为利。恐口无凭，立字为据，今人不古。

凭中　刘天祥
请笔　杨承旺

光绪九年十一月二十一日　立借

（来源：《天柱文书》第一辑第 2 册第 178 页）

GT - SBD - 094 / GT - 007 - 118 光绪十二年十二月二十九日王玉荣以田作抵向刘二见、刘宗照等借钱加息并限期归还字

立低（抵）字人岑凸寨王玉荣，今因要银使用无所得处，自愿将到土名岑凸寨脚田一丘三股，今分仰玉荣一股作抵。自己上门问到溪寨刘二见、刘乔元、刘宗照三人承抵，当日言定价银拾两○六钱正，任照月加三银息，限二月本利归还，不得拖欠分文。若再拖欠，任从抵主上前理落，不管（关）抵主之事。自抵之后，不得异言。若有异言，恐口无凭，立有抵字为据。

凭中　刘发祥
亲笔　玉荣

光绪十二年十二月二十九日　立

（来源：《天柱文书》第一辑第 2 册第 180 页）

1 - 1 - 2 - 067 姜兆瑚借姜献义银字（光绪十六年七月十二日）

立借字人本寨姜兆瑚，为因缺少艰用无处所出，自己上门借到姜献义宝艰式两式钱整，照月加三行利。其艰不俱（拘）远近归还，不得有误。如有误者，今将地名报去田下丘，约谷四石，四抵：上凭借主，下凭显清，左右凭山[1]。恐后无凭，立此借字为据是实。

凭中　凤文

光绪十六年七月十二日　亲笔　立

（来源：《清水江文书》第一辑第 1 册第 178 页）

注：

（1）左右凭山：根据文意，此句话后似有脱句，从其旧。

1–1–2–073 姜兆瑚借银字（光绪十九年五月二十二日）

立借字人本寨姜兆瑚，为因缺少艰用无处所出，自己上门借到姜献义宝艰式两式钱整，照月加三行利。其艰不俱（拘）远近归还，不得有误。如有误者，今将地名培故之田一丘，上凭银主之田，下凭显邦之田，左水沟，右凭显贵田。恐后无凭，立此借字为据。

外批：此十六年借字，将报去田抵，至十九年五月内，借主断与栽谷，至五月廿二日，亲自又立借字，将培故田抵，照旧字行利。

光绪十九年五月廿二日　亲笔立

（来源：《清水江文书》第一辑第 1 册第 184 页）

1–3–5–096 姜凤歧等抵田借银字（光绪二十四年八月十八日）

立抵限字人姜兆□、姜凤歧二人，因□代和息风来之银四十四两四钱一分正，限在九月初十兑清。如有过期，仰兆□、凤歧二人将□□出抵之田仰抵与出卖，勿得异言。立此为据。

凭　姜葆堃
　　炳达
中　范
　　献荣

光绪廿四年八月十八日　立

（来源：《清水江文书》第一辑第 8 册第 278 页）

65

GT – GMS – 171 ／ GT – 030 – 116 光绪二十七年三月十日龙连榜以田作抵加息借银字

立借银字人龙连榜，兹因要银使用无所得处，愿将土名寨脚田一丘作抵，上以连魁田为抵，下以梦熊田为抵，左以连第田为抵，右以借主田为抵，处抵明清。上门问到本房祖宝银捌两肆钱伍文整。其银照年加叁行息，勿限远近培（赔）还。恐口无凭，书此一纸为据。

计批："照年"二字。批止。

明昌　笔

光绪辛丑年叁月初拾⁽¹⁾　　立

（来源：《天柱文书》第一辑第 19 册第 183 页）

注：

（1）叁月初拾："拾"字下脱"日"字。

GT – GDL – 096 ／ GT – 023 – 063 光绪二十九年四月十八日龙荣喜以田作抵向龚占年借银并付息字

立借艰字人地良屾□龙荣喜，情⬜⬜使用无从得处，自己上门问到甘洞场龚占年名下，承借新宝艰壹拾三两〇八分整。其艰行利照月加三，限在本年五月内本利归还。自将屋脚田大小式丘收禾叁拾稨作抵，上至自家屋，下至胡加厚、龙富恩田，左至荒坪，右至溪，四至分明，不得有误。如有到限不得管现，下田收花为利。恐口无凭，立有借字为据是实。

凭中　杨东沛
代笔　龙东元

光绪廿九年四月十八日　借

（来源：《天柱文书》第一辑第 15 册第 98 页）

1 – 2 – 4 – 068 姜作琦借银字（光绪三十年六月十五日）

立借字人本房姜作琦，为因缺少艰用无处所出，自己上门借到姜梦林名下之银式两一钱五分，亲手领用，自愿将到冉腊之田一丘作抵，上凭献义之田，下凭山，左凭中保之田，右凭借主之田，四抵分明，限在本年十月之内归还，不得有误。若有误者，艰主上田耕种管业，借主不得异言。倘有不清，俱在借主理落，不关银主之事。恐口无凭，立此借字为据。

外批：内添三字。

代笔　定洪
凭中　培正

己未年二月姜元贞招还姜梦林之艰式两九钱八分整。作琦笔

光绪三十年六月十五日　立

（来源：《清水江文书》第一辑第 5 册第 68 页）

1–4–1–123 姜显清押田借银字（光绪三十一年十月二十八日）

立借字人本寨姜显清，为因要艰用，自己上门借到本寨姜作干名下艰五两式钱二分，其艰照月加三行利，自愿将到地名也望田一丘作抵，上凭艰主，下中凡田，左凭禾生，右凭抵主田，四至分清，不得有误。如有误者，上田管业，不得异言。恐口无凭，立此借字是实。

凭中　培正

光绪叁十一年十月廿八日　亲笔立

（来源：《清水江文书》第一辑第 9 册第 123 页）

GT–ZGP–044/GT–014–080 光绪三十二年四月二日李堂林向潘光世借钱交息字

立借字人李堂林，今因要钱用度无从得处，自己上门问到潘光世名下，承借出钱拾仟文整。其钱行利，每月每千钱上油一斤为利，限至冬月相还，不至有误。如有误者，如有过限，岩田房屋三间□抵，日后不得异言。今幸有凭，立借字存照。

请笔　李玉泰

光绪三十二年四月初二日　立字

（来源：《天柱文书》第一辑第 4 册第 149 页）

1－1－6－120 姜永职、姜永清借银字（光绪三十二年六月十四日）

立借字人本家堂侄姜永职、姜永清，今因要银使用，借到堂伯恩瑞宝艰陆两壹钱九分收用，照月三分行利，不得短少，自愿将屋脚之塘弟兄名下两股所占之壹股作抵。其塘界：上凭献义塘、显清田，下凭荒坪，左凭沟，右凭显清田作抵，立此借抵字是实。

光绪叁拾二年六月十四日　恩宽笔　　［立］

（来源：《清水江文书》第一辑第 3 册第 120 页）

1－1－3－079 陆志仁等收姜开明等借银字（光绪三十三年五月二十日）

立收清字人中仰寨陆志仁弟兄与侄等，因嘉庆廿二年加池寨姜开明、姜世远向我曾祖陆通洛公借去本银四拾三两整，当还过廿三两之本利，所余廿两正之本银，开明该还十两，世连该还十两，今开明公之孙姜恩方、姜恩瑞、姜恩厚等愿还乃祖所借之本银十两。当凭范之伟、范如贡、姜登洋、周宪章等劝解，借还利银十两合本利共廿两，一概收足清。自（至）如我房族人等有异论向讨者，俱在我陆志仁等自行理落，不关恩瑞等之事。廿（另）有世连之本银十两，自应向世连之子孙索还，亦不与恩瑞等相干。口说无凭，立此收清字存照为据。

外批：因世连所欠之本银十两尚未还清，借字未便，即拨于借字内注销。

之伟

范

如贤

凭中　姜登洋

周宪章

光绪卅三年五月廿日　志仁亲笔　立

（来源：《清水江文书》第一辑第 1 册第 378 页）

1－5－2－177 姜恩秀以田抵银字（宣统元年二月初八日）

立抵字人本家姜恩秀，为因无处所出，自己上门问到，自愿今将地名乜丹之田一丘，约谷叁石，其界：上凭凤德之田，下凭显光之田，左凭沟，右凭文斗之田，四字（至）分明，今将出抵与本家姜献恩名下承抵为业。当日凭中议定价艰伍两肆钱伍分整，亲手收足应用。其田自抵之后，恁凭艰阻（主）上田耕种管业，抵主不得异言[1]。如有来艰，不矩（拘）远近价到赎回。恐口无凭，立此抵字为据。

凭中　姜恩焕
笔　献魁

光绪叁拾伍年二月初八日　立

（来源：《清水江文书》第一辑第 10 册第 339 页）

注：

（1）抵主不得异言："抵主"，又称为借主，与典手大致同义，指用抵押方式借到钱粮的人。本契中指立借字人姜恩秀。

1－11－1－016 姜金培立借字（宣统二年七月十一日）

立借字人本寨姜金培，为因缺少粮食无处所出，自愿将到补先田一丘，约谷一石，上凭水沟为界，下凭□溪，左右凭溪为界，四抵分明，今将作抵与众等义谷，姜兆相、姜显韬、姜恩瑞、姜作干、姜献义名下承抵为业，当面借到义仓之谷壹伯（佰）斤正，限在秋收归还，不得有误。如有误者，恁凭众等上田耕种管业，抵主不得异言。恐后无凭，立此借抵字为据。

纪元四千六百九年众□清算，该谷壹佰八十斤，扣照现市该足银壹两捌钱整，众将此田断与姜恩瑞承买，当即领价是实。

十月十一日容斋批笔

宣统式年七月十一日　亲笔　立

（来源：《清水江文书》第三辑第 6 册第 485 页）

GT－GYD－013/GT－021－031 宣统三年六月初五日龙令伴以田作抵向林启禄借银字

立借银字人岑孔村龙令伴，今□□钱使用无所出处，自己上□□到□□寨林启禄钱捌仟文，将德菜□□抵，收花式拾四边，上抵杨姓田，下抵□□，左右抵龙姓田，四至分明，限至十月□□钱到田归，不得异言。恐后无凭，□有抵字是实。

代字　杨昌汉

辛亥年六月初五□□

（来源：《天柱文书》第一辑第 10 册第 218 页）

1－5－3－010 姜金锴借银抵地字（宣统三年十月初八日）

立借抵字人本寨姜金锴，为因缺少钱用无处所出，自愿将到园壹块，界止：上凭钱主之园，下凭兴德之园，左凭借主之竹园，右凭大路为界，四抵分明，今将作抵与本房姜凤德叔公名下承抵为业。当面凭中借钱式仟正，亲手领足应用。其钱每仟照月加三行利，不俱（拘）远近归还，不得有误。如有误者，恁凭钱主上园管业，借主不得异言。恐后无凭，立此借抵字为据。

凭中　姜继文

宣统叁年十月初八日　亲笔　立

（来源：《清水江文书》第一辑第 10 册第 348 页）

12－1－1－033 抄白册之二七（时间不详）（残）

存借字一烈（律）抄白领清

立借字人本寨龙家吉，为因无钱使用无所出处，借到吴成章名下，实借过铜钱二千文整，亲手收回应，逐年每千当却（脚）谷乙一秤，斤两不得有误。如有此情，名下将坐屋火炉一间作抵。此钱自借之后，恐后无凭，立此借字为据。

光绪二十年三月初二日　中　龙家林　吴宗显笔　立

立借字人吴成易，为因生易（意）无钱盘木，自己登门问到族弟成章名下，实借铜钱捌百文整，亲手收回应用。此钱自借之后，言定秋收当却（脚）谷。

（来源：《清水江文书》第三辑第 1 册第 278 页）

12－1－1－034 抄白册之二八（时间不详）（残）

四十斤，斤两不得有误。如有此情，名下愿将坐屋基作抵。恐后无凭，立此借字为据。

光绪九年十二月初二日　中龙家吉　笔宗显

立借字人龙家兴，为因公项缺少费用不足，自己登门问到吴成章名下实借过铜钱一千五百文整，其钱亲领应用，此钱自借之后，言定秋收每千称谷一秤，限至冬月归还，不得短少。如有此情，自愿盘滥田一丘，谷一石半作抵。恐后无凭，立此借字为据。

中　杨志达

光绪八年三月初一日　亲笔　立

（来源：《清水江文书》第三辑第 1 册第 279 页）

12－1－1－035 抄白册之二九（时间不详）（残）

立借字人龙家树，为因公项缺少用费不足，自己登门问到吴成章二千文整，其钱自借之后，亲领应用，每千称谷一秤，限至冬月归还，不得短少。如有此情，愿将地名盘少田一丘谷一石作抵。恐后无凭，立此借字是实。

中　杨志远

光绪八年三月初一日龙家修　笔

立借字人龙家桂，为因公项缺少用费不足，自己登门问到吴成章二千文整，亲手领回受用，其钱自借之后，每千称谷一秤，限至冬月归还，不得短少。如有此情，愿将务庙路坎下田一丘作

（来源：《清水江文书》第三辑第1册第280页）

12 -1 -1 -036 抄白册之三〇（时间不详）（残）

抵。恐后无凭，立此借字是实。中杨志远。

光绪八年三月初一日　代笔　家福　立

立借字人吴成礼，为因公项缺少费用不足，无其所奈，自己请中登门问到堂侄仁让弟兄名下，实借铜钱一千三百六十文整，亲领▢▢。其钱自借之后，言定一千文当脚谷一秤，斤两不得短少。如有短少，自愿将顿头田三丘，约谷▢石作抵。今恐无凭，立此借字是实。

中笔　以受

光绪十七年九月十七日　立　此钱足一年算清。

立借字人龙贵礼，为因生意所欠到丁达村吴成

（来源：《清水江文书》第三辑第1册第281页）

12 -1 -1 -037 抄白册之三十一（时间不详）（残）

章谷子一百三十五斤，迄今无处出取，到秋收之日，本利称二百〇二斤半，洪秤，斤两不得短少。自愿将美恰与贵斌功（公）共之山子彬木作抵。恐有此山不清，准定十月请人登门取讨，不得违▢▢误者，恁凭管业。恐后无凭，立此欠字是实。

光绪十二年二月初七日　　　　　代笔　龙世俊▢▢
外批：官福、贵礼共欠谷二百七十斤，洪秤。贵礼立字▢▢

立借字人吴成芳，为因母亲亡故，并喜事无所出处，今借到吴成章名下之钱一千五百文，亲手领回应用，每千当却（脚）谷一秤，斤两不得短少。如有缺少，自愿将到坐屋地基一间作抵。恐口无凭，立此借字是实。

光绪十九年十二月十六日　代笔　宗显　立
外批：招中秋会之钱一千〇七十文，除收并杨共久本利七百一十文。

光绪廿二年十二月十五日　宗显再笔　立

（来源：《清水江文书》第三辑第1册第282页）

12－1－1－038 抄白册之三十二（时间不详）（残）

咸丰二年四月初一日吴志禹借以爵谷子十□□将猪作抵。□笔。

嘉庆廿三年四月廿一吴正育借志高银四两□□照月加三行利，为因生意

中　杨运景　志文笔

嘉庆廿三年三月廿日吴志云借龙氏和妹银□□钱召（照）月加三行利。

代笔　吴志文

道光廿八年十二月廿三日吴以宁借龙氏松妍银六两，每两当谷卅斤，将流年喂猪作抵。

以宽

凭族　　以福

中　龙德庆

代笔　　以官

（来源：《清水江文书》第三辑第1册第283页）

GT－SBD－148 ／ GT－007－141 宣统三年十月十六日杨玉吉、龙伯鉴以田作抵向龙伯凤借银字

立借艰字人杨玉吉、龙伯鉴，情因缺少用度无处所出，自愿将到土名岑广坡却（脚）田五丘，上抵地土，下抵龙大偕，左抵山，右抵路为界，四至分明，要艰出借。请中到借龙伯凤承借老宝艰壹拾玖两壹钱整，不限远近归还，下田耕种收花为利。将艰续（赎）字，田归原主，不得异言。恐口无凭，立有借字为据。

凭中　吴佳兴

厚祥

讨笔　龙昌汉

宣统四年辛亥十月十六日　立

（来源：《天柱文书》第一辑第 2 册第 241 页）

GT – GMS – 068/GT – 030 – 006 民国元年三月十二日刘泽永以田作抵加息借钱字

立借钱以田作抵字人刘泽永，今因□钱使用无处可得，自己上门问到□□兴名下，借得九壹钱柒千文。凭中议定当利每千每月当谷三斤整。恐人心不古，自愿将到土名飞山庙门田一丘，上抵万祥田，下抵田主，左抵溪，右抵万祥田为抵，四至分明。本利限至明年三月上浣（完）归清，不得有误。若有误者，任作兴下田耕种收谷，准耕种之年之利。自借之后，不得异言。恐后无凭，立有借字为据。

凭中　刘□□
亲笔

大汉壬子年三月十二日　立

（来源：《天柱文书》第一辑第 19 册第 74 页）

1 – 11 – 1 – 022 姜永标立借抵字（民国二年四月十八日）

立借抵字本寨姜永标，为因缺少钱用无处所出，自愿将到白南皆在田壹丘，约谷式石，上凭水沟，下凭文斗周志之田，左凭借主之田，右凭显贵之田为界，四抵分明，今将作抵与本寨姜继琦名下承抵为业。当面借钱式仟四伯（佰）文，每年壹仟上租谷卅斤正，秋收不得有误。如有误者，恁凭钱主上田耕种管业，借主不得异言。恐后无凭，立此借抵为据。

中华民国二年四月十八日　姜金培笔　立

（来源：《清水江文书》第三辑第 6 册第 491 页）

1 –4 –2 –116 姜显贵借谷押田字（民国二年六月二十七日）

立借字人本房姜显贵，为因缺少粮食无处得出，自愿借到纯义名下之谷肆佰伍拾肆斤，其谷并无利，只收每担价银壹两陆钱正，其谷价银每两照月加叁行息。其银本利限至玖月之内归还，不得有误。如有误者，自愿将到培故之田大小式丘来换字，议价诈断字，银主方好上田修理管业。恐后无凭，立此借为据[1]。

内添叁字。

民国癸丑年陆月式拾柒日　子笔　立

（来源：《清水江文书》第一辑第 9 册第 306 页）

注：

（1）立此借为据："借"字下脱下"字"，依其旧。

GT –GYD –158/GT –005 –100 民国三年三月二日刘金富以屋坪地基房屋作抵向刘永定借银付息并限期归还字借抵字

立抵屋坪地基房屋字人刘金富，今因要艰使用无所出处，自己借到堂弟刘永定，承借艰八两正。其艰行利照月加叁，限至乙卯年式月本利归还，不得有误。自借之后，不得异言。恐后无凭，立有借抵字存照。

请笔　绪渊

天运甲寅年三月初二日　立字

（来源：《天柱文书》第一辑第 10 册第 162 页）

3 –1 –4 –010 姜绍学立借谷字（民国四年正月十六日）

立借谷字人姜绍学，为因缺少艰，食无处得出，自愿借到清明会姜学正、姜学广、姜学信、姜必达、姜必祥等本谷式百斤。其谷加五行息，愿将皆墨田一丘作抵，约谷八担，限至九月归还，不得有误。立此借字为据。

代笔　志邦

民国乙卯年正月十六日　立

（来源：《清水江文书》第二辑第 1 册第 378 页）

1-2-4-079 姜照顺借姜梦熊银字（民国四年三月初八日）

立借字人本房姜照顺，为因银用无处得出，自己上门借到姜梦熊名下之银四两柒钱伍分整，亲手收足应用。其银照月加三行息，不得有误。恐口无凭，自愿将到冉农之菜园作祇（抵）。界止：上凭显贵，下凭大路，左凭路，右凭献义，四至分清。立上断字为据[1]。

笔　姜凤歧

民国四年三月初八日立

（来源：《清水江文书》第一辑第 5 册第 79 页）

注：

（1）立上断字为据：按本份文书内容，"断"当为"借"，从其旧。

GT-WHX-016/GT-010-028 民国四年四月二十三日刘先荣以田作抵向潘光淮借钱并付息字

立借字人刘先荣，缺小（少）用度无从得处，自己上门问到潘光淮名下，承借老宝银拾两零伍钱正，纳利谷箩九拾斤另（零）。自己将到土名丫婆坳桥头水田壹丘，［左抵］上本主[1]，下本主，右抵路，左抵本［本］主水田[2]，日后不得有误。若有误者，耕种收花为利。日后不得异言。今姓（幸）有凭，立此借为据。

内添三字。

凭保人　潘通前
亲　笔　刘先荣

民国四年四月廿三日　立借

（来源：《天柱文书》第一辑第 6 册第 137 页）

注：

（1）左抵上本主：按上下文意，"左抵"二字为衍文。

（2）左抵本本主水田：此处衍一"本"字。

1-2-4-081 姜作琦借银抵田字（民国四年七月十二日）

立借抵字人本寨姜作琦，为因缺少银用无处所出，自愿将到祖田三干乙丘作抵，地名冉佑，上凭之田，下凭之山，左凭借主之田，右凭冲与艰主之田，四抵分清，今将出抵与姜元贞名下本艰拾两零捌钱整，照月加三行息，不得有误。如有误者，恁凭艰主上田耕种管业，借主不得异言。恐后无凭，立此借抵字为据。

凭中　姜春茂

民国四年七月十二日　亲笔　立

（来源：《清水江文书》第一辑第 5 册第 81 页）

GT-GDL-105 ／ GT-023-084 民国五年四月二十日龙明标以房屋及地基作抵向龙荣喜借钱并付息限期归还字

立借钱字人龙明标，今因要钱，借到龙荣喜钱一十八千八百八文整，其钱照月行利加三，自愿将到土名寅寨房屋并厘（列）地基一间，上坻（抵）显田、显明屋基，下坻（抵）竹山，左坻（抵）大路，右坻（抵）喜藩屋基，四至分[1]。其房屋地基三股均分，标一股作抵。要钱借到，限至本年十月本利归还，不得有误。若有误者，任从钱主折卖与人，我借主不得异言。恐口无凭，立有借抵字为据。

汤应林
凭冲（中）　龙儒兴
祖林
亲笔

民国五年四月二十日　立字

（来源：《天柱文书》第一辑第 15 册第 107 页）

注：

（1）四至分："分"字后脱"明"字，一般作"四至分明"，从其旧。

1-2-4-083 姜作琦借银字（民国五年十月初二日）

立借字人本寨姜作琦，为因缺少银用无处所出，自愿将到地名冉蜡田一丘，约谷四石，上凭后培之田，下凭山，左凭恩瑞之田，右凭借主之田为界，四抵分明，今将作抵与本寨姜天保母子名下银八两五钱五分整，亲手领足应用。其银利谷四百斤，不得有误。若有误者，恁凭银主上田耕种管业，借主不得异言。恐后无凭，立此借字为据。

姜作琦　亲笔

民国丙辰年十月初二日　立

（来源：《清水江文书》第一辑第5册第83页）

1-2-4-084 姜永兴借银抵田字（民国六年六月二十日）

立借抵字人本寨姜永兴，为因缺少银用无处得出，自愿将到田一丘作抵，地名中央，界止：上下凭山，左右凭山，四分明[1]，今借到姜元贞名下之足银弍两伍钱捌分整，亲手收足应用。其银每两自愿当租谷伍拾斤。其银限到秋收，银谷归还，不得有误。如有误者，恁凭银主上田耕种管业。恐后无凭，立此借抵字为据。

民国丁巳年六月廿日　亲立

（来源：《清水江文书》第一辑第5册第84页）

注：

（1）四分明："四"下脱"至"，从其旧。

1-2-4-085 姜作琦借银抵田字（民国六年七月二十二日）

立借抵字人本寨姜作琦，为因缺少银用度，自己上门借到姜元贞名下足银九两八钱整，亲手收足应用。其银每两愿当脚谷五十斤，自愿将田一丘作抵，地名冉蜡，上凭后培之田，下凭山，左凭元林之田，右凭借主之田为界，四抵分清。其银谷限至秋收归还，不得有误。若有误者，愿凭银主上田耕种。恐□无凭，立此借抵字为据。

内添一字。

凭中　姜文举

民国六年丁巳七月廿二日　亲笔　立

（来源：《清水江文书》第一辑第 5 册第 85 页）

GT－GDL－108 ／ GT－023－060 民国七年七月二十九日龙德芳向罗经邦、龙绍南借大洋并付息字

立借大洋字人地良龙德芳，今凭保证人姚皆霖借到南区高小校维持会长罗经邦、龙绍南经管维持会大洋拾陆元式角伍仙整，按月加三行息，自愿将到土名峃禁村屋角田一丘[(1)]，上抵借主园一团，下抵龙廷魁，左抵土坎，右抵溪。其息按季缴清。倘有拖欠情形，任管理人将田变卖作还，不得异言。立有借字为据。

保证人　姚皆林
代笔　龙廷英

民国庚午七月廿九日　立

（来源：《天柱文书》第一辑第 15 册第 110 页）

注：

(1) 田一丘：按文意，"丘"下疑脱"作抵"，依其旧。

3－1－5－012 姜景□立限字（民国七年十一月三十日）

立限字人姜景□，情因景彰所欠纲首罚款山价银六两一钱八分，限至十二月初十日还清不误。如有误者，自愿将到皆墨田作抵为据是实。

景恩　笔

民国七年十一月卅日　立

（来源：《清水江文书》第二辑第 2 册第 12 页）

1－2－4－090 姜作琦借银抵田字（民国八年正月二十四日）

立借抵字人本寨姜作琦，为因缺少银用无处得出，自借到本寨姜元贞名下，实宝艰拾九两二钱八分整，亲手收足应用。其艰每两上脚谷五十斤，自愿将到地名冉腊之田壹丘作抵，界限：上凭姜后培之田，下凭山，左凭元林之田，右借主之田，四抵分清。其艰谷限至本年冬天归还，不得有误。恐有误者，恁凭艰主上田耕种管业，借主不得异言。恐口无凭，立此抵字为据[1]。

中　陆正礼
凭　姜金培

民国八年正月廿四日　亲笔　立

（来源：《清水江文书》第一辑第 5 册第 90 页）

注：
（1）立此抵字为据：按本文书内容，"抵"字前脱一"借"字，从其旧。

GT－GDL－043／GT－039－040 民国八年二月二十日龙祖昌向龙才广以田作抵付息限期归还借钱字

立借钱字人龙祖昌，今兴（因）家下要钱使用无所出处，□愿将到土名永芳田乙丘作抵，上抵姚开林田，下抵龙文木山，左抵路，右抵路为界，四至分明，要钱作抵。自己上门问到龙才广名下，承借铜元钱肆封，每元封行利谷三边，限至十月本利归还，不得有误。若有误者，下田耕重（种）收花为利，田主不得异言。恐口无凭，立有借字为据。
外批二十一字。

笔　龙成保

辛酉年十月初一结□□□捌封，每封照月行利加四。
民国八年己未二月廿日　立借

（来源：《天柱文书》第一辑第 13 册第 239 页）

GT – WHX – 027/GT – 008 – 031 民国八年四月十日蒋政春以田作抵向杨宗堂借谷字

立借谷子蒋政春，今因家下要谷子□田无从得处，自己上门问到亲戚杨宗堂承借谷子五硕[1]正，本利七硕五斗正，秋收之日相还不误。若务（误），自将土名铲子田风叶刑（型）一连式丘，收谷三运作抵。若有误者，任从谷主下田耕种收花准利，借主不得异言阻当。恐口无凭，立借字为据。

自请景淮代笔

民国己未年四月初十[2]　立借

民国癸亥年十月十七日景樑令（另）外与宗堂续（赎）字，并不接扣政春田价。

（来源：《天柱文书》第一辑第 6 册第 32 页）

注：

(1) 硕：疑作"石"，依其旧。

(2) 四月初十："十"下脱"日"字，从其旧。

3 – 1 – 4 – 025 姜必荣立借字（民国九年六月初八日）

立借字人姜必荣，为因缺少银用无处设法，自愿借到姜灿春足票壹定，重玖两捌钱正，亲手领回应用。其银照月加三行息，限本年不俱（拘）远近本利归还，不得有误。如有误者，自愿将补两皆浓田作抵。立此借字为据。

外批：改一"借"字，涂一"年"字。

中华民国玖年六月初八日　亲笔　立

（来源：《清水江文书》第二辑第 1 册第 393 页）

1 – 2 – 8 – 067 姜纯美借钱抵田字（民国九年十一月十七日）

立借抵字人本寨姜纯美，为因缺少钱用无处所出，自愿上门借到姜元贞名下典钱拾弍仟文正，限到明年二月初二日归还，不得有误。恐有误者，自愿将到分受祖遗之田一丘作抵，地名冉佑，界限：上凭周智弟兄之田，下凭山，左凭凤沼之田，右凭山，四抵分明。恐有过期者，借主自愿每仟钱上脚谷廿五斤。空口无凭，立此借抵字〔人〕为据[1]。

　　　民国庚申年十一月十七日　　亲笔　立

　　　　　　　　　　　（来源：《清水江文书》第一辑第 6 册第 236 页）

注：

（1）立此借抵字〔人〕为据："字"下的"人"字为衍文。

3 - 1 - 5 - 015 姜必荣立借字（民国九年十一月二十七日）

　　　立借字人姜必荣，为因缺少银用无处设法，自愿登门借到姜天禄名下项圈银一根，重肆两五钱整，亲手收回应用。其银照月加三行息，愿将虎培南秧田一丘，约谷三担作抵。立此借字是实为据。

　　　　　　　　　　　　　　　　　　　　此契缴稍[1]

　　　中华庚申年十一月廿七日　　亲笔　立

　　　　　　　　　　　（来源：《清水江文书》第二辑第 2 册第 15 页）

注：

（1）此契缴稍：这四字系后人添补。"稍"，疑作"销"，依其旧。

1 - 2 - 8 - 072 姜纯美借钱抵田字（民国九年十二月初一日）

　　　立借抵字人本寨姜纯美，为因缺少钱用无处所出，自己上门借到姜元贞名下钱捌仟文，每仟当脚谷廿斤整，自愿将到祖遗之田壹丘作抵，地名冉佑，界限：上凭周智之田，下凭山，左凭凤治之田，右凭山，四抵分清，限到秋收钱谷归还，不得有误。恐有误者，恁凭钱主上田耕种管业，借主不得异言。恐后无凭，立此借抵字为据。

　　　民国庚申年十二月初一日　　亲笔　立

（来源：《清水江文书》第一辑第6册第241页）

1-2-4-097 姜三志弟兄借谷抵菜园字（民国九年十二月十三日）

立抵字人本寨姜三志弟兄，为因缺少粮食无处所出，自己上门问到姜老启名下借谷壹百斤，照月加六行息，限至辛酉年秋收本利归还，不得有误。如有误者，自将菜园一块作抵。界止：上凭岩林之园，下凭秉文之园，左凭玉起之园，右凭秉文之园，四抵分清。恐口无凭，立此抵字是实。

亲族姜秉智代笔

民国玖年庚申岁十二月十三日　立

（来源：《清水江文书》第一辑第5册第97页）

1-2-4-098 姜发保借谷抵菜园字（民国九年十二月十三日）

立借字人本寨姜发保，为因缺少粮食无处得出，自己上门问到姜老启名下借谷壹百斤，照月加六行利，限至明年秋收本利归还，不得有误。如有误者，自愿将到屋边菜园作抵，秋收误者，上园管业。恐后无凭，立此借字是实。

内涂一字、添一字。

族兄　姜秉智　笔

民国玖年庚申岁十二月十三日　立

（来源：《清水江文书》第一辑第5册第98页）

GT-GDL-020/GT-040-006 民国十年三月二十五日刘泽欢以钱作抵向刘东贵借钱并付息字

立借钱字人刘泽欢，今因家下要钱应用无处所出，自己上门借到本房刘东贵满娘钱柒千零四百文正。其钱每千每月当利钱四十文正。自愿将土名岑细坡田一丘作抵，上抵则欢田，下抵则欢田，左抵路，右抵山为界。此丘抵田由上下来系第三丘。自借之后并无异言。立有借字为据。

讨龙　大生笔

民国十年辛酉三月廿五日　立

（来源：《天柱文书》第一辑第 14 册第 22 页）

15－2－1－020 龙珍炳立借银字（民国十年六月初十日）

立借银人柳寨龙珍炳，今上门借到坉雷龙大毛老银陆拾两正，照月行利加四，将坉龙田乙丘，收花十六挑作抵，上抵牛塘，下抵龙姓田，左右抵山。又将基寨□田二丘，收花十六挑，东抵借主田，南抵荣魁田，西抵□□田，北抵路，四至抵清。其银限十二月相还。如有过限，任从借（银）主耕种收花为后利。恐口无凭，立有借字为据。

凭中　龙大江
亲笔

银自己了清，付与吴先□□
民国辛酉年六月初十日　立借

（来源：《清水江文书》第三辑第 2 册第 36 页）

3－4－1－030 姜占其立限字（民国十一年四月十八日）

立限字人加池姜占其，为于己未年二月十八日借得姜天富文叁两久（玖）钱正[1]，算至今该利文四两三钱正，本利共银柒两九钱正，此数至月底归还清楚，不得有误。如有误者，恁凭天富请人上长春翁□□皆万之田作抵，上田耕种。倘有不清，俱占其理落。恐口无凭，立此抵字为据。
民国壬戊（戌）十一年四月十八日　亲笔　立

（来源：《清水江文书》第三辑第 10 册第 144 页）

注：
(1) 文叁两久钱正："文"，疑指纹银。未改，仍其旧，下同。"久"当作"玖"。

1 – 2 – 4 –110 唐记苟借钱抵田字（民国十一年五月二十七日）

　　立抵字人本寨唐记苟，为因缺少钱用无年所出，自愿将到培鸠之田壹丘，约谷壹担半，其田界止：上同梦麟之田，下凭钱主之田，左凭水沟，右凭山为界，四抵分明，今将作抵本寨姜元贞名下承抵为业，当面议定抵价钱叁仟文，每年秋收称租谷肆拾伍斤，不得有误。如有误者，恁凭钱主上田耕种管业，抵主不得异言。恐后无凭，立此借抵字为据是实。

笔　姜金镕

民国壬戌年五月廿七日　立

（来源：《清水江文书》第一辑第 5 册第 112 页）

GT – GGD – 061/GT – 031 – 110 民国十一年闰五月九日陆志安以田作抵向潘宏彬借钱并限期归还字

　　立借钱字人凸洞村陆志安，情因家下要钱用度无所出处，自己登门问到克列村潘宏彬名下，承借钱铜元壹拾伍封正。其钱亲手领足应用，恐人心不古，今有土名屋脊甲溪田乙丘作抵，上抵山，下抵溪，左右抵溪，其田四至分明。其钱限至本年九月归还，不得有误。若有误者，下田耕种收花为利。恐后无凭，立有抵字为据是实。

　　外批：内添三字。

亲笔

民国拾一年闰五月初九日　立借

（来源：《天柱文书》第一辑第 20 册第 64 页）

1 – 2 – 4 –111 孙光前借钱抵田字（民国十一年后五月二十二日）

　　立借抵田人本寨孙光前，为因缺少钱用无处所出，自愿将到地名皆理德田一丘，约谷壹担，界止：上凭天保之田，下凭继元之田，左凭文科之田，右凭显贵之田为界，四字（至）分清，今将出与姜元贞名下承抵为业。当日议定价钱式仟文，亲手收足应用。其田自抵之后，言定秋收之时上脚谷四拾斤，不得有误。如有误者，恁凭钱主上田耕种管业，借主不得异言。恐口无凭，立此抵字为据是实。

代笔　继章

民国壬戌年后五月廿二日　立

（来源：《清水江文书》第一辑第 5 册第 113 页）

6－19－1－013 王成灿立抵禾花字（民国十一年后五月二十四日）

立抵禾花字人本房王成灿，今因缺少钱用无所得出，自愿将到坐落地名岑滥田乙丘作抵。要钱出抵，自己登门问到王荣斌名下，价钱四仟八百文整，任禾花壹佰斤为利，限至开春二月之内，不得有误。若有误者，下秧田耕种，不得异言。恐口无凭，立有抵字为据。

代笔　彦珍

民国十一年后五月廿四日　立抵

（来源：《清水江文书》第二辑第 7 册第 472 页）

GT－GGD－076 ／ GT－032－083 民国十一年闰五月二十七日杨□祥以田作抵向龙锦奎、龙锦锡兄弟借钱并限期归还字

立借钱字人杨□祥，情因要钱使用无所□□云龙锦奎、龙锦锡兄弟共钱陆千文正，自愿□□三十边作抵。其田上抵路，下抵元贵山，左右抵小路，四至分明。□初二日归还，不得有误。倘若到期不得，此契作为断卖契。□□无凭，立有此约为据。

□□明
凭　□□□
□□灿
□□

民国拾一年又五月二十七日　立

（来源：《天柱文书》第一辑第 20 册第 227 页）

GT‑GDL‑065 ／ GT‑022‑022 民国十二年六月二十二日佚名向龙才明以田作抵付息限期归还借钱字

立借钱字☐☐缺少钱无☐出处，自愿将到☐☐腰田一丘，上抵☐☐，下抵喜正田，左右抵山，收花十八边，四至分明，要钱出抵。自己☐门问到好寨龙才广明（名）下，承借钱四千文整，照月行利五十文，限至七月三十☐本利归还，不得有误。若有误者，下田耕种收花为利，不得异言。恐口无☐☐。

十一［月］二十九日付才广☐☐。

亲笔

民国癸亥年六月二十二日　立借

（来源：《天柱文书》第一辑第 13 册第 79 页）

1‑2‑4‑114 姜显高抵田字（民国十二年十二月二十六日）

立抵田字人本寨姜显高，为因缺少钱用无处得出，自愿将到地名从落田一丘，落谷二旦（石）半，上凭培光之田以抵主之田为界，下培光之田，左凭山，右凭抵主之方（荒）平（坪），四字（至）分清。今日凭中出抵，以不俱（拘）远近来还，四抵分清，田式股，本名占一股，出抵姜全顺抵田为业。当日凭中出抵以价钱五千一百八十文，亲手收足。其田字（自）抵之后，任凭抵主上田耕种官（管）业，日后不得异言。恐口无凭，立此抵字为据。

凭中　长贵

民国癸亥年十二月二十六日　亲笔　立

（来源：《清水江文书》第一辑第 5 册第 116 页）

3‑1‑4‑035 姜必达立借字（民国十三年二月十八日）

立借字人姜必达，为因缺少日食无处得出，今借到会友景恩、顺盛、必周等本谷捌拾七斤。其谷每年加五行息，限至秋收之后归还，不得有误。如有误者，到九桑木田一丘作抵。恐口无凭，立此借字为据。

内加花边式元加息。

代笔　天福

民国十三年二月十八日　立

（来源：《清水江文书》第二辑第 1 册第 403 页）

3 – 2 – 3 – 043 姜宣校立借字（民国十三年三月二十五日）

立借字人姜宣校，为因要钱用度无处得□，自己登门借到堂弟姜宣韬名下元钱叁仟整，其钱限至年 □ 归还不误。恐其□，自将坐屋门口田一丘本 □ 股作抵，以为典契管业，价到赎回是实。 □ 此据存照。

□国甲子年三月廿五日　亲笔　□

（来源：《清水江文书》第二辑第 2 册第 302 页）

1 – 5 – 3 – 062 姜显邦借银抵房屋字（民国十三年十一月十五日）

立借抵字人姜长□，为因先年借到姜□□之钱□坐屋壹间作抵，今 □ 追讨□项，无处寻出，仍□将此坐屋壹间，地名四界载明在买契内，经族中拨出，问本族姜凤德伯爷名下，实借过铜元拾封，并谷子壹百斤。其钱照月三分行息，谷子逐年加五生利，原限来年内本利归清。如有拖延不还，恁伯爷自行管坐屋宇，我本名与亲房人等不得异言。特立借抵字永为执据。

外披（批）：屋宇断契并显邦抵契共弍岳（纸）。

凭中　姜献文

民国拾叁年十一月十五日　姜恩宽笔　立

（来源：《清水江文书》第一辑第 10 册第 400 页）

GT – GGD – 028/GT – 031 – 071 民国十四年二月二十五日丁邦乔以田作抵向龙泽槐借钱并纳息限期归还字

立借钱字人丁邦乔，今因家下要钱使用无所出处，自愿将到土名冲甲田壹丘作抵，收禾九十稿，上抵陆志安田，下抵胡国元田，左抵溪，右抵本主，四至分明。自己上门问到地额村龙泽槐名下承借元钱伍拾壹封，限至又四月归还，照月行利加四，不得有误。若有误者，下田耕种收花为利，不得异言。恐口无凭，立有抵字为据。

外批：引兰内有壹拾陆封之数。

凭笔　　杨东禄

民国十四年二月二十五日　立

（来源：《天柱文书》第一辑第 20 册第 29 页）

GT－GSH－132 ／ GT－024－210 民国十四年四月十七日陶灿仕以地作抵向龙顺仁借钱字

立借字人陶灿仕，情因今我借到高酿等冲龙显仁，承借元钱拾捌封正，其元钱限至五月内归还。自愿将土名高盘□园地壹副作抵为据。其元钱到契回赎。□借之后不得异言。恐口无凭，立有借字为据。

凭中　　龙显祥

民国十四年四月十七日　立

（来源：《天柱文书》第一辑第 16 册第 146 页）

1－2－8－106 姜凤岐、姜炳成父子借钱抵屋字（民国十四年六月十九日）

立借字人本家姜凤岐、炳成父子，为因缺少钱用无处得出，自愿上门借到姜元贞名下之钱伍仟文，每仟上脚谷十四斤正，限至秋收将谷归还，不得有误。如有误者，自愿将坐屋式间作抵，上凭东成，下凭梦敖，左凭水沟与钱主为界，四至清，右凭梦敖。恐口无凭，立此借为据。

内涂四字、添一字。

外批：六月廿八日又得钱壹仟文，上利谷四十斤，亲笔批。

又得钱八仟文。三共八仟。炳成共得钱六仟文。

民国十四年六月十九日　凤岐亲笔　立

（来源：《清水江文书》第一辑第 6 册第 276 页）

1－2－4－120 姜金培借钱字（民国十四年七月十二日）

　　立借字人本寨姜金培，为因缺少钱用无处所出，自愿将到河边大叁拾伍根作抵姜元贞名下元钱弍仟正，亲手收足应用，其钱每仟上却（脚）谷拾弍斤正，限至大木出卖本利归还，不得有误。恐后无凭，立此借抵字为据。

　　添"贰"壹字。

亲笔

民国乙丑年七月拾弍日　立

（来源：《清水江文书》第一辑第 5 册第 122 页）

GT－ZGP－049/GT－013－055 民国十四年十一月十一日潘光祥借钱字

　　立借约字人潘光祥，今因家下要钱□用无从得出，自己清（亲）口上门问到吾众等清明会，承借出元钱叁仟伍佰文整，其钱每仟照月加伍利钱，其本不限远近相还，不得有误。若有误者，自愿以□作抵，土名园图塆右边冲头芳（荒）墦壹副，笋（开）明四抵，上抵通尧子油树，下抵通尧园场，左抵通尧芳（荒）山，右抵光槐园场，四抵□明，以业作抵。恐日过限耕管抵业为利。今幸有凭，立此借字为据。

信
凭　房亲　潘光
和
讨笔　潘光月

民国拾肆年岁次乙丑仲冬月十一日　立借字为□

（来源：《天柱文书》第一辑第 4 册第 50 页）

1－2－4－123 姜金培欠钱字（民国十四年十二月十五日）

　　立欠字人本寨姜金培，为因缺少钱用无处所出，自愿将到南什溪口木植四十根作抵本寨姜元贞名下钱五仟六百，限至丙寅年二月之内归还，将本钱还清。如有过限者，每仟加三行息。恐后无凭，立此欠字为据。

民国乙丑年十二月十五⁽¹⁾　亲笔　立

（来源：《清水江文书》第一辑第 5 册第 125 页）

注：

（1）十二月十五："五"下脱一"日"字，从其旧。

1－2－8－121 姜纯秀借银抵菜园字（民国十五年三月初二日）

立借抵字人姜纯秀，为因缺少银用无处所出，自己登门借到姜元瀚兄弟之光洋伍圆、宝银伍两弍钱正，自愿将到皆从污之菜园壹块作抵，界止：上凭银主之园，下凭银主之坐屋，左凭纯良之仓，右凭元秀之屋，四抵分明。其银照月加叁行息，不俱（拘）远近归还。如有不归还，恁凭银主上园管业，抵主决无异言。恐口无凭，立此抵字为据。

凭中　姜文举

民国丙寅年三月初弍日　亲笔　立

（来源：《清水江文书》第一辑第 6 册第 293 页）

GT－GGD－047 ／ GT－035－054 民国十五年十一月二十三日杨通焕以田作抵向杨通海借钱并限期归还字

立借钱字人甘洞杨通焕，今因家下要钱使用无所出，自己上门问到杨通海其（借）得元钱二十封正，自愿将到地名定长大田一丘，上抵粟若四田，下抵粟宏开田，左抵沟，右抵庙，自（四）四（至）分明。其钱限至明年二月二十三日归还，若不有误⁽¹⁾。误者，任从杨通海下田耕种收花，不得异言。恐口无凭，立有借字为据。

凭中　刘光先

子杨出藻　笔

民国十伍年十一月二十三日　立

（来源：《天柱文书》第一辑第 21 册第 242 页）

注：

（1）若不有误：此句一般写作"不得有误"，依其旧。

GT－ZGP－051/GT－013－038 民国十六年二月七日□年俸向潘光槐借钱收息字

立借字约□□年俸，今因要钱使用无从□□，自己上门问到潘光槐名下，承借出元钱拾□文整。其钱行钱利，每千照月加四十文，本利□□拾月相还，不至有误。如有误者，至（自）原（愿）将□□桃竹界油树一块作抵。开明四抵：上抵古路，下抵□□树，左抵年河油树，右抵年松油树，四抵分□□作抵。恐口无凭，立有借为据(1)。

内添一□。

民国丁卯年二月初七日　□

（来源：《天柱文书》第一辑第4册第52页）

注：

（1）立有借为据："借"下脱"字"。

GT－GDL－062 ／ GT－039－056 民国十六年三月三日龙祖昌赎回田契清白杜后字

立清白字杜后字人龙祖昌，情因己未年所借龙才广之钱肆仟文将母亲之养老田求芳作抵，才广因母亲归世，其田卖与长子祖益。至丁卯年才广将抵字认昌归还。昌实属难还，广具控到局，局长公断，该还一十六千文。因昌自顾不下（暇），再劝才富兄弟帮昌偿还一十六千文，又将抵字赎回，不得拖欠分文。自后祖昌不得妄为作抵别人。倘有妄行抵典，有我中人禀公究治，不得异言。立有清白付与富兄弟手执为据。

姚皆举
凭中　龙才多
汤应麟

民国十六年丁卯三月初三日　汤应麟笔

（来源：《天柱文书》第一辑第 13 册第 259 页）

GT – GMS – 123/GT – 030 – 053 民国十六年三月二十日姚再陞以屋作抵借钱字

　　□□□字人姚再陞，今因要钱应用无所出处，只得自己上门问到粟用馀承□□钱肆拾伍仟文整。其钱亲手领足，自愿将所坐之屋式间作抵，其钱限至本年腊月廿日将还，不得有误。若有误者，□从钱主□□变卖，不得异言。恐口无凭，立□□作□□。

　　外批：内添"屋"之一字。

姚再陞（押）
讨笔　刘大材

民国十六年丁卯三月廿日　□

（来源：《天柱文书》第一辑第 19 册第 131 页）

GT – GMS – 124/GT – 030 – 037 民国十七年端阳日姚再陞以田作抵加息借钱字

　　立借田作抵字人姚再陞，情因先年借到木杉寨龙通顺名下元钱伍拾仟文，每年照月加五行息，无有抵处，只特借到姚再兴墓然田、高隐两处田大小三丘抵与龙通顺。恐后人心不古，立有借字为据是实。

凭中　代笔人　刘启昌（押）

民国拾七年戊辰岁端阳日　立

（来源：《天柱文书》第一辑第 19 册第 132 页）

GT – GDL – 050/GT – 040 – 004 民国十七年五月二十日刘泽欢以田作抵向刘新鸾借谷付息并限期归还字

　　立借谷字人刘泽欢，今因家下缺少粮食无处借出，自己上门借到刘新鸾谷子叁挑，每挑加伍行息，限至十月内本利一体归还，不得有误。倘有误者，自愿将到岑细田一丘作抵，上下本主，左抵路，右抵山，四至分明，至期未获，任凭借主下田耕种收花为利。恐口无凭，立有抵字可拿。

代笔 刘庆

民国十七年五月廿日 立

（来源：《天柱文书》第一辑第 14 册第 53 页）

6－35－1－050 王承广立抵田契字（民国十七年六月二十七日）

立抵田契字人魁胆寨王承广，兹因为生意缺少钱用无所得出，自愿将到坐落地名岑滥田一丘、□方田一丘，收花式秤，王吉□□，也夏方田四丘，收花叁秤，王海思赞峰田一丘，收花叁秤，三人要钱出抵。自己问到王桂发名下承抵，当日言定抵价元钱壹佰千文整，照月加三，限至三月之内。若有不得，下田耕种，不得异言。恐口无凭，立有抵字为据。

代笔 彦珍

民国戊辰年六月廿四日 立抵字

（来源：《清水江文书》第二辑第 9 册第 466 页）

GT－WHX－079/GT－008－094 民国十七年七月四日蒋昌极以田作抵向蒋景智借钱并行利字

立借钱人蒋昌极，今因家下要钱用度无从得处。自己上门问到族内蒋景智名下，承借钱拾式仟文正。其钱行谷利，关千钱柴躬斤相还不误。自将土名沙子田壹丘，收谷式运作坻（抵）。若误，任从钱主收花为是，借主不得异言。恐口无凭，立借字为据。

昌极亲笔

民国十七年七月初四日 立

（来源：《天柱文书》第一辑第 6 册第 86 页）

GT – GYD –185/GT –005 –112 民国十八年三月四日杨胜海以田作抵向杨宗寿借洋并限期归还字

　　立抵借字人盘岑杨胜海,今因家下要钱使用无所出□,自愿将到土名豪老□□收花三十六稨,上抵龙大河田,下抵杨昌铭田,左抵任姓山,右抵□□山,四至分明,要钱出抵。自己上门问到攸洞村本族杨宗寿、宗成二人名下承借大洋一十伍元正。其大洋限至三月初十日退还,不得有误。若有误者,下田耕种收花为利,不得异言。恐□无凭,立有抵借字为据。

外批:岑断坡田一丘

亲笔

民国十八年三月初四日　立

(来源:《天柱文书》第一辑第 10 册第 190 页)

GT – GSH –133 ／ GT –024 –218 民国十八年五月三十日龙元招以田作抵向龙顺仁加息借元钱字

　　立借元钱字人龙元招名下,情因借到龙显仁承借铜元钱陆拾封整,其元钱照月加叁行息,不限远近归还,不得有误。若有误者,自愿将到地名坪坪秧地田壹丘,禾把拾贰稨作抵,不得异言。今欲有凭,立有借元钱字一纸为据存照是实。

代笔　罗安治

民国十八年伍月三十日　立借

(来源:《天柱文书》第一辑第 16 册第 147 页)

6 –3 –1 –093 王贵林典田契字(民国十九年二月十七日)

　　□典田契字人魁胆寨王贵林,今因家下缺少钱用无所出处,四(自)己尚(上)门借到三德村王林泽光洋四园(圆)(整),照年行利谷,美(每)年壹百四十斤,九月本利归。恐后无凭,立有袛(抵)田客列田一丘。今欲有凭,立有借字为据字(是)实。

95

代笔　王彦福

民国庚午年二月十七日　立祇（抵）

（来源：《清水江文书》第二辑第 5 册第 487 页）

GT－ZGP－058/GT－013－041 民国十九年三月十七日潘光甫向潘光槐借钱收息字

立借约字人潘光甫，今因要钱用度无从得出，自己亲口上门问到潘光槐名下，承借出元钱壹拾伍千文正。其钱每千照月行利五十文正，不限远近相还，不得有误。如有误者，自愿将到土名马路冲水田壹间作抵，上下抵刘姓水田，左抵潘姓水田，右抵刘姓水田。恐日后久拖不还，任从光槐子孙下田收花为利。恐口无凭，立此借字为据。

代笔　潘光华

民国十九年庚午三月十七日　立

（来源：《天柱文书》第一辑第 4 册第 59 页）

1－3－3－178 姜凤翎借钱字（民国十九年六月十六日）

立借字人加池姜凤翎，为因缺少钱用，自愿借到丢佐林昌云、林昌显之钱三拾仟文，每仟当脚谷伍斤，自愿将到故田二丘作祇（抵），约谷六旦（担），界限：上凭大路，下凭发保之屋，左右凭坡，四至分清。其有脚谷如有误者，恁凭钱主管业，借主不得多言。立此借字四（是）实。

还清字退。

民国拾九年六月十六日　亲笔　立

（来源：《清水江文书》第一辑第 7 册第 307 页）

注：

本字约中，涉及借主用 2 丘田作抵押，属于借钱抵字。

GT - GMS - 130/GT - 030 - 036 民国二十年六月十八日刘泽欢以园地作抵加息借钱字

立借元钱字人刘泽欢，今因要□□无所出处，自己上门问坪墓姚□□下承借元□拾封，其钱按月每千□□息。自愿将□□住屋山头园地壹□□间作抵，上□□绍丰屋地，左抵路，右抵□宏均地基，四□分明。其钱限至九月本利归还，不得有误。若有误者，任从姚姓转档（当），不得异言。恐□无凭，立有借字为据。

讨笔　刘景云

民国廿年辛未岁六月十八日　立

（来源：《天柱文书》第一辑第 19 册第 142 页）

1 - 6 - 1 - 077 龙义发限期还款字（民国二十年九月二十八日）

立限条字人培亮寨龙义发，情因丁卯借到加池寨姜元瀚之钱七十五千文，至今本利无归，兴德求缓限至本年十月十五以下本利归清。如不归还，自愿将到德相黄牛作抵。如再为拖延，任凭钱主照字管业，借主父子不得异言。口说无凭，立此限字为据。

陆志海
凭中
范修彬
代笔　范修杰

民国二十年九月二十八日　立

（来源：《清水江文书》第一辑第 11 册第 83 页）

GT - GDL - 055/GT - 040 - 003 民国二十年十一月二十七日龙求保以田作抵向龙先泗借铜元付息并限期归还字

立借铜元字人龙求保，今因家下要钱用度无所出处，自愿将到土名高兰却田乙丘，上抵肖永昌田，下喜德田，左右抵坡，四至分明，自己上门问到龙先

97

泗名下，承借元钱贰拾肆封足，照月每封加四利。其田作[1]。其限至二月本利归还，不得有误。若有者，下田耕种收花为利，不得异言。立有借字为据。

亲笔

民国辛未年十一月廿七日　　□

（来源：《天柱文书》第一辑第 14 册第 58 页）

注：

(1) 其田作："作"字下脱一"抵"字，依其旧。

GT‑GDL‑056/GT‑040‑010 民国二十年十一月二十七日龙喜德以田作抵向龙先泗借铜元付息并限期归还字

立借铜元字人龙吉德，今因家下缺少钱用度无从得处，自愿将到土名横金被却田壹丘，上祇（抵）永保田，下祇（抵）起潘田，左祇（抵）借主田，下右祇（抵）爱弟田，四至分明，自己上门到借龙先泗名铜元贰拾肆封整，每封照月加四。其田作祇（抵），限至明年二月本利归还，不得有误。若有误者，下田耕种收花为利，不得异言。恐后无凭，立有借字为据是实。

内添三字。

亲笔

民国辛未年十一月廿七日　　立借

（来源：《天柱文书》第一辑第 14 册第 59 页）

GT‑GDL‑059/GT‑040‑011 民国二十一年三月十五日龙先翰以田作抵向清明会借钱付息字

立借钱字人龙先翰，今因家下要钱使用无所出处，自原（愿）将到土名盘妹田壹丘，上抵本人田，下抵喜德田，左抵路，右抵喜求田，四至分明，要钱作抵。今借到清明会钱二千四百文整，每月各千加四十文，不限远近本利归还，不得有误。若有误者，下田耕种收花为利，不得异言。恐后无凭，立有借字为据。

亲笔

民国壬申年三月十五日　　立

（来源：《天柱文书》第一辑第 14 册第 62 页）

5－1－3－092 杨通明立借字（民国二十一年三月十六日）

立借钱字人归遂杨通明，为金堂无钱用度，自愿借到庙上众人之钱肆拾玖仟叁百文整。其钱亲手收足应用，日后其钱每仟本钱照月加叁行利，不得有误。限至十一月二十六日归凡（还）本利清。若凡不清，杨通明自愿将到本名下坝庙下边田一丘，约五石作抵是实，日后借主不得有误。恐口无凭，立有借字为据是实。

彭仁彬

凭中　杨之茂

朱大宗

龙盛槐

民国壬申年三月十六日　通明亲笔　立借

（来源：《清水江文书》第二辑第 5 册第 92 页）

GT－GDL－191/GT－040－179 民国二十一年五月二十四日龙喜根以田作抵向姚皆林、龙文模借钱并付息字

立借钱字人龙绞村龙喜根，今因家下缺少钱使用无所出处，自愿将到土名归翁田乙丘，收花二十四边，上抵借主田，下抵喜才田，左抵溪，右抵山，四至分明，要钱出抵。自己上门借到地良龙文模、姚皆林共名下承借元钱拾封文整，每封照月行利加四，不限远近归还。若有本利不归，下田耕种收花为利，不得异言。恐后无凭，立有抵字为据是实。

内添伍字、涂三字。

亲笔

民国廿一年岁次壬申五月廿四日　立借

（来源：《天柱文书》第一辑第 14 册第 214 页）

GT – GDL –067/GT –040 –008 民国二十二年四月二十五日刘荣昌以田作抵向王氏秀香借钱付息字

立借钱字人刘荣昌，今因要钱用度无□□得，自己上门借到王氏秀香名下承借元钱柒拾封，自愿将到坝溪坡脚田一丘作抵。其田上抵田主田，下抵飞山庙田，左抵沟，右抵大路，四至分明。其钱限至明年二月内退还，不得有误。误者，任王氏秀香下田耕种，不得异言。恐口无凭，立有借字为据。

　　　　　　　　　　　　　　　　　　　　亲笔

民国二十二年岁次癸酉四月二十五日　立

　　　　　　　　　（来源：《天柱文书》第一辑第 14 册第 70 页）

3 –1 –5 –035 姜于简立借字（民国二十二年前五月二十日）

立借字人姜于简，为因要钱急用，自愿借到姜景恩、姜世文、姜世泽等清明会大洋捌元，其洋系加三行息，限至后五月内归还勿误。将虎培南田一丘，约谷三担作抵是实。

民国廿二年前五月廿日　亲笔　立

　　　　　　　　　（来源：《清水江文书》第二辑第 2 册第 35 页）

GT – JDP –130/GT –012 –128 民国二十二年六月二十四日杨发龙以田作抵向杨清国借钱并行息字

立借钱字人杨发龙，今因家下要钱使用无从得处，夫妻謪（商）议[1]，情原（愿）将到中云披大墒作抵，四抵分名（明），要行出借，无人承受。自几（己）问到杨清国名下承借，借出钱伍拾陆仟文正。其钱青（亲）领入手用度，行息每月家（加）四十，相凡（还）不误。如有误，得今有［友］凭[2]。立借是实。

　　　　　　　　　　　　　　凭中　杨金毫

民国式拾二年六月二十四日　笔　立谪

　　　　　　　　　（来源：《天柱文书》第一辑第 3 册第 133 页）

注：

（1）夫妻謫议："謫""谪"，皆同"商"，以下释为"商"。

（2）得今有凭："友"为衍文。

GT - GDL -069/GT -040 -076 民国二十二年十二月十七日刘荣昌以田作抵向龙喜淑借钱付息并限期归还字

立借钱字人刘荣昌，今因要钱用度无处可得，自己上门借到龙喜淑名下，承借元钱叁拾封陆百文正，自愿将豪老寨脚田一丘作抵，上抵刘大才仓地，下抵泽永田，左抵大路，右抵泽永田，四至分明。限至明年三月内退还，不得有误。误者，任喜淑下田耕种，不得异言。恐口无凭，立字为据。

民国二十二年癸酉十二月十七日　亲笔

（来源：《天柱文书》第一辑第 14 册第 72 页）

GT - GDL -118/GT -040 -125 民国二十三年七月十日龙则贵以田作抵向龙圭多借钱并付息限期归还字

立借钱字人摆洞寨龙则贵，今因家下要钱使用无所出处，自愿将到土名上摆田一丘作抵，上抵刘姓田，下抵大选田，左抵则挥田，右如椿田为界，四至分明，要钱出用。自己上门借问到本寨龙圭多名下，承借元钱陆拾千文整，照月加四行利，限到十月归还，不得异言。恐口无凭，立有抵字存照。

内添三字。

讨笔　陈通贵

民国甲戌年七月初十日　立

（来源：《天柱文书》第一辑第 14 册第 138 页）

GT - SBD -052 / GT -007 -065 民国二十三年八月一日王松柏以地基作抵向杨金发借钱加息并限期归还字

立有借钱字人摆洞村王松柏，今因要钱使用无所出处，以屋地基所抵，自己上门问到坉老村杨金发名下，承借钱捌拾式千文。□己房屋地基壹甘□[(1)]，左抵李姓，右抵王松祥，上抵张姓，下抵大路，房屋作己钱捌拾弍千文，照月加四行利钱，恨（限）到十月本利归还。若不归还口字，不得异言。若有异言，立有借钱字为据。亲笔

凭忠（中）　杨再德

民国廿三年甲戌八月初一日　立

（来源：《天柱文书》第一辑第 2 册第 131 页）

注：

（1）房屋地基壹：甘，方言，意为间，一甘，意为一间。

GT－GDL－072/GT－040－007 民国二十三年八月十日刘荣昌向王氏秀香借钱限期归还字

立借钱字人刘荣昌，今因要钱使用无处可得，自己上门借到本寨王氏秀香名下，承借元钱壹百贰拾封正，自愿将到坝溪坡田贰丘作抵。其田上抵杨通文田，下抵飞山庙田，左抵路，右抵沟，四至分明。其钱限至明年三月内退还，不得有误。误者，任秀香下田耕种，不得异言。恐口无凭，立有借字为据。

亲笔

民国二十三年甲戌八月初十日　立借

（来源：《天柱文书》第一辑第 14 册第 75 页）

GT－JDP－132/GT－012－129 民国二十三年十二月二十一日杨发隆以田作抵向杨清国借钱并行息字

立借钱字人杨发隆，今因要钱使用无从得处，是以夫妻谪（商）议，无处生方，只得问到胞弟杨清国名下，承借出铜元钱叁拾仟文整。其钱每仟每月加伍拾文行息不误。若恐误者，将到自己业土名乾溪坳口长墦一节作抵。恐口无凭，特此书立借字为据。

凭中　杨氏征校
请笔　杨德先

民国二十三年十二月廿一日　立

（来源：《天柱文书》第一辑第3册第135页）

GT－GDL－074／GT－040－005 民国二十四年二月十九日刘荣昌以田作抵向粟根林借钱限期归还字

立借钱字人刘荣昌，今因要钱使用无所出处，自己上门借到本寨粟根林名下，承借元钱玖拾陆封正，自愿将豪老田一丘作抵。其田上抵刘大才仓地，下抵刘泽永田，左抵大路，右抵刘泽永田，四至分明。其钱限至明年三月内退还，不得有误。误者，任根林下田耕种，不得异言。恐口无凭，立有借字为据。

亲笔
凭中　刘发祥

民国二十四年乙亥岁二月十九日　立

（来源：《天柱文书》第一辑第14册第78页）

GT－GDL－075／GT－040－009 民国二十四年三月六日刘荣昌以田作抵向刘发祥借钱限期归还字

立借钱字人刘荣昌，今因要钱使用无处可得，自己上门借到本寨刘发祥名下，承借元钱伍拾陆封正，每月每封加四行息。自愿将到坝溪田一丘作抵。其田上抵大路，下抵飞山庙，左抵大路，右抵沟，四至分明。其钱限至明年三月内退还，不得有误。误者，任发祥下田耕种收花为利，不得异言。恐口无凭，立有借字为据。

凭
亲笔

民国二十四年乙亥三月初六日　立

（来源：《天柱文书》第一辑第14册第79页）

GT－SBD－053 ／ GT－007－064 民国二十四年四月五日杨再兴以房屋作抵向杨金发借钱并限期归还字

立限钱字人槐坪寨杨再兴，情因借到摆洞坉老村杨金发名下承借钱壹佰肆拾柒仟文正，以（已）今（经）借此良久，尚然未还，定限到十月本利加四赔还，至时若不赔还，将房屋一座与地基作抵。至日果然未获赔还，定把此屋地基与他管理作业。自限之后，不得反悔异言。恐口无凭，立有限字乙低（纸）付与手执为据。

内添三字。

讨笔　陆开珠

民国式拾肆年岁次乙亥四月初五日　立

（来源：《天柱文书》第一辑第 2 册第 132 页）

GT－SBD－054 ／ GT－007－060 民国二十四年四月八日龙大祥以田作抵向杨金发借光洋加息并限期归还字

立借光洋字人摆硐龙大祥，今因家下要钱使用无所出处，自己上门借到坉老材（村）杨金发名下承借光洋拾元，其洋每月加五行利。今我大祥将盘皆田乙丘作抵，上抵山，下抵路，左抵山，右抵路为界，四至分清。其洋限至十月归还，不得有误。若有误者，下田收花为利，不得异言。恐口无凭，立有借字为据。

亲笔

民国乙亥四年四月初八日　立 借

（来源：《天柱文书》第一辑第 2 册第 133 页）

GT－SBD－055 ／ GT－007－055 民国二十四年五月十二日龙长江以田作抵向杨金发借钱加息并限期归还字

立借钱契字人摆硐寨龙长江，情因家下要钱使用无所出处，自己上门借到坉老杨金发元钱贰拾捌千文，自愿将到土名小主脚溪田式丘作抵。其田上抵路及山为界，下抵溪，左右抵溪为界，四至分明，要钱作抵。其钱照月加四行利，限至本年十月内本利归还。恐口无凭，立有借字作抵为据。

内添四字。

讨笔　龙大选

民国乙亥年古五月十二日　立借

（来源：《天柱文书》第一辑第 2 册第 134 页）

GT－GYD－135/GT－003－094 民国二十四年六月二十二日伍绍江以田作抵向伍永春借钱付息并限期归还字

立借钱字人伍绍江，今因家下要钱使用无所出处，自愿将到土名老盼田乙丘作抵，上抵胡姓田，下抵伍永春，左抵胡国藩，右抵路，四至分明，要钱作抵。自己上门问到本房伍永全名下，承借铜元乙百零贰仟七百文整，其钱昭（照）月加四行息，限至明年三月本利归还，不得有误。若有误者，立有抵字为据。

亲笔

民国乙亥年六月二十二日　立

（来源：《天柱文书》第一辑第 12 册第 137 页）

GT－GYD－136/GT－003－091 民国二十四年七月八日伍永德以田作抵向伍永贤借钱付息并限期归还字

立借钱字人伍永德，今因家下要钱使用无所得处，自愿将到土名冲下田一丘作抵，上抵本主田，下抵杨姓田，左抵山，右抵路，四至分明，要钱作抵。自己登门问到本房伍永贤承借元钱伍拾陆仟文整，照月加四行息，限至本年十一月本利归还，钱到字退，不得异言。立有借字为据。

内添二字。

代笔　伍永略

中华民国二十四年七月初八日　借

（来源：《天柱文书》第一辑第 12 册第 138 页）

GT–GDL–114 ／ GT–023–068 民国二十四年七月二十八日龙德芳以田作抵向胡国柱借钱并付息字

立借钱字人龙德芳，☐少钱用无处所出，自愿将到土名其有屋脚下田一丘作抵，上抵借主屋，下抵钱主田，左左抵借主田[(1)]，四至分明，要钱出抵。自己上门借到本寨胡国柱名下，承借元钱捌拾仟文正，每仟照月行息加四，不限远近归还。若后本利不归，下田耕种收花为利，不得异言。立有借字为据存照。

讨笔　龙廷焕

民国二十四年七月二十八日　☐

（来源：《天柱文书》第一辑第 15 册第 116 页）

注:

（1）左左抵借主田："左左"疑当作"左右"，从其旧。

1–3–3–183 姜秉光借银字（民国二十五年三月十二日）

立借字人加池寨姜秉光，为因缺少银用无处所出，自己问到林昌武弟兄名下承借光洋四元四角整，亲手收足应用。其银照月加三行息不误。如有误者，自愿将到地名迫南田壹间，上凭山，下凭山，左凭银主之田，右凭借主之田，四抵分清。恐口无凭，立此借抵字为据。

还清字退

姜秉光　清（亲）笔记

民国丙子年三月十二日　立

（来源：《清水江文书》第一辑第 7 册第 312 页）

GT–GGD–023 ／ GT–039–112 民国二十五年四月八日伍咏卓以田作抵向龚秀桃借谷讨息字

立借字人伍咏卓，今因家下要谷使用无所出处，自愿琶土名洞崖甘田乙丘作纸（抵），上纸（抵）[上纸]本人田，下龙砚彬边田，左纸（抵）溪，右纸（抵）坡，四至分明为界。自己上门问到龚秀桃承借谷三挑半，每年利谷加五，不得异言。恐后无凭，立有纸（抵）字为据。

亲笔

民国廿五年四月初八日　立

（来源：《天柱文书》第一辑第 20 册第 336 页）

GT－SBD－057／GT－007－045 民国二十五年五月四日陈年森以田作抵向杨金发借钱并限期归还字

立拨借元钱字人摆峒寨陈年森，为因家下乏元钱使用无从得处，上门问到圳老村杨金发名下，承借钱叁拾叁仟陆百文整，将自己叁溪田一丘，收花壹百零五稨，上抵龙大文田，下抵张禄生田，左抵大文田，右抵二真田为界，四至分明，要钱作抵。限至九月归还，照扣算钱，不得有误。若有误者，立有借字抵字为据。

讨笔　龙宏科

外批：内涂二字，添五字。

民国廿五年丙子岁伍月初四日　立

（来源：《天柱文书》第一辑第 2 册第 136 页）

1－3－2－051 姜秉光借银字（民国二十五年五月十二日）

立借字人加池寨姜秉光，为因缺少银用无处所出，自己借到林昌武名下，承借光洋二元二整，亲手收足应用。其银美（每）月加三行息不误。如有误者，自愿将到地名迫南田壹间，上下凭山，左凭银主之田，右凭借主之田，四抵分清。恐口无凭，立此借抵字为据。

还清字退。

民国丙子年五月十二日　立　清（亲）笔

（来源：《清水江文书》第一辑第 7 册第 121 页）

GT–GDL–074 ／ GT–022–034 民国二十五年十一月二十四日龙喜安向龙永祥以田作抵加息限期归还借钱字

立借钱字人龙喜安，今因家下要钱使用无所出处，自愿将到土名必腰田一丘，收花三十六稱，上抵德田，下抵显奎田，左抵汉五田，右抵喜柱田，四至分明，要钱作抵。自己上门借到必腰龙永祥之钱三拾千文正，钱照月行利加四息，不限远近本利归还，不得异言。恐口无凭，立有借字为据。

讨笔　龙泽柱

外批：此钱系宗胆土地会款，非龙永祥钱。龙义藻批。十一月廿八日

民国丙子年十一月廿四日　借

（来源：《天柱文书》第一辑第 13 册第 88 页）

6–1–1–064 王有明立抵田字（民国二十五年十二月二十一日）

立抵田字人本寨王有明，今因要钱使用无所得出，自愿抵到坐落土地名己□田叁垎（丘），收花弍楞，不限远定（近）归还，王有嗲见他钱光洋贰拾元整，得钱□对地。恐口无凭。若有异言，立有抵田为据存照。

亲笔

民国二十五年十二月二十一日　立抵

（来源：《清水江文书》第二辑第 5 册第 325 页）

GT–GDL–116 ／ GT–023–065 民国二十六年二月二日龙德芳以田作抵向龙显奎等借钱并付息限期归还字

立借钱字人龙德芳，今因家下缺少使用无所出处，自愿将到土名门口田一丘，上抵自己屋，下抵溪，左抵田，右抵路，自（四）至分明，要钱作抵。自己上门问到龙永祥、姚皆成、龙显奎等名下承借元钱壹佰柒拾伍仟贰百文正。其钱照月行利加四，限至本年还清。其钱亲手领足。恐后无凭，立有借字为据。

内添三字，又涂一字。

代笔　龙潜风

民国二十六年二月初二日　立

（来源：《天柱文书》第一辑第 15 册第 118 页）

GT－GDL－075 ／ GT－022－054 民国二十六年三月十二日龙旺元向龙永祥以田作抵加息限期归还借钱字

　　立借钱字人龙旺元，今因家下要钱使用无所出处，自愿将到土名半打鸟田一丘，上抵萧永焕田，下抵借主田，左抵溪，右抵山，四至分明，要钱作抵。自己上门问到牛王会经首人龙永祥承借元钱参（叁）拾千文正。其钱照月行利加四，限至一年之内本利归还。若有本利不归，下田耕种收花为利，不得异言。恐口无凭，立有借字为据。

　　外批：内添"山"字。

代笔　龙起洗

民国廿六年叁月拾弍日　立借

（来源：《天柱文书》第一辑第 13 册第 89 页）

GT－SBD－059 ／ GT－007－062 民国二十六年五月一日王广生以田作抵向杨金发借钱加息并限期归还字

　　立借字人益孟村王广生，今因要钱用度，氐抵将到土名岑光以下毫开田壹丘，上抵溪，下抵芳（荒）坪，左抵龙大鼎田斫，右抵大毛田为界，四至明。至抵上门　　　坢老村杨金发借钱□四利共计弍拾柒千六百文整。其钱代至限字（至）九□归凡（还），过限之后，照月家（加）字（四）行利，不得异言。恐无凭，立有借字行照。

　　内添三字。

亲笔　王承康

民国丁丑年五月初一日　立借

（来源：《天柱文书》第一辑第 2 册第 145 页）

GT－W－018/GT－010－164 民国二十六年九月二十四日黄道生以己业作抵向黄昭汉借钱并付息字

　　立借钱人黄道生，今因家下要钱用度无从得处，自己上门问到黄昭汉名下，承借钱贰拾仟文正。其钱利息照月加三，相还不误。若有误者，自愿将到己业作抵。恐口无凭，立借字为据。

　　　　　　　　　　　　　　　　　　　　哀请代笔　宜新

　　民国廿六年九月廿四日　立

　　　　　　　　　　　　　（来源：《天柱文书》第一辑第 8 册第 263 页）

GT－GGD－132/GT－033－104 民国二十六年十二月十日龙光棚以田作抵向胡贤文借钱付息并限期归还字

　　立借钱字人龙光棚，今因要钱使用无所出处，自将到土名禁益田壹丘，收禾三十边，上抵龙文圳田，下抵龙宏才田，左右抵路，四至分明，要钱作抵。自己上门问到胡贤文名下，承借元钱伍拾仟文正，其钱照月加三承利，明年限至十二月本利归凡（还），不得有误。落（若）有误者，下田耕种收花为利。恐口无凭，立有借字为据。

　　内添"拾"字"种"字。

　　　　　　　　　　　　　　　　　　　　代笔　龙均云

　　民国丁丑年十二月初十日　立

　　　　　　　　　　　　　（来源：《天柱文书》第一辑第 21 册第 182 页）

GT－GDL－118 / GT－023－067 民国二十七年五月二十五日龙德芳以田作抵向高酿高等学校借洋元并付息字

　　立借洋元字人地良龙德芳，今因家下要洋使用无所出处，自愿将到土名屋角田壹丘，上下抵姚皆焕、姚皆林田，左抵胡姓田，右抵山，四至抵清，自己借到高酿高等学校承借洋元陆拾陆元伍角正。其洋每月佳（加）叁行息，息行两季付清，不得有误。恐口无凭，立有借字为据。

保人

姚皆林

代笔

民国戊寅年旧历五月廿五日　立借

（来源：《天柱文书》第一辑第 15 册第 120 页）

GT－WKZ－010 ／ GT－010－150 民国二十七年六月二十八日刘修炳以墦作抵借钱字

立借钱人刘修炳，今因家下要钱使用无从得处，夫妻商议，自己问到包（胞）兄黄昭汉名下，承借钱叁拾仟文正。其钱即日领清，无欠分文，此钱淮限明年正式月定还。若不还，自将屋背式磴小墦作抵，任从耕种收花，借主不得异言。今欲有凭，立借字为据。

杨宗根

凭中　胡英华

罗继松

民国式拾柒年六月廿八[1]　亲笔　立

（来源：《天柱文书》第一辑第 9 册第 11 页）

注：
（1）六月廿八："八"下脱"日"字。

1－3－3－187 姜秉光借银抵田字（民国二十七年七月初三日）

立借抵字人加池寨姜秉光，为因缺少钱用无处所出，自愿将到地名培故之田一丘，上凭元灿之田，下凭大路，左水沟，右凭大路为界，四抵分清。今将登门借到中仰寨陆志海名下，作抵元钱四拾柒仟文，亲手收足应用。自借之后，照月加三行息，不得有误。如有误者，钱主上田耕种管业。恐后无凭，立此有抵字为据是实。

己卯年三月付还清字退。

代笔　姜文兴

民国戊寅年七月初叁日　立

（来源：《清水江文书》第一辑第 7 册第 316 页）

GT - GYD - 146/GT - 003 - 099 民国二十七年闰七月二十三日伍永标以田作抵向伍永贤借洋并付息字

立抵借钱字人伍永标，今因家下缺少用费无所出处，自愿将到土名括冲田一丘，收花捌挑，上抵胡姓田，下抵刘姓田，左抵山，右抵路，四抵分明，要洋作抵。自己上门问到本房伍永贤名下，承借光洋陆拾肆元整。其洋按月加四行息，不限远近归还，洋到契退，不得异言。恐后无凭，立有抵借字付与承借人手执为据，存照是实。

内添"洋"字、涂"不"字。

讨笔　伍绍钟

民国戊寅年后七月廿三日（印）　立

（来源：《天柱文书》第一辑第 12 册第 148 页）

1 - 11 - 1 - 077 姜傅氏五妹、姜发宗母子立借字（民国二十七年十月二十四日）

立借字人嘉池寨姜傅氏五妹、子发宗母子，为因缺少洋用，自愿将到地名皆占理丹田一丘作抵，界止：上凭周直、坤荣、纯章三人之田，下凭山坡，左凭山，右凭周直田角以山为界，四抵分清，今将作抵与中仰寨陆志海之光洋拾陆元整，亲手收足。其洋每元每年上脚式十五斤[1]，逐年称足，不得有误。如有误者，恁凭洋主上田耕管。恐后无凭，立此借抵字为据。

内添一字。

代笔　姜文举

民国廿七年十月廿四日　立

（来源：《清水江文书》第三辑第 6 册第 546 页）

注：

(1) 其洋每元每年上脚式十五斤："脚"字怀疑脱"谷"或"禾"字。

1-7-1-037 姜文斌借谷抵地基字（民国二十七年十一月二十四日）

立借抵字人本寨姜文斌，为因缺少粮食无处得出，自愿登门借到本寨姜东成名下谷壹佰斤整，亲手领足回去。其谷加伍行利，限至秋本利归还，不得勿误。如者，自愿将到路头屋平（坪）地基着（作）抵，界：上凭龙性（姓），下凭马性（姓）田，左凭水沟，右凭借主屋，四至分明。恐口无凭，立此借抵字为据是实。

凭中　姜文忠

民国戊寅年十一月廿四日　亲　立

（来源：《清水江文书》第一辑第 11 册第 181 页）

1-3-3-190 姜氏成芝借谷字（民国二十八年二月二十八日）

立借谷字人本房姜氏成芝，为因缺少粮食无处所出，自愿借到母猪型念内经手人姜继元、姜继良、元瀚、文举、文魁、东珍、文智、继章、金岩念内之谷式百斤，加五行利，秋收归还。自愿将到三否田壹丘，约谷四石，界止：上凭献尤田，下凭广德之田，左凭纯良田，右凭献尤之田，四抵分清，今将作抵，不得有误。如有误者，上田管业。恐口无凭，立此借字为据。

还清字退。

民国廿八年二月二十八日　姜东魁亲笔　立

（来源：《清水江文书》第一辑第 7 册第 319 页）

1-4-3-110 姜锡珠借字（民国二十八年六月十四日）

立借字人本家姜锡珠，为因缺少粮食无处所出，自愿将到地基壹间作抵，界止：上凭沟，下凭路，左凭路与仓为界，右凭谷主之地基为界，四抵分清。今凭中出抵与本家堂兄姜锡瑞名下承抵为业。借本谷式五拾斤整，每年到秋收称利谷壹百式拾五斤，不得有误。不俱（拘）远近归还，价到赎回。恐口无凭，立此借抵字为据。

内添式字。

113

代笔 姜元瀚

民国二十八年岁次己邜（卯）六月十四日 立

（来源：《清水江文书》第一辑第9册第460页）

2-2-1-059 姜氏青芝抵田字（民国二十八年六月十四日）

立抵田字人姜氏青芝，缺少钱用无处所出，自将到下白堵南禾田一丘，界恨（限）：上抵归铃之田，下抵山，左凭山，右凭抵主之田，四至分明，今将出抵与本房姜永珠名下承抵为业。今当请中议定价钞洋拾元正，亲手领回应用，未欠分文，每年上租谷一百五十斤。立抵字为据。

凭中
姜国铃
代笔

民国式拾捌年六月十四日 立

（来源：《清水江文书》第一辑第13册第204页）

1-3-3-191 姜秉魁、姜文忠借钱字（民国二十八年六月十四日）

立借字人加池寨姜秉魁、文忠，为因缺少洋用无处所出，自愿将到地名富里希田壹连式丘，界止：上凭元淋之园，下凭元淋之田，左凭马姓之田，右大路，四抵分清，今将作抵与中仰寨陆志海名下大洋拾元整，亲手收足应用。其洋照月加三行息，不得有误。恐口无凭，立此借字为据。

内添壹字。

外批：约谷八石。

还清字退。

民国廿八己邜（卯）年六月十四日 亲笔 立

（来源：《清水江文书》第一辑第7册第320页）

GT－LDS－005/GT－017－007 民国二十九年六月二日胡英楷向黄招汉借钱行息并限期归还字

立借钱字人胡英楷，今因家下要钱使□无从得处，夫妻谪（商）议请中上门问到瓦瑶江黄招汉承借洋四拾元正。其洋照月加四行息相还不误。若误者，将到店面房屋作抵。其洋请（亲）手领足，并不下欠分文。其洋限至九月相还不误。若有误，任从钱主典当，借□□恐口无凭，立借字为据。

凭中　永万
杨明辉

民国廿九年六月初二日　胡英楷亲笔　立

（来源：《天柱文书》第一辑第 3 册第 226 页）

GT－WHX－030/GT－010－001 民国二十九年十二月三日吴德泉以田作抵向蒋太顺借钱并付息字

立借钱人吴德泉，今因要钱使用无从得处，自己请中上门问到蒋太顺夫妻名下，承借钱贰佰仟文正。其钱照月加三行息相还不误。如误，自愿将到土名荒田三涧，田乙涧，计谷捌运作抵。若有本利不归，任从钱主下田耕种收花准利，借主不得异言。恐口无凭，立借字为据。

凭中　吴祖光

民国廿九年十二月初三日　亲笔　立

（来源：《天柱文书》第一辑第 6 册第 151 页）

GT－WKZ－046 ／ GT－009－029 民国二十九年十二月二十四日刘修武以田作抵付息借钱字

立借钱字人刘修武，今因家下要钱使用无从得处，夫妻商议，自愿借到舅爷吴必珠、吴必忠之钱壹佰伍拾叁仟文足。其钱行利，每年壹担伍斗叁升相还不误。若有误者，将己面土名柳塘秧田作抵，收谷陆运，内开四至：上抵刘修池，下抵溪，左抵良汉田，右抵路边。日后不还，任从钱主下田种耕收花准利⁽¹⁾。恐口无凭，立借字为据。

内添"到"字。

凭中　杨先见

自请代笔刘修槐

民国廿九年十二月廿四日　立借

（来源：《天柱文书》第一辑第 9 册第 84 页）

注：

（1）任从钱主下田种耕收花准利："种耕"一般作"耕种"，从其旧。

GT－GYD－031/GT－003－020 民国三十一年四月二十八日伍绍全以田作抵向张祚铭借洋并付息限期归还字

立借洋字人攸洞村伍绍全，情因家下要洋使用无所出处，自愿将到土名得椆田一丘，上抵龙荣先田，下抵胡启棠田，左右抵山为界，四至分清，要洋出抵。摆洞村张祚铭名下承借洋壹佰一拾伍元整。其洋限至五月归还，不得有误。若有误者，照月加四行息，不得异言。恐口无凭，立有借字为据。

讨笔　伍宏金

民国三十一年四月二十八日　立借

（来源：《天柱文书》第一辑第 12 册第 32 页）

GT－JDP－063/GT－012－081 民国三十一年五月九日杨再云向杨金发借钞洋行利并限期归还字

立借钞洋字人杨再云，今因家下要洋使用无从得处，夫妻商议，情愿请中上门问到亲识房侄杨金发名下，承借出钞洋式佰元正。其洋每佰元行谷利一石五斗正，谷利限至八月秋收送入登仓，本限至对年相还不误。如有误者，将到三间田为抵。若有本利还至不清，钱主下田耕种收花为息。今欲有凭，立借字为据。

凭中　杨子受

民国卅一年五月初九日　请笔蒋自清　立

（来源：《天柱文书》第一辑第 3 册第 64 页）

GT–GBZ–172 ／ GT–038–157 民国三十一年五月二十八日刘常文向潘通和、潘年贵等以田作抵加息限期归还借钱字

立借字约人刘常文，今因缺少用无从得出，自己问到众会经理人潘通和、潘年贵、刘期焜、刘期昱、刘期发、刘期炳等名下，承借出钞洋叁拾元。其洋按利谷加行息谷壹箩，限至九月中称过秤。其洋限至冬月本洋相还，不到（至）有误。如有误者，将到土名面分之业作主[（1）]，塆田水田壹丘，内开四抵，上抵庙田，下抵圳，左抵溪，右抵潘姓水田，四抵分明，欲行出借。恐口无凭，立此借字为据。

凭　刘期凉
笔　期旦

民国三十一年五月二十八日　立借

（来源：《天柱文书》第一辑第 22 册第 353 页）

注：

（1）将到土名面分之业作主："主"，按文意，似作"抵"更切贴，从其旧。

GT–GSH–048/GT–024–114 民国三十二年二月十五日龙再标以田作抵借洋行息字

立借洋字人［契人］良台林再标[（1）]，今因家下要洋此用无所出处[（2）]，自愿将到土名良台门口田一丘，东抵溪，南抵林顺模田，西抵林顺模田，北抵林昌植田。四至分明，要洋作抵。请中上门问到演大村共上的洋壹佰贰拾肆元正，照月加叁行息，不限远近归还，不得有误。恐口无凭，立有借字为据是实。

内添壹字。

凭中　龙令泽
子笔　见文

民国卅二年癸未岁二月十五日　立借

（来源：《天柱文书》第一辑第 16 册第 50 页）

注：

（1）立借洋字人契人良台林再标：此句疑当作"立借洋字人……"或"立借洋契人……"，"字人"或"契人"为衍文。

（2）今因家下要洋此用："此用"当作"使用"，从其旧。

2–2–1–062 黄氏三妹借银抵田字（民国三十二年四月初四日）

立借抵字人黄氏三妹，为因家中缺少粮食无处借出，自愿借到本房姜本周名下之洋肆百元整，亲手收足，未欠分文。自愿将地名堂庙之田一丘，其田界限：上凭登仁之田，下凭田，左凭路，右凭建章之田，四抵分清。口说无凭，立此抵字为据。

外批：其洋自愿上租谷，每元上租谷一斤，限至秋收，不得有误。发有误者，下田耕种收谷。

中笔　姜□铃

民国叁拾式年四月初四日　立

　　此田赎清。

（来源：《清水江文书》第一辑第 13 册第 207 页）

GT–GDL–176 ／ GT–023–153 民国三十三年三月十九日龙汉权以田作抵向龙德润借洋并限期归还字

立借洋字人龙汉权，今因要洋应用无所出处，自己上门借到龙德润名下，承借洋玖拾柒元正，将田作抵，毫闶田一丘，上抵借主人，下抵放洋人。限至三月三十日本利归还。若有本利不归，下田耕种收花为利，不得异言。恐口无凭，立有借字为据。

亲笔

民国三十三年三月十九日　借

（来源：《天柱文书》第一辑第 15 册第 194 页）

GT－GLD－011 ／ GT－021－074 民国三十三年六月二十日龙登焕以田作抵向龙登辉借钞洋付息并限期归还字

　　立抵借钞洋字人高获村胞兄龙登焕，情因家下要洋用度无所出处，自愿将到土名圭闹田壹丘作抵，上抵登荣，下抵胞弟田，左抵溪，右抵登海田，四至抵清，要洋出抵，自己上门到美楠村胞弟龙登辉名下，承借钞洋式仟陆佰元正。其洋息利按月加四退还，此本利留限明年二月归还，不得有误。若有误者，下田耕种收花为利，不得异言。立有典字付与胞弟手执存照为据是实。

讨笔　登基

民国卅三年古厂（历）六月二十日　立抵

（来源：《天柱文书》第一辑第 19 册第 238 页）

GT－GGD－005/GT－033－001 民国三十四年二月二十五日姚俊贤以屋基作抵向王老川借谷付息并限期归还字

　　立借谷字人硝洞村姚俊贤，因家下要谷食无处可得，亲人上门问到甘洞洞边王老川借得谷壹挑，自愿任谷息壹挑，限期到本年九月土王本息归还，将屋基一坪作抵，上抵龙林佑田，下抵溪，右抵田长松屋基，左抵溪，四至分明，要谷出抵，到期不得有误。恐后无凭，立有借字是实。

代笔　龙大运

民国叁拾肆年二月二十五日　立

（来源：《天柱文书》第一辑第 21 册第 32 页）

GT－WHX－060/GT－008－043 民国三十四年四月二日蒋景均、蒋景能以猪牛作抵借洋行利并限期归还字

　　立借洋字人蒋景均、蒋景能，今因家用不济要洋使用。自己上门问到族内蒋景良名下，承借钞洋壹万元正。其洋至秋收式石谷利，洋限至十二月相还勿误，自将猪牛作抵。若误，任从洋主将猪牛出本利。恐口无凭，特立借字为据。

　　民国叁拾肆年四月初二[1]　立

119

代笔 蒋太[汪]

（来源：《天柱文书》第一辑第 6 册第 66 页）

注：
(1) 四月初二："二"字下疑脱"日"字。

1-11-1-090 姜文兴立借抵字（民国三十五年九月古历二十六日）

立借抵字人嘉池寨姜文兴，为因父亡故无洋用度，故将到地名冉蜡之田一丘，界限：上凭源林之田，下凭坤荣之田，左右凭大路为界，四至分明，今将此田上门借到中仰陆志海名下作抵钞洋叁万伍仟元整，亲手收足。其洋每月□数共当息洋叁仟伍佰元整，决没有误。倘后无凭，立此借字为据。

外批：内添三字。

亲笔 立
凭中 姜文忠

民国三十五年九月古历廿六日 立

（来源：《清水江文书》第三辑第 6 册第 559 页）

GT-WKZ-101 / GT-009-045 民国三十六年一月十四日陈再炳以本身作抵借钱字

立借字陈再炳，今因家下要钱使用无从得据（处），自己上问门到亲戚刘修槐名下[1]，承借洋一万贰阡（仟）元正，限于本年抵（底）相还不误。若有者，将本身作抵。恐口无凭，立有借字为据。

凭中
亲笔

民国叁拾陆年正月十四日 □

（来源：《天柱文书》第一辑第 9 册第 139 页）

注：

（1）上问门到：语义错乱，应作"上门问到"。

7－1－1－055 张久仁立借字（民国三十七年三月初六日）

立借字人本寨张久仁，为因缺少用费无出，自己登门借到本寨杨再能之大洋壹拾肆元整，每元每年称脚拾伍斤整[1]，合共计谷贰佰壹，秋收自愿担谷上门，不得短少为（违）误。如有短少为（违）误者，自愿将到坐落屋地基左边壹间作抵。如有误者，坐屋地基出卖管业。口说无凭，立有借字抵字管业为据是实。

内添三字、涂二字。

中笔　张久林

民国戊子年三月初六日　立

（来源：《清水江文书》第三辑第 1 册第 55 页）

注：

（1）每元每年称脚拾伍斤整："脚"下脱"谷"字，从其旧。

GT－WKZ－031 ／ GT－010－157 民国三十七年三月八日刘宜盛以田作抵借谷字

立借谷子字人刘宜盛，今因要谷用度无从得出，自己上门问到黄昭 汉 名下承借出谷子十壹石陆斗，本利在内，限至八月秋收相还。若有八月不还，自将土名岩春头大门口水田一丘，收谷陆运作抵不误。若有误者，谷主下田耕种，收花为息，借主不得异言。恐口无凭，立借字为据。

凭中　黄道富

民国卅七年三月初八日　亲笔　立

（来源：《天柱文书》第一辑第 9 册第 32 页）

1 - 3 - 4 - 149 姜秉魁借谷抵田字（民国三十八年五月二十五日）

立借抵字人加池寨姜秉魁，为因快（缺）少粮食无处所出，自愿将到地名虫豆测田式丘作抵，界止：上凭林昌武之田，下凭纯熙之田，左右凭沟，四抵分明，今将作抵与中仰寨陆志海名下之谷叁佰斤整。其谷加五行利，秋收当还，不得有误。如有误者，谷主上田耕种管业。恐口无凭，立此抵字为据。

内添：壹字大"叁"。

凭中　姜文科

七月廿八日还本息谷四佰伍拾斤。清，字退。

民国卅八年五月廿五日　亲笔　立

（来源：《清水江文书》第一辑第 8 册第 161 页）

1 - 3 - 4 - 150 姜秉魁借谷抵田字（民国三十八年七月初八日）

立借字人加池寨姜秉魁，为因快（缺）少粮食无处所出，自愿将到地名培故田壹丘作抵，界止：上凭坤华之田，下凭大路，左右凭沟，四抵分明，今将作抵与中仰寨陆志海名下之谷式佰斤整。其谷加四利，不得有误。如有误者，谷主上田耕种管业。恐口无凭，立此借字为据。

凭中　姜文泮

七月廿六日还本息谷式佰捌拾斤。清字退。

中华民国卅八年七月初八日　亲笔　立

（来源：《清水江文书》第一辑第 8 册第 162 页）

GT - JDP - 082/GT - 012 - 076 公元一九四九年九月二日杨德森以水田八月抵借杨金发谷子并行利字

立借谷子字人杨德森，今因家下要谷用度无从得处，父子夫妻商议，请中问到房族杨金发名下，承借谷子叁拾式石整，周年行息，谷每石加伍斗正，相还不误。如有误者，情愿将到自己面之业，土名白土门首水田大小四丘，计谷拾陆石将来作抵。日后如本息不登，任从谷主下田耕管收花为息，借谷人不得异言阻碍（挡）。恐口无凭，特立借字为据。

借谷人　杨德森（印）

　　凭　中　　　杨清槐

民国卅八年九月初二日　亲笔　立

（来源：《天柱文书》第一辑第 3 册第 84 页）

1 - 3 - 2 - 055 姜秉魁借谷字（公元一九四九年十一月初二日）

立借字人加池寨姜秉魁，为粮食无处所出，自己登门借到九佑村林艰昌、林和昌二人私下之谷伍佰斤正，亲手收足应用。之后其谷加伍行息，秋收之日本利归还，不得有误。如有误者，将到地名虫豆帅田一丘作抵，约谷四石。界止：上凭借主田，下凭纯熙田，左右凭坡，四抵分清。恐口无凭，立此借抵为据是实。

卅九年九月初八日本利还清字退。

　　　　　　　　　　　　　　　　　　笔文科

民国卅八年十一月初二日　立

（来源：《清水江文书》第一辑第 7 册第 127 页）

22 - 1 - 1 - 083 龙安麒立借净谷字（公元一九五〇年四月十八日）

立借净谷字人龙安麒，今因需粮度日，自己上门问到稿炭龙华炘名下承借净谷捌伯（佰）斤正。其谷每年伯（佰）斤认定谷息弍拾斤，限至十月底本息归还，不得有误。今将稿炭瓦厂门口田计弍丘，上抵唐先渭田，下抵河边，左抵刘宗长田，右抵龙安桢田，四抵分明，兹将着（作）抵。倘到期本息谷不偿还者，其田着（作）为得卖，双方意愿，并无压迫。今幸有凭，将立此借字为据是实。

　　　　　　　　　　　　　　　　　　龙英炳

　　　　　　　　　凭中

　　　　　　　　　　　　周泰开

民国三十九年四月拾八日　龙安麒亲笔（印）立

（来源：《清水江文书》第三辑第 3 册第 146 页）

GT－WKZ－032 ／ GT－010－159 公元一九五○年九月四日杨先培以油山作抵借谷字

立借谷子字人杨先培，今因家下要谷食用无从得处，母子商议，自己向（上）门问到黄昭汉名下承谷子贰仟壹佰斤，限至八月秋收相还无利不误。若有误者，自将土名黄土坡冲油山作抵，任谷主耕管，借主不得异言。恐口无凭，特立借字提〔是〕实。

凭中　杨承林
先培　亲笔

民国卅九年九月初四日　立借

（来源：《天柱文书》第一辑第 9 册第 33 页）

GT－GDL－121 ／ GT－023－064 民国某年八月一日龙德芳以房地基作抵向龙泽喜、龙泽贵借大洋并付息字

立借大洋字人龙德芳，今因要洋借用无所出处，自愿到土名屾禁屋又地基乙间半作抵[1]，上抵恩泽，下抵田，左抵屋角土地，右抵借主，四至分明，要洋作抵。自己上门借到龙泽喜、龙泽贵大洋乙拾玖元四角正。其洋照月行息加四，不得异言。恐口无凭，立有借字为据。
内添二字。

讨笔　明焕

　　　六年八月初一日　立

（来源：《天柱文书》第一辑第 15 册第 123 页）

注：
(1) 自愿到土名："愿"下疑脱"将"字，从其旧。

三、典卖契约

GT－ZGP－015/GT－014－069 乾隆七年十一月二十五日潘赞成典田契

立典［典］契人潘赞成，今因家下要银使用无从得处，父子兄弟商议，情愿将到水田土名下元田大小陆丘，计禾贰拾伍稨，欲行出典，无人承就。自己请□□内问到龙□□名下承典，凭中议定典价纹银拾捌两整。□□赞成亲领入手用度。其田祖成耕种收花为利。在后备得原价上门赎取，不得短□分厘。今人不古，立此典契存照。

亲笔

连成

凭□

潘贵成

□□两零伍钱九柒色

计呈息

□□□两五钱足色息

母（每）年帮纳秋良（粮）银伍分

乾隆柒年十一月廿五日　立典　契

（来源：《天柱文书》第一辑第 4 册第 120 页）

1－3－1－002 龙老相典卖田约（乾隆二十七年十二月二十日）

立典卖田约人本寨龙老相，为因家下缺少银用无从得出，自己上门问到本寨姜文霜名下承典为业，坐落地名脚若田壹丘，约禾二把。当日实受过典价纹银壹两二钱整，亲手领回应用外，其田自典之后，恁从买主耕种管业，日后不得异言。

龙老相

代笔　吴永秀

中证　龙香楼

乾隆二十柒年十二月二十日　立约

（来源：《清水江文书》第一辑第7册第2页）

1-3-1-003 龙腾霄典田约（乾隆三十年十一月二十一日）

立典田约人龙腾霄，为因家下缺少银用无出，自愿将鸟拉田一丘，载禾十伍把，鸟扯田二丘，载禾九把，当日凭中认（议）定典价纹银鸟拉田贰拾两，鸟扯田贰拾两，共合肆拾两整，入手收回应用。其田自典知（之）后，恁从王处下田耕种，龙处不得异言。当日凭中义（议）过，不俱（拘）远近照价赎回，日后不得蒙混争论。今恐人信难凭，立此典约存照。

嘉庆四年八月廿九日王正举、正贤兄弟二人将先年典契覆典与佳什姜佐章为业。当凭中受价四十两，俱以收足，并无下欠分厘。立典为据。

凭中肖现文

正举笔

代笔　汤明海

焕林

凭中　龙起泮

家湖

运辉

乾隆三十年十一月二十一日　立

（来源：《清水江文书》第一辑第7册第3页）

3-1-2-005 姜德清立典田约（乾隆三十四年十二月初六日）

立典田约人姜德清，今因家下缺少用度，无处设法出，情愿将祖遗水田壹丘，坐落地名迫纠，央中出典与姜子龙公名下承典为业。凭中三面议定时值典价银壹拾伍两整，亲手领回应用，其田恁凭典主下田耕种管业，限至三年期满有钱方可赎回，不得巧施诈谋，另更新主逼赎。如果已有备足，价到归赎，不得指约需索。恐后无凭，立此典约存照。

凭中　姜蔼交緗银一钱五分

乾隆叁拾肆年十二月初六日　依口代书姜绍虞　吃银一钱五分　立

（来源：《清水江文书》第二辑第 1 册第 190 页）

1-3-1-007 姜甫亚父子典田约（乾隆三十五年二月初四日）

立典田约人姜甫来父子，为因缺少银用无出，自愿将皆党身田大小叁丘，凭中出典与姜佐章名下为业。当日凭中过典价银叁拾两整，亲手收回应用。其田自典之后，不俱（拘）远见（近）照约诸（赎）回。今恐人信难凭，立此典约存照。

本主耕种，禾花五古（股）今（均）分。

姜起相
凭中　丈人姜番保
姜文海
代笔　李宗科

乾隆叁拾伍年二月初四日　立　典

（来源：《清水江文书》第一辑第 7 册第 7 页）

1-1-6-003 姜合保典田约（乾隆三十九年五月初四日）

立典田约人加池寨姜合保，今因家下要银使用无从得处，自源（愿）将到祖领田壹丘，坐落地名也强，计禾六把，请中问到何（河）边杨镇宇名下承典为业。当日凭中议定价银拾六两正，亲手收回应用。其田自典之后，限至叁年银到归赎。如有遇（逾）限，恁从杨姓耕种管业发卖归本，姜姓房族弟兄人等不得异言。倘有异言，俱在典主尚（上）前理落，不与银主相干。今恐有凭，立此典约存照。

外批：禾花五股均分，耕田占二股，银主占三股，秋收之时送到家内。

赎清　范明远
凭中　姜佐章　银五分

127

代笔　侯俸臣

典主　姜合保（押）

乾隆三拾九年五月初四日　立　典主

（来源：《清水江文书》第一辑第3册第3页）

2-10-1-001 姜起相立典田约（乾隆四十三年五月初二日）

立典田约字人姜起相，为因家下无银用处，自请中问到姜士朝名下承典为业，其田坐落土名大□坡，凭中议定典价银式拾柒两整，约禾式拾肆秅，不拘远近相赎。每年即已愿禾□壹百柒拾秅整。其田自典之后，恁从银主耕管种栽，族伯远房不得异言。□□异言，在与（于）典主向前理讲，不与典主何干。
□□凭，立此典字为照。

内吊五字。

凭中　龙田保

亲笔　姜起相书

乾隆肆拾叁年伍月初二日　立典

（来源：《清水江文书》第三辑第9册第478页）

GT-GYD-003/GT-005-025 乾隆四十三年三月十六日罗氏三妹典田契

立典田契约人□问寨陆门罗氏三妹，因为家下要银使用无从得出，愿将自己忿（份）上田，坐落地名登都田壹丘，收禾肆拾稨，要行出典。先尽本寨，无人承□。自己上门问到圭叶溪刘高承典为业，当日凭中言定价钱贰两整。其银当日交足，亲手领回应用。自典之后，□□耕管，日□备得元银上门赎取，不许执□文约。恐后无凭，立此典约存照。

外批：戥子陆学德，计银□□。

凭中　龙通显

代笔　陆起凤

乾隆肆拾叁年三月十六日　立

（来源：《天柱文书》第一辑第 10 册第 4 页）

注：

（1）本契末有"计开□□戡二两多四分"字样。

3－1－2－016 姜文尚立典田约（乾隆五十五年六月二十八日）

立典田约姜文尚，为因缺少用度无处得出，情将己名下田一丘，土名白绞，约记禾三把，央中典与姜廷仪名下承典为业。当日凭中言定典银拾壹两，限至一年价到赎回。自典之后，任凭买主管业耕种，此系心平意愿。恐后无凭，立此典约存照。

<blockquote>
明
凭中人　文　银一钱
　　　　　　　连
子姜元　笔
</blockquote>

乾隆五十五年六月廿八日　立

（来源：《清水江文书》第二辑第 1 册第 201 页）

GT－WDD－001 ／ GT－043－107 乾隆五十八年二月十二日蒋云俊典茶油山场契

立典茶油山场人蒋云俊，今因家下要银使用无从得□□议，情愿将到自己面面分地名觥□□大树脚茶油山场壹副（幅），要行出典，□□就。自己问到堂兄蒋云贵、启贤承典。当日凭中议定典价银玖柒色壹两伍钱整。其□价银亲手领足，并不后少分厘。其山任从□□收，不得意（异）言。其山限至贰拾伍□□本上门抽约为大龙姑爷过。立□□，在后不添钱益当。

内添□字。

银□□九平。

<blockquote>
典住（主）　蒋云俊
凭中　代笔　兴富
</blockquote>

乾隆伍十八年癸丑 □□□ 十二日　典

（来源：《天柱文书》第一辑第 9 册第 146 页）

1-3-4-023 王政□典田字（乾隆五十九年三月初十日）

立典字人王政举，为因生理缺少银两无出，自愿名下田一分，土名鸟拉培田大小八丘，共载禾三十把，凭中出典与家什姜佐章公名下存（承）典为业。当凭中实受过典价银式拾式两伍钱整，亲手收回外用，不俱（拘）远近价到归赎。其田恁将典主佃种，至秋收之日式股均分，租禾拜把不得短少。如有此等，另招外人佃种，典主不得异言。今恐无凭，立此典字为据。

外批：言定租禾拾四秤，系家什秤。

焕林
凭中　龙运周
徐宗尧
亲笔　王政举

乾隆五十九年三月初十日　立

（来源：《清水江文书》第一辑第 8 册第 23 页）

1-1-6-010 杨文棹典田字（嘉庆七年十月二十一日）

立典田字人杨文棹，为因缺少银用，自愿将地名封磉田四丘、翁夭散田式丘，共计谷式拾八担，出典与李国璋兄名下承典为业。当受典价银叁拾两正。其田自典之后，恁从李姓招人耕种管业。杨姓不得异言。其田不拘远近价到赎回。恐后无凭，立此典字为据。

胞兄　杨登凤
学健
凭中　龙
老奇
代笔　龙家瑚

嘉庆七年十月二十一日　立

立佃字人杨文棹，今佃到李国璋兄田六丘，地名对磜、又地名翁夭散，佃种每年称租禾叁拾秤，斤两不得短少。如其欠缺斤两，恁从田主另招别人耕种，不得异言。立此佃字为据。

代笔　龙家瑚

七年十月二十一日　立

（来源：《清水江文书》第一辑第 3 册第 10 页）

1-4-1-018姜昌连典田字（嘉庆八年二月初二日）

立典田字人六房姜昌连，为因家下缺少银用，自愿将到土名乜丹田三丘出典与中房姜廷揆兄名下承典为业。昌连实受典价银十两整，其田原付与昌连佃种，议定每年收租谷三担半，每担九十斤整秤，不得短少有误。不拘远近赎回。恐后无凭，立此典田契存照。

典田人　姜昌连
代笔人　曾位臣

嘉庆八年二月初二日　立

（来源：《清水江文书》第一辑第 9 册第 18 页）

1-2-2-008姜金保典田约（嘉庆八年四月二十二日）

立典约人本寨姜金保，今因要银使用无出，情愿将土名秧鸡水田壹丘，载谷弍石，出典于（与）姜佐兴承典，凭中议定典价银弍两壹钱正。其银金保亲领应用。其田每年任（认）纳脚禾弍称，不得短少。不计年限原价赎取，价至田退。今欲有凭，立约为据。

代笔　赵显臣

嘉庆八年四月二十二日　立典

（来源：《清水江文书》第一辑第 4 册第 131 页）

131

1-3-1-022 龙运时典田约（嘉庆八年九月十八日）

立典田约人韶蔼寨龙运时，今因缺少银用，自愿将地名污拉培田壹丘，计禾式拾把，凭中出典与王允进名下为业。当日受过典价银四拾两整，亲手收回。其田自典之后，任从王姓耕种管业，不拘远近价到赎回。恐后无凭，立此典字存照。

凭中　陈三保

代笔　龙健

嘉庆八年九月十八日　立

（来源：《清水江文书》第一辑第7册第24页）

1-1-6-012 范玉平典田约（嘉庆八年十二月二十日）

立典田约人岩湾寨范玉平，为因要银使用无从得出，自愿将到祖田一丘，坐落地名虎容田一丘，出典与加池寨姜廷德名下承典为业。当日议定价银拾七两二钱整。收手领回应用。其田自典之后，恁凭范姓远近续（赎）回，二比不得异言。恐后无凭，立此典字为据。

玉琢

凭中　范

文彬

代笔　范起云

嘉庆八年十二月廿日　立

（来源：《清水江文书》第一辑第3册第12页）

1-1-6-015 范起蛟、范文理、范老岭父子三人典田约（嘉庆十年三月初八日）

立典田约人岩湾寨范起蛟、文理、老岭父子三人，因为家内缺少银用无从得出，自己遗下祖业田乙丘，土名坐落眼欲，请中问到加十寨姜廷德名下承典为业。当日凭中叁面议定纹银实价贰拾两整。当日领回应用。文（纹）银交足，不土卦（挂）分厘。其田自典之后，愿从典主耕种管业，不俱（拘）远近续

（赎）退，业归源（原）主。今欲有凭，立此典字为据是实。

范文进

凭中　宗周

姜

文玉

外批：田内范起蛟父子耕种，凭中言定贰股均分。

亲笔

嘉庆十年三月初捌日　立典

（来源：《清水江文书》第一辑第 3 册第 15 页）

1-2-2-009 姜登运典田约（嘉庆十年四月初二日）

立典约人加池寨姜登运，为因缺少银用无出，自己愿将到土名培□水田乙丘，约禾十二把有余，出典与文斗寨姜廷议名下承□业。当议三面定典价银捌拾六两整，亲手收回应用。其田自典之后，不恟（拘）远近续（赎）回。今恐无凭，立此典约前（存）　　　。

姜登高

凭中　姜绍芳

姜朝俊笔

嘉庆十年四月初二日　立　典

（来源：《清水江文书》第一辑第 4 册第 132 页）

注：本释文所据图由两部分构成，有重影，极难辨认。

1-3-3-043 范宗尧典屋字（嘉庆十年四月初六日）

立典屋字人范宗尧，为因先年该到加池寨姜佐彰本银陆两整，无银归还，自愿将到柱屋壹间出典与佐彰，在本年拾一月赎回，不得有误。今欲有凭，立字为据。

文机

凭中　文祥

绍贤

亲笔

嘉庆十年四月初六日　立

（来源：《清水江文书》第一辑第 7 册第 172 页）

1－5－1－039 姜登高典田约（嘉庆十年五月初四日）

立典田约人姜登高，为因生理无处出银，自愿将到水田一丘，坐落池者富田，落禾八把整，出典与姜之连名下承典为业。当日三面议定典价银十五两整，亲手收回应用。自愿归于典主佃种，日后收禾二股平分，照字拘（均）分，不棍（混）乱。今恐无凭，立此典约前（存）照。

凭中　姜文玉

代笔　姜朝俊

嘉庆十年五月初四日　立

（来源：《清水江文书》第一辑第 10 册第 39 页）

1－5－1－040 姜登高典田约（嘉庆十年五月初四日）

立典田约人姜登高，为因生理无处出银，自愿将到水田一丘，坐落地名者富田，若（落）禾八把整，出典与姜之连名下承典为业。当日三面议定典价银十八两整，亲手收回应用。其田自典之后，任凭银主耕种管业，日后赎回，照源（原）价对足，分厘不得短少。今恐无凭，立此典约存照。

凭中　姜文玉

代笔　姜朝俊

嘉庆十年五月初四日　立

（来源：《清水江文书》第一辑第 10 册第 40 页）

1–5–1–047 姜廷华典田约（嘉庆十年十二月初六日）

立典田约人文堵寨姜廷华，为因缺少用度无从得出，自愿将到土名皆乔大少（小）田二丘，约和（禾）三把，请中出典与佳池寨姜廷秉名下承典为业。当日凭中议定价银拾两整，亲手收回应用。其田字（自）典之后，恁凭典主耕种为业，不俱（拘）远近银到田回。今恐言（人）信难凭，立此典约为据。

姜廷烈
凭中
姜廷芳

嘉庆十年十二月初六日　立

姜光理代笔

（来源：《清水江文书》第一辑第 10 册第 47 页）

1–3–1–023 姜昌富典田约（嘉庆十年十二月初九日）

立典田约人文斗寨姜昌富，今因家中缺少费用无处寻出，自愿将到祖田大小四丘，土名坐落鸟加杂，出典与加什寨岳母姜氏胆香、子松桥母子弍人名下承典为业。当日凭中议定典价银叁拾两整，亲手领回应用。其田自典之后，依旧付与昌富所种，每年二股平分，不得异言。其田不俱（拘）远近 赎 回。今恐凭[1]，立此典字为是实。

凭叔岳　姜佐兴
代笔　　姜国英

嘉庆十年十二月初九日　立

（来源：《清水江文书》第一辑第 7 册第 25 页）

注：
(1) 今恐凭："凭"下疑脱"无"字，从其旧。

1–2–2–013 姜文玉父子典田约（嘉庆十一年正月十九日）

立典田约人本寨姜文玉父子，今因家下缺少银用无从得出，自愿将到党东

135

田一截出典与本寨姜佐兴名下，议定典价银四两五钱整，亲手收回应用。自典之后，任从银主管业，典主不得异言。今恐无凭，立此典约为据。

外批：每年当脚禾三秤。

凭中代笔　姜通文

嘉庆十一年正月十九日　立

外批：田价纹银一两。

（来源：《清水江文书》第一辑第4册第136页）

3-2-2-029 姜腾陆立典田字（嘉庆十二年十月二十三日）

立典田契人姜腾陆，为因缺少用费无处得出，自己情愿将到祖遗水田一丘下的一丘，今出典与姜三今名下承典为业。其田住落地名七桶山下一丘[(1)]，今作典与姜三今名下作典为业。当即议定典价银叁两捌，入手收用。其田典后，限至年内备足归还赎回。倘有过期，凭凭银主卜田耕种。立此典契为据。

凭中　姜老未
代笔　姜宗□

嘉庆十二年十月廿三日　立

（来源：《清水江文书》第二辑第2册第170页）

注：

(1) 其田住落地名："住落"，意为"坐落"，从其旧。

1-3-4-029 龙运时典田约（嘉庆十三年十一月十一日）

立典田约人苗馁寨龙运时，今因缺少银用无出，自愿将到鸟垃培田一租，禾十五把，凭中出典与加什寨姜松桥名下承典为业。当日凭中议典价银四十四两正，亲手收足。其田自典之后，凭从姜姓招人佃种，龙姓不俱（拘）远近价到赎回。今恐无凭，立此典约存照。

凭笔　中　龙德周

嘉庆十三年十一月十一日　立

（来源：《清水江文书》第一辑第8册第29页）

1-3-2-006 姜应文典田约（嘉庆十三年四月十五日）

立典田契人文斗上寨姜应文，只因手中空乏，自愿将到北堵田下坎大小二丘，乙小丘出典与加池寨姜松朝名下承典为业。当面议定价银伍拾两。其田断归原主管业，每年愿出谷肆担连四十斤与松朝名下，不拘远近得银便当续（赎）回。恐后无凭，立典契承（存）照。

代笔　姜老申

嘉庆十三年四月十五日　立

（来源：《清水江文书》第一辑第 7 册第 66 页）

1-3-1-025 范绍宗典田契（嘉庆十三年十月二十三日）

立典田契人范绍宗，为因无银使用，自愿将到本名田二丘，地名坐落重修小田壹丘，又鸟的田下丘，式处出典与加池寨姜佐章之子名下承典为业。当日凭中议定典价银叁拾六两整，亲手收用，不俱（拘）远近赎回。依照约内，二比不得异言。今恐无凭，立约存照。

宗尧笔

玉平

凭中　范

绍景

嘉庆十三年十月廿三日　立

（来源：《清水江文书》第一辑第 7 册第 27 页）

1-5-1-066 龙老美、姜氏美风妻叔二人典田约（嘉庆十五年十月二十日）

立典田约人文斗寨龙老美同姜氏美风妻叔二人，为因家中缺少费用，自己问到，情愿将到补新田冲上节大小田二丘，当面凭中出典与姜之林名下承典为业。对面议定典价银九两整[1]，亲手领回应用。其田自典之后，恁从典主耕种管业，不俱（拘）远近价到续（赎）回。今恐人姓（信）难凭，立此典契一纸为据。

费用酒水与笔钱、中人钱共去三钱，后日田续（赎）回，当要补出。

137

　　　　　　　　　　　　　凭中　姜故堵
　　　　　　　　　　　　　笔中　龙飞池

嘉庆十五年十月二十日　立

　　　　　　　　　（来源:《清水江文书》第一辑第10册第66页）

注:

(1) 对面议定:意为当面议定。

1-2-2-022 姜老柄典田字(嘉庆十七年九月初十日)

　　立典田字人姜老柄,为因家下缺少银用无处得出,自己愿将到地名反古田一丘,又地名眼风田一丘,又地名百南乜田一丘,共田三处,出典与姜佐兴公名下承典为业。当日三面议定价银一百三十二两正,亲手收回应用。自典之后,田归与典主耕种管业,日后收谷之日,典主占三股,耕种占二股, 日 后照字均分,不得异言。今恐无凭,立此典字前(存)照。

　　外仳(批):宏平对(兑)银[1]。

　　外仳(批):反古坨田一丘典价银五十两整。又眼凤田一丘典价银五十两整。又乜智田一丘典价银三十二两整。

　　　　　　　　　　　　　凭中　姜华周
　　　　　　　　　　　　　代笔　姜朝俊

嘉庆十七年九月初十日　立

　　　　　　　　　（来源:《清水江文书》第一辑第4册第145页）

注:

(1) 宏平对银:宏平,一般写作"洪平",从其旧。

1-3-3-051 龙运时典田字(嘉庆十八年二月二十四日)

　　立典田字人姐夫龙运时,为因缺用,自愿将远皆冲田三丘,计谷式拾伍把,又将乌利田一丘,计谷九把,共计叁拾四把,出典与晚舅姜松乔名下为业。当日议定典价银壹佰式拾两整,入手领回。其田自典之后,不拘远近续(赎)取,每年秋收之日称租谷叁拾伍秤整，斤两不得短少。如有此等，另招别人耕种，龙姓不得争论。恐后无凭，立此典字是实。

外批：言定屡年续（赎）取。

外批：江马到捞壹两。

笔中　江广清

嘉庆拾捌年贰月二十四日　立

（来源：《清水江文书》第一辑第7册第180页）

1-1-6-025 姜成周典田约（嘉庆十八年十二月初十日）

立典田约人本寨姜成周，为因缺少银用无从得出，自愿将到共田一丘，坐落土名党养，分为二股，成周名下得乙股，典与廷德名下，议定价银拾两整，亲手领回应用。其田自典之后，恁从典主耕管为业，日后不得异言。如有来路不明，拘（俱）在成周一面存（承）当，不与典主之事。恐口无凭，立此典约存照。

凭中　姜生兰　凤兰
代笔　姜通文

嘉庆十八年十二月初十日　立

（来源：《清水江文书》第一辑第3册第25页）

1-1-6-026 姜通文典田约（嘉庆十八年十二月二十二日）

立典田约人本寨姜通文，为因家下缺少银用无从得出，自愿将到堂养田乙半出典与姜弼周、廷光二人名下承典为业。当日三面议定典价银拾三两整，亲手领回应用。其田自典之后，恁从典主为业，日后不拘远近楱（赎）回。恐口无凭，立此典约存照。

内添一字。

凭中　姜文玉　宗周
亲手笔

嘉庆十八年十二月廿二日　立

（来源：《清水江文书》第一辑第3册第26页）

139

1－2－2－023 龙现华典田字（嘉庆十八年十二月二十三日）

　　立典田约人龙现华，为因要银使用无处所出，情愿将田一丘，坐落土名冉皆笼出典与姜佐兴公名下承典为业。当日议定价银十四两整，亲手领回典银。自典之后，任凭典主耕种，屡年禾花二股均分，不得异言。今恐无凭，立此典字一纸为据。

代笔　姜召仁

嘉庆十八年十二月二十三日　立

（来源：《清水江文书》第一辑第 4 册第 146 页）

GT－WHX－097　／　GT－011－163 嘉庆十九年三月八日蒋政东典园约

　　立约典园人蒋政东，今因家下要银使用无从得处，自己将到土名屋堦园中间壹分（份），凭中典与房叔蒋弘仕承典，议作价银贰百钱整。任从银主耕种，日后备得元（原）本上门抽字。立典是实。

　　嘉庆二十年又外出银贰钱整，未（为）黄虎冲好东送礼。

芝相笔
凭中　弘宪
□□笔
银主戳

嘉庆拾玖年三月初八日　立典

（来源：《天柱文书》第一辑第 7 册第 176 页）

1－3－1－030 姜华周典田契（嘉庆二十年九月二十五日）

　　立典田约人本寨姜华周，为因家下缺少费用，自己任将到田大小二丘[1]，坐落地名补省，出典与本寨姜松乔名下承典为业。当日凭中议定价银肆拾两整，亲手收回应用。其田至（自）典之后，任从典主耕种管业，日后典主不得异言。今恐无凭，立此典约是实。

　　此田之谷五股分，银主三股，典主二股。

凭中　姜之琎

子代笔　世爵

嘉庆二十年九月廿五日　立

（来源：《清水江文书》第一辑第 7 册第 32 页）

注：

（1）自己任将到田大小二丘："任将"一般写作"愿将"，从其旧。

2－9－1－016 姜廷元立老典田字（嘉庆二十一年十二月二十三日）

　　立老典田字人姜廷元，为因家中缺少银用，自愿将到地名皆雅田大小式丘，大田角旧崩荒坪壹块，出典与朱鉴名下承典业。当面凭中实议定典价银九拾壹两，亲手领受。自典之后，任凭银主耕种管业，典主弟兄不得异言。如有异言，俱在典主上前理落，不与银主何干。今欲有凭，立此典字永远存照。

凭中　姜通义

代笔　子姜占魁

嘉庆二十一年十二月二十三日　立典

（来源：《清水江文书》第三辑第 9 册第 343 页）

1－3－1－031 姜老其、姜老光二兄弟典田约（嘉庆二十三年正月十三日）

　　立典田约人本寨姜老其、姜老光二兄弟，为因家中要银使用无处得出，情愿将田乙丘，坐落土名皆了，出典与姜松桥名下承典为业。当日凭中议定价银五十六两五钱整。此田付与典主耕种，银主即愿十九秤作利，不可短少。今恐无凭，立此典田字约为据。

老其　亲笔

嘉庆廿三年正月十三日　立

（来源：《清水江文书》第一辑第 7 册第 33 页）

1-3-1-032 姜廷种典约（嘉庆二十四年正月二十二日）

立典约人本房姜廷种，为因家下无处所出，自愿将到伯难礼廪出典与姜松桥名下承典为约。义（议）见（定）稼（价）银八两正，亲手收回。日后得银速（赎）回，不得有误。如有误者，立此典约为据。

亲笔　姜老寿

嘉庆二十四年正月二十二日　立

（来源：《清水江文书》第一辑第 7 册第 34 页）

2-10-1-009 姜生保立典田字（嘉庆二十四年十一月二十八日）

立典田字人平鳌寨姜生保，为因要银使用，情愿将岳父送田一丘，土名打孔过路之田，今出典与文斗寨姜载渭老爷名下承典为业。当日议典价银叁拾两正。其田自典之后，恁凭典主耕种管业，日后备办典价对月赎田。今欲有凭，立典田字为据。

凭中　姜显和

代笔　显相

嘉庆廿四年十一月廿八日　　［立］

（来源：《清水江文书》第三辑第 9 册第 489 页）

1-2-2-031 姜敦智典田约（嘉庆二十四年十二月初七日）

立典田约人本寨姜敦智，为因家下无银用度，自己将田一丘，坐落地名皆冉，请中典与姜佐兴名下承典为业。当日凭中三面议定价银二十四两整。自字之日，任从银主下田耕种，日后不拘远近续（赎）取。恐后无凭，立此典约存照。

凭中　姜德宗

代笔　姜世培

嘉庆二十四年十二月初七日　立

（来源：《清水江文书》第一辑第 4 册第 154 页）

1－2－2－035 龙有连典田约（嘉庆二十五年十二月初六日）

立典田约人本寨龙有连，为因家下缺少银用，无处得出，情愿将田二处，坐落地冉宜，又也德，出典与姜佐兴公名下承典为业，当日三面议价银四两整，日后赎田照源（原）价脱（兑）足。今恐无凭，立典字为据。

嘉庆二十五年十二月初六日　立

外批：其有油树，坐落地名却约二块，分为二股，有连名下占一股出卖与姜佐兴名下，价银二两整。又乌十溪岩洞却（脚）杉木分为三肌，有连名下占一股出卖，价银一两整。四处卖完。

凭中　龙善彩

依□代笔　君仁

（来源：《清水江文书》第一辑第4册第158页）

1－2－2－037 龙老长生典田约（嘉庆二十五年十二月二十日）

立典田约人本家亲龙老长生，□因要银费用无处所出，自愿将党养、白南皮二处之田三丘出典姜佐兴名下承典为业。当日议定典约八两整，日后得银赎田，分厘不得短少。今恐无凭，立典契为据。

代笔　姜之琏

凭中　龙现彩

外批：每年谷四秤。

内添十二个字。

嘉庆二十五年十二月二十日　立

（来源：《清水江文书》第一辑第4册第160页）

1－2－2－039 姜善兰典田约（嘉庆二十五年十二月二十七日）

立典田约人本房姜善兰，为因银使用无处得出，情愿将祖遗田二丘，坐落土名党周，自己亲身上门求出典与姜佐兴叔爷名下承典为业。当日三面议定典价银拾七两整。此田付与典主耕种，每年宋（送）谷七秤半上门个（过）秤，不可拖欠。□□得银相赎，照源（原）兑足，切不欠分厘。今恐无凭，立此典约为据。

内添一个字。

代笔　姜之琏

嘉庆二十五年十二月二十七日　立

（来源：《清水江文书》第一辑第 4 册第 162 页）

3-1-3-033 姜国祥、姜国顺立典油山树约（道光元年十一月初六日）

立典油山树约人姜国祥、姜国顺，为因手中缺少银用，无处得出，自愿将到祖遗油山三岭，坐落土名眼学诗，界限：上凭载渭田垦以过路下为界，下抵仇成田，左凭香合田为界，右凭过大路为界，四至分明，作式大股，本名实占一大股，凭中出典与杨函贞名下。当日三面议典价银四两正，入手领回应用。其油山自典之后，任凭限至三年内二比同挖，其紧议作式股均分[1]，亦不许争多竞寡。今欲有凭，立此典油山为据。

外批：自存一股。

东到银一钱柒分[2]。

昌贵
凭中　姜荣兴　受银一钱
启凤

道光元年十一月初六日　亲笔国祥　立

（来源：《清水江文书》第二辑第 1 册第 313 页）

注：

(1) 其紧议作式股均分："紧"疑当作"业"，从其旧。

(2) 东到银一钱柒分："到"，疑作"道"，从其旧。

1-4-1-035 姜凤乔父子典田约（道光四年十二月二十六日）

立典田约人本寨姜凤乔父子，今因家下缺少银用无处得出，自愿将到冉干田路坎上大小四丘，请中典与姜世荣名下，议定典价银七两整，亲手收回应用。其田自典之后，恁从典主下田耕种管业，日后姜凤乔父子不得异言。倘有清，俱在凤乔父子理落，不与典主之事。恐后无凭，立此典约存照。

　　　　　　　　　　　　　　凭中
　　　　　　　　　　　　　　　　姜通文
　　　　　　　　　　　　　　代笔

道光四年十二月二十六日　立

（来源：《清水江文书》第一辑第9册第35页）

1－4－1－037 姜世胡典田字（道光七年正月三十日）

立典田人本寨姜世胡，要银使用无处所出，自愿将乌榜木长田一丘，上凭生养，下凭世作田，约禾六把有余。当日出典与姜成瑜名下承典为业，议定典价银十九两七钱整。自典之后，仍付与典主粪种，每年愿称谷租九秤，不得斤两短少。如有短少误者，恁凭银主耕种管业。恐后无凭，立此典字存照。

　　　　　　　　　　　　　　凭中　姜登志
　　　　　　　　　　　　　　亲笔

道光七年正月卅日　立

（来源：《清水江文书》第一辑第9册第37页）

1－4－1－038 姜世培典田字（道光七年十二月二十四日）

立典田字人本家世培，为因缺少银用，自己将到鸠滂田一丘，请中出典与世荣名下承典为业。当日凭中议定典价银二两整，亲手领回。自典之后，任从买主下田耕种管业，日后不拘远近赎取。恐后无凭，立此典田是实[1]。

　　正粮每年一钱二分。

　　　　　　　　　　　　　　凭中　姜世德
　　　　　　　　　　　　　　亲笔

道光七年十二月廿四日　立

（来源：《清水江文书》第一辑第9册第38页）

注：

（1）立此典田是实："田"下疑脱"字"字，从其旧。

1-1-6-063 姜世谟、姜世元、姜世杰兄弟三人典田约（道光八年十一月二十八日）

立典田约人家池姜世谟、世元、世杰兄弟三人，因缺用无出，自愿将到祖遗本寨之田，土名格料大田一丘，约谷十四石，上平（凭）坎世爵田，下抵之谟田，右抵世培田，左抵沟；又将土名冉腊田一丘，约谷叁石，上平（凭）世爵，下抵之毫田，左抵干埂世爵之田，右抵水沟，四至分明，今请凭中出典与姚玉坤老爷名下承典为业，凭中言定典价银壹伯（佰）伍拾五两，洪平。其银亲手收足，其田不俱（拘）远近，价到赎回。立此典字为据。

凭中　学东　姜学诗（押）

瑶光　姜老安

谟

典田人　姜世

杰

己亥年四月十三日姚伟堂得典姜士谟弟兄之田三丘，转出典与龙家琳名下为业，价银照士谟弟兄原价，乙伯（佰）五十［两］五两⁽¹⁾。

凭中　李先美

道光八年十一月廿八日　世元亲笔　立

（来源：《清水江文书》第一辑第 3 册第 63 页）

注：

（1）乙伯五十两五两：前一个"两"字为衍文。

1-4-1-041 姜登智父子典田约（道光八年十二月十四日）

立典田约人本寨姜登智父子，为因要银费用无出，父子伤（商）议，自愿将到田大小式丘，坐落地名污榜，在（载）禾十式石，四字（至）分明，父子自愿典与姜开让名下承典为业。当日凭中议定典价捌拾两整，亲手岭（领）回应用。其田恁凭典主管业，日后房族不得异言。今恐无凭，立此典字为据。

内改一字。

外批：上丘在（载）谷拾石，下丘在（载）谷二石。

凭　姜木林

代笔　姜开渭

道光捌年十二月十四日　立

（来源：《清水江文书》第一辑第 9 册第 41 页）

1–4–1–042 姜登智父子典田约（道光八年十二月十四日）

立典田约人本寨姜登智父子，为因要银费用无处所出，父子自愿将到田一丘，坐落地名皆从，在（载）禾四把，父子相（商）议，亲身典与姜开让名下承典为业。当日凭中议定典价式拾式两整，亲手岭（领）回应用。其田恁凭典主管业，房族不得异言。恐口南（难）凭，立此典字存照。

内添一字。

凭中　姜木林

代笔　姜开渭

道光捌年十二月十四日　立

（来源：《清水江文书》第一辑第 9 册第 42 页）

1–4–1–045 姜登志典田字（道光八年十二月二十五日）

立典田约人本寨姜登志，为因家中无银费用，自己将到田四丘，坐落地名乜德，请中出典与姜世荣名下承典为业。当日议定典价银捌两整，亲手领回应用。自典之后，任从买主管业，日后不拘远近赎回，价到田还。恐后无凭，立此典字是实。

代笔

姜世培

凭中

道光八年十二月廿五日　立

147

（来源：《清水江文书》第一辑第9册第45页）

GT-GDL-019 / GT-022-029 道光九年一月二十五日龙孝宗、龙见宗、龙仁宗兄弟三人典墦土契

立典墦土契人六甲阳山坝龙孝宗、龙见宗、龙仁宗兄弟三人，今因家下要银使用无从得处，自愿将到祖父遗下土名豆浮墦土壹冲，上依龙乔弟茶叶地土，下依田坎，左右依油山为界，四至分明，其中并无混杂。先问亲房，无人承典。自己问到七甲寅寨龙殿珊名下承典。当日二比议定典价银叁两肆钱伍分。其银典主亲领足应用。其土限至三年满，备原典价相赎。今恐□凭，立此典字存照是实。

当日依典主自愿求请代□□　龙步云

道光九年正月二十五日　立

（来源：《天柱文书》第一辑第13册第22页）

1-1-6-064 姜维远典田字（道光九年四月初十日）

立典田字人本寨姜维远，为因家下缺少银用无从得出，自愿将到坐落地名培九中田一丘，上凭央（秧）田，下凭日中田，二字分清，今典到姜世儒、世洪、世元三人名下承典为业。当日三面议定价银七两整，亲手收回应用。其田自典之后，任从银主耕种管业，典主不得异言。倘有不清，俱在典主理落，不管（关）银主之事。恐口无凭，立此典字为据。

每年上租谷三秤底（抵）利。

开基笔

道光九年四月初十日　立

（来源：《清水江文书》第一辑第3册第64页）

1-1-6-065 姜维远典田契（道光九年十二月二十一日）

立典田契人本寨姜维远，为因要银使用无处得出，自愿将到地名普先桥头田一丘，约谷一担，出典与姜成瑜名下承典为业。当日三面议定价银一两九钱

整。自典之后，任凭银主耕种管业，典主日后不得异言。倘有不清，俱在典主理落，不干银主之事。日后恐口无凭，立此典契为据。

道光九年十二月廿一日　姜开基　笔　立

（来源：《清水江文书》第一辑第 3 册第 65 页）

GT－WDD－014 ／ GT－043－020 道光十年三月二十四日蒋荣谱典田山场契

立契典田山场人蒋荣谱，今因生理缺少本银无从得处，将到分落自己面分土名强酱坳名下水田三涧，收谷六箩，又并山场园屋基一股，要行出典。无人承受，招到房兄蒋荣瑛、蒋荣登名下承典为业。当日凭中三面议作典价钱拾式千文。其钱即日领清，不另书字。日后备得原本上门抽约。其田山任从银主耕收。恐后无凭，立典字一纸为据。

凭中　侄政和代笔

为前剂一概无债还清。

道光十年三月二十四日　立典

（来源：《天柱文书》第一辑第 9 册第 159 页）

1－1－6－072 姜维远典田约（道光十一年三月二十日）

立典田约人加池寨姜维远，为因要银用度无处所出，自愿将到坐落地名补 损 佑田大小四丘，先问寨中，无人承手（受）。请中问到出典与中仰陆光宾名下承典为业。当日凭中三面议定典价银六两整，亲手领回应用。其田自典之后，恁凭银主管业，每年秋收之时，当粗（租）谷四秤半，日后不拘远［定］近[1]，价到归还价，银到田回。今欲有凭，立此典字存照。

凭中　陆光和

代笔　姜开基

道光十一年三月廿日立

（来源：《清水江文书》第一辑第 3 册第 72 页）

注：

（1）不拘远定近：此名一般作"不拘远近"，"定"为衍字。

1－4－1－054 姜世宽典田字（道光十二年四月二十二日）

立典田字人本家姜世宽，为因家下缺少银用无处得出，自愿将到田一丘，地名脚蓉，请中出典与姜世荣名下承典为业。当日议定价银七两二钱整，亲手收回应用。此田典主耕种，日后秋收之日二股平分。银主占一股，种主占一股。日后不拘远定（近）赎回，价到田还。恐后无凭，立此典字存照。

凭中　世培

道光十二年四月二十二日　亲笔　立

（来源：《清水江文书》第一辑第 9 册第 54 页）

1－3－1－040 姜登智典毛私大粪约（道光十三年三月初二日）

立典毛私大粪约人本家姜登智[1]，为因缺少费用无处所出，自愿将到本名屋角毛私四柱一间出典姜明礼名下承典为业。当日凭中议定价纹银三钱整，亲自收用，恁凭银主每年担粪为业，典主不得异言。倘有不明，俱在典主理落。恐口无凭，立此典毛私为据。

凭中　姜朝弼
姜乔卿　亲笔

道光十三年三月初二日　立

（来源：《清水江文书》第一辑第 7 册第 42 页）

注：

（1）立典毛私大粪："毛私"，即"茅厕"，从其旧。

3-4-2-009 姜文燮立卖典田契约（道光十五年二月二十日）

立老典田契约人平敖寨姜文燮，为因缺少银用，自愿将到先年得典姜儒中皮之田，今将出典与吴成德兄名下承典为业。当日凭中言定典价元银式拾壹两整，亲手领回应用。恁凭银主耕种管业，典主日后不得异言。今欲有凭，立此老典字约为据。

外批：姜儒的典契居□东道、中人钱共在二钱九分，元银。

老合

凭中　姜

灿

道光十五年二月二十日　亲笔　立

咸丰拾年十二月初六日。外批：吴正才将此契之田照价转续（赎）与平敖寨姜卓贤名下，日后任凭卓贤耕种管业，二比不得异言。吴姓兄弟清（亲）手领足。今欲有凭，立此批续（赎）回字是实。

秉智

凭中　姜

兴照

吴正才　亲笔

（来源：《清水江文书》第三辑第 10 册第 191 页）

GT-WHX-104 ／ GT-011-132 道光十五年闰六月二十四日胡兴刚典店地承认字

立承认人胡兴刚，今因承典伊亲长房蒋志光、二房蒋富极、三房蒋宗旺等，公议将到瓮洞场杨公庙码头边店地三间，上抵胡友德店欲（坎），下抵河，左抵刘宏远店地，右抵杨公庙为界。三面议定典价钱五千文。其钱众等亲领发积（迹），其地任从步艰主竖造居坐。其有后蒋姓不得那人私卖私赎。吴（务）要三房齐赎方准。今欲有凭，立承认为据。

凭中　胡义顺　具合同字

其有字付与蒋志光收。

道光十五年又六月二十四日　立

151

（来源：《天柱文书》第一辑第 7 册第 185 页）

1-1-6-079 姜世宽典田字（道光十五年十二月初八日）

立典田字人加池寨岳父姜世宽，今将到地名皆于田一丘，约谷七担，今凭中出典与韶蔼寨女婿李枝发名下承典为业，当日凭中典价纹银叁两五钱整，亲手收足。其田自典之后，任凭银主管业，典主不得异言。恐口无凭，立此典字为据。

内添二字、涂二字。

凭中　龙家琼

道光十五年十二月初八日　立

（来源：《清水江文书》第一辑第 3 册第 79 页）

GT-WHX-106 ／ GT-011-124 道光十六年三月四日蒋秀运典油树字

立典油树人蒋秀运，今要钱使用无从得处，父子商议，将到管子坡油山壹分，又并祖山坡头油树壹分，凭中典与族叔、族侄蒋芝相、蒋昌应二人承典。当议典价钱壹千陆伯（佰）文正。其钱典主即日领足，其油山钱主收 捡 为息。日后备得原本上门赎取。恐后无凭，立典字为据。

秀玉
凭中　蒋
万兴

道光十六年三月初四日　蒋昌士代笔　立

（来源：《天柱文书》第一辑第 7 册第 187 页）

2-9-1-036 姜光璧立典田字（道光十六年八月十二日）

立典田字人上寨姜光璧，为因要银用度，情愿将到父亲分落名下大田一丘，地名皆杂，约谷拾式担，请凭二□并房族人等亲出典□姜载渭名下承典为业，当日受过典价纹银十贰两伍钱，其银凭中领回家应用，其田自典之后，仍仰光璧耕种，秋收之日言定称谷六担抵利，不得短少斤两。今欲有凭，立典字为存照。

凭中　兄姜光辉

凭中代笔　姜光宇

道光十六年八月十二日　立

（来源：《清水江文书》第三辑第 9 册第 363 页）

GT－ZNT－005/GT－013－143 道光十七年三月八日唐加富典田契

　　立典田契人唐加富，今因家下要钱用度无从得出，自己将到土名 扮 冲□水田一丘出典，计谷五罢（把）。请中问到唐连甲明（名）下承典，三面言定典价钱叁千弍柘（佰）文整。其钱唐加富入手用度。其典主收花为利，日后上门读（赎）取。今幸有凭，立此典契为照。

凭中　唐万

代笔　龙明深

道光十七年三月初八日　立契

（来源：《天柱文书》第一辑第 5 册第 222 页）

GT－ZGP－080/GT－034－110 道光十七年三月二十六日潘明泰典油树地契

　　立典油树地契人潘明泰，今因要钱用度无从得处，自己将到先年与潘光胜得典油树土名新盘路油树壹块，上抵潘礼富油树，下抵正相油树，左抵正彦油树，右抵顺富油树，欲行出典，无人承就。自己上门问到潘光明名下承典，当面言典价钱足钱壹千○八十四文。其钱典主亲领入手用度。其油树光明耕管收花为业，二比情愿，不得异言。今幸有凭，立此典契为据。

请笔　代义

道光十七年三月二十六日　立

（来源：《天柱文书》第一辑第 4 册第 291 页）

GT－JDP－146/GT－012－163 道光十八年十月二十日杨功亮典油树契（附：道光十九年十二月十三日陈光合转典油树契）

立契典油树人杨功亮，今因家下要钱用度无从得处，父子谪（商）议，将到土名中乘坡油树桐油三分，自己面分一分要行出典，无人承就。请中问到陈门邱氏桃奴娥名下承典。当日言定典价钱式拾式千式百正。其钱亲领入手用度。其油树在与钱主耕管收花为息。日后彼（备）得原价上门赎取，不得短少分文。立典是实。

内添二字。

凭中　杨再裕

唐冠玉

杨秀彬

凭中　杨再裕

唐冠玉

道光十九年十二月十三日此契照依价元（原）价转典与杨玉堂耕管为业。子陈光含推。

道光拾八年十月廿日　亲笔　立

（来源：《天柱文书》第一辑第 3 册第 149 页）

1－1－5－045 姜开文弟兄三人典田字（道光十九年四月十二日）

立典田字人本寨姜开文弟兄三人，为因缺少银用无处得出，自愿将到补先周罢脚大田一丘，上凭油山，下凭岩洞，左凭岭，右凭世太田，今将出典与姜光秀、世泽同侄兆章父子承典为业。当日凭中议定价文（纹）银贰拾陆两五钱整。自典之后，庆（任）凭[1]典主下典田耕种管业。日后价到续（赎）回，不得异言。恐口无凭，立此典字为据。

内添一字。

之连

凭中　姜

世连

道光十九年四月十二日　姜开文亲笔　立

（来源：《清水江文书》第一辑第2册第245页）

注：

（1）"应凭"，一般写作"恁凭""任凭"，故此处的"应"系方言误读，当作"任"或"恁"。如《1-1-5-046姚钟培、姚钟茂、姚廷杰三家典田字（道光十九年五月十一日）》（张应强、王宗勋《清水江文书》第一辑第2册第246页）写作"恁"，有"其田恁凭典主耕种管业"语。

1-1-8-039 龙家琳典田字（道光十九年五月初六日）

立典田字人韶霭寨龙家琳，为因银用无出，自愿将到得典姚伟堂之田，加池寨之田，土名格料大田一丘，约谷十四石，上平（凭）坎世爵田，下抵之谟田，右抵世培田，左抵沟；又将土名冉腊田一丘，约谷叁石，上平（凭）世爵，下抵之豪田，左抵干埂世爵田，右抵水沟，四至分明，今请凭中出典与姜开明兄名下承典为业。凭中言定典价艰式拾四两整，亲手收回。其田不俱（拘）远近价到赎回。立此典字是实。

凭中　龙家珍

道光十九年五月初六日　亲笔　立

（来源：《清水江文书》第一辑第3册第349页）

1-1-5-046 姚钟培、姚钟茂、姚廷杰三家典田字（道光十九年五月十一日）

立典田字人瑶光河口姚钟培、姚钟茂、姚廷杰三家，要银应用无出，自愿将到父亲与三叔五叔三人先年得典文斗寨姜绍舜之田，土名鸠傍田叁丘，今凭中出典与文斗寨姜相德名下承典为业。当日凭中议定价艰拾伍两八钱整，我三家弟兄人亲手收回应用，未少分厘。其田恁凭典主耕种管业，我姚姓弟兄不得异言。如有不清，俱在钟培弟兄理落，不与典主之事。恐说无凭，立此典字存照。

外批：价到归赎。内添三字。

李作镇
凭中　唐辅清
龙老包

道光十九年五月十一日　亲笔　立

（来源:《清水江文书》第一辑第 2 册第 246 页）

2-9-1-039 姜凌汉弟兄立典田字（道光十九年六月十八日）

立典田字人堂□姜凌汉弟兄三人，为因生理要钱用度无处得出，自愿将到对皆党兴田大小三丘出典与堂伯姜载渭名下，实典艰拾伍两正，亲手领回应用。其租谷上田式股平分。恐口无凭，立此典字是实。

凭中　姜老齐

道光拾九年六月拾八日　亲笔　立

（来源:《清水江文书》第三辑第 9 册第 366 页）

16-3-1-011 龙文辉立典地土字（道光二十年三月十八日）

立典地土字人龙文辉，今因要钱用度无从得处，自愿将到土名岑塘屋边路坎上地土乙团作典，问到岑塘龙王忠、龙王明二人承典，钱六百文整，不论远近相赎。今恐无凭，立典字约是实。

亲笔

道光廿年三月十八日　立

（来源:《清水江文书》第三辑第 2 册第 204 页）

1-1-5-048 姜开秀典田字（道光二十一年三月十五日）

立典田字人本家姜开秀，为因家中缺少银用无处所出，自愿将到地名皆也得田乙丘，约谷六担，上凭父亲之田，下凭福喜之田，左凭明礼之田，右凭福喜田，四至分清，其田典与姜凤鹭、姜凤仪、姜凤舞名下承典为业。当日凭中议定价艰九两六钱整，亲手领回应用。其田自典之后，任从银主上田耕种管业，典主不得异言。不拘远近价到续（赎）回。口说无凭，立此典字永永存照。

凭中　孙邦彦

道光二十一年三月十五日　亲笔　立

（来源：《清水江文书》第一辑第 2 册第 248 页）

GT－WHX－113 ／ GT－011－118 道光二十一年四月八日游润色转典田契

立转典田契人游润色。今因家下要钱使用无从得处。自愿将到先年得典游城顺粧田土名慌田，小地名长垅，六股之中城顺面垄（分）壹股，此时未分，不便计（记）载田丘，一股收谷三十运，要行转典。请中招到姊丈杨辅仁承典为业。三面议作典价九九足钱四拾捌阡（仟）文整。其钱即日领足，钱字两交。其田典主仍讨耕种，每年秋收临田分花，不得隐瞒升合。若有隐瞒，任从钱主转典拨耕，典主不得异言。日后备得原价上门取赎抽约。今欲有凭，立典是实。

亲笔

凭中　杨超前

游润泽

咸丰二年三月杨政慈将此契田土送与大女荷云耕种　慈批

道光式十一年四月初八日　立典

（来源：《天柱文书》第一辑第 7 册第 195 页）

GT－GDL－024 ／ GT－022－025 道光二十二年一月十八日姚上朝典墦土契

立典墦土契人登横□寨姚上朝，今因要银使用无从得处，自愿将到土名冲重墦□□□要钱出典。自己问到必腰寨龙□寿名下承典。当日□□定典钱一千一佰文正。其□□□手应用。其墦土典与□□□耕种收花，不限远近相赎，钱到□□□不古，立有典字契照□实。

代笔　姚朝旺

□光式拾二年正月十八日　□

（来源：《天柱文书》第一辑第 13 册第 27 页）

GT – GDL – 028 / GT – 022 – 026 道光二十二年九月十四日姚上朝典墦土契

立典墦土契约人登横□□姚上朝，[   ]钱使用无从得处，自愿将到土名□□重墦土一冲，□钱出典。自己问到必腰冲龙□□名下承典。当□言定典价钱式千四伯（佰）文正。其□□领足应用。□墦土典与承主耕种收花，不得□言。今恐无凭，立有典字存照为据。

代笔　姚昌武

道光二十二年九月十四日　[立]

（来源：《天柱文书》第一辑第 13 册第 31 页）

1 – 4 – 1 – 074 姜开秀典田字（道光二十二年十月十六日）

立典田字人加池寨姜开秀，为因缺少银用无处所出，自己将彭周之田一丘，上凭油山，下凭光朝之田，左凭世太之田，右凭山为界，四至分明，今将出典与南路李天顺名下承典为业。当日凭中义（议）典价艰拾陆两整，亲手收回应用。其田自典之后，任从银主上田耕种管业，典主不得异言。倘有不清，居（俱）在典主理落。口说无凭，立此典字是实。

姜世连
凭中
吴成保

道光二十二年十月十六日　立

（来源：《清水江文书》第一辑第 9 册第 74 页）

1 – 5 – 1 – 167 姜保贵典田字（道光二十三年正月二十六日）

立典田字人本寨姜保贵，因要银用度，自愿将到地名乜丹田一丘，上凭之连田，下凭钟英田，左凭岭，右凭之连田，约谷六担半，今凭中出典与姜世显、世先二人名下。当日议典价纹银陆两整，亲手收回应用。自典之后，银主上男耕种，候后银赎回。恐后无凭，立此典字存照。

凭中　姜丙生

代笔　母舅范文治

道光二十三年正月廿六日　立

（来源：《清水江文书》第一辑第 10 册第 169 页）

1－2－2－081 姜开渭、姜开型弟兄典园约（道光二十三年六月二十四日）

立园约人本寨姜开渭、姜开型弟兄，为因家中缺少银用无处所出，弟兄自愿将到园一块，坐落地名皆度睄，园之界：上凭路与川之园，下凭世荣之园，左凭世明之园，右凭明礼、开元之园为界，四至分明，弟兄出典与姜开让名下承典为业。当日凭中议定典价艰式两整，亲手收回应用。其园自典之后，恁凭银主管业。恐口南（难）凭，立此典字是实。

凭中　姜世学

道光式拾叁年六月二十四日　开渭笔　立

（来源：《清水江文书》第一辑第 4 册第 206 页）

1－1－5－051 姜保贵典田约（道光二十四年十一月二十七日）

立典田约人本房姜保贵，为因缺少银用□处所出，自愿将到田一丘，坐落地名皆荣野拜，上凭银主，下凭世太之田，左凭水沟，右凭水沟，四字（至）分明，出典与姜凤仪名下典价艰一两八钱四分整，亲手收清。其田付与保贵耕种，每年上租谷一百零十斤，不得短少。如有短少，恁凭银主管业，典主不得异言。今恐无凭，立此典字是实。

凭中　姜光秀

代笔　姜开渭

道光二十四年十一月廿七日　立

（来源：《清水江文书》第一辑第 2 册第 251 页）

1-1-5-052 姜保贵典田约（道光二十四十一月二十七日）

立典田约人本房姜保贵，为因家中缺少银用无处得出，自愿将到田一丘，坐落地名皆崇野蜡，此田之界：上凭开让之田，下凭世显，左凭水沟，右凭乔保之田，四字（至）分明，出典与姜开让名下承典艰一两八钱整，亲手收足。其田付与保贵耕种，每年上租谷一百［〇］令（零）八斤⁽¹⁾，不得短少。如有短少，恁银主下田耕种管业，典主不得异言。今恐无凭，立此典字为据。

凭中　姜光秀

代笔　姜开渭

道光二十四十一月廿七日　立

（来源：《清水江文书》第一辑第 2 册第 252 页）

注：

（1）每年上租谷一百〇令八斤："〇"多余，为衍字。

GT-Z-001/GT-013-179 道光二十五年二月七日潘士祥典油树地契

立典油树契人潘士祥，今因要▢油树壹块，上抵平岭，下抵路，左抵▢典，无人承就。自己请中上门问到▢玖百五十六文。其钱即日随契领足，▢上门赎取，不得短少分文。二比情愿，不得▢。

外批：钱每千▢。

▢

道光二十五年二月初七日　立

（来源：《天柱文书》第一辑第 5 册第 286 页）

1-1-5-053 姜兆璋典田约（道光二十七年十二月）

立典田约人本寨姜兆璋，为因要银用费无处得出，自愿将到補先田大小二丘，其田界限：上凭银主，下凭田姜世和，右凭姜开让田，左凭大路与沟为界，四至分明，凭中出典与姜宗保名下承典为业。凭中议定典价艰四两整，亲手收回应用。自典之后，恁凭银主上田耕种管业，弟兄不得异言。恐后无凭，立此典字为据，不俱（拘）远近价到归续（赎）。

凭中　姜世招

道光二十七年十二月

（来源：《清水江文书》第一辑第 2 册第 253 页）

1－1－5－055 姜世俊典田约（道光二十八年十二月初五日）

立典田约人本房姜世俊，为因缺少银用无处所出，自己将到地名皆绞理借田一丘，出典与房兄姜世道名下，实典地艰六两整，亲手收回应用。其田任银主上田耕种管业，典主不得异言。不俱（拘）远近价到续（赎）回，银主不得异言。恐有不清，俱在典主理落，不关银主之事。口说无凭，立此典字存照。

外批：如有续（赎）回，补东道艰八钱。

凭中　姜开吉
凭中代笔　姜兆详

道光二十八年十二月初五日　吉立

二十九年二月廿三日又借文（纹）银一两整。

（来源：《清水江文书》第一辑第 2 册第 255 页）

1－5－1－173 姜沛云典田字（道光二十九年九月初六日）

立典田字人本家姜沛云，为因要银使用，自愿将到大田一丘，地名党侯，出典叔姜开让名下承典为业[1]。当面议定典价艰捌两整，每年秋收上朱（租）谷二百四十斤，日后照价续（赎）回。恐口无凭，立此典字为据。

咸丰元年四月初一收典价一两五钱，十一月又收典价二两五钱，共收四两。下欠四两。上朱（租）谷一百二十斤。

龙文高
凭中
姜开谓

161

道光二十九年九月初六日　亲笔　立

（来源：《清水江文书》第一辑第 10 册第 175 页）

注：
（1）出典叔姜开让名下承典为业："典"字下脱"与"字，从其旧。

GT－GFB－030 ／ GT－042－063 道光二十九年十一月八日吴德贵典墦土契

立移典墦土契人吴德贵，今因家下要钱用度无从得处，自愿将到土名甘溪冲头朗木湾右边墦土乙团，上抵路，下抵壕，左抵彭绍元墦土，右抵□山。四至分明，欲行出典。凭中上门问到胡和善名下承典，当日三面议作典价钱伍千乙百文正。其钱亲领入手用度，其墦土任从钱主耕种收花为息，日后备得原价，对日上门赎约，不得短少分文。今幸有凭，立此典契是实，存照为据。

青钱二千扣水，若有荒□□木行利，日后不得原债二股凭（平）分。点钱叁三千乙百，每千六斤六两。

凭中　龙和泰

代笔　刘有众

道光廿九年十一月初八日　立

（来源：《天柱文书》第一辑第 16 册第 223 页）

1－1－8－052 姜凤仪典田约（道光三十年四月初五日）

立典田约人本家姜凤仪，为因缺少银用无处得出，自己将祖先年得典苗绥寨龙家林田在本寨皆料大田一丘，约谷十石，界限照衣（依）先契管业；又田一丘冉腊，约谷三石，界限照衣（依）老契管业，二丘出典与姜宗保名下承典为业。凭中议定典价艮廿四两整，亲手收回应用。其田自典之后，恁凭银主耕种管业，凤仪不得异言。恐后无凭，立此典字为据。其田不俱（拘）远近价到归续（赎）。

范如琪

凭中

姜凤飞

道光卅年四月初五日　立

（来源：《清水江文书》第一辑第 3 册第 362 页）

16-3-1-017 吴朝显兄弟立典地土字（道光三十年七月二十三日）

立典地土人吴朝显兄弟二人，今因要钱使用无从得处，自愿将到岑塘老屋平地土二团出典。请中问到龙玉忠承典。当中言定典价钱一千二伯（佰）正。其钱领亲（清）。其地土典与钱主耕种，不得异言。立有典字为据。

外批：限至五年相赎。

凭中　龙清朝

吴清仕

道光三十年七月廿三日　亲笔　立

（来源：《清水江文书》第三辑第 2 册第 210 页）

2-4-1-007 朱达泉典田字（咸丰元年九月十八日）

立典田字人朱达泉，为因缺用无出，自愿将本名下受分岩湾寨各处之田，共计式十式丘，地名故桑式丘，约谷式拾五石，又九榜田叁丘，约谷壹拾式石，又副容壹丘，又副变壹丘，分为二节，共约谷壹拾石，又皆污式丘，约谷壹拾石，又赞丢式丘，约谷肆石，老炳佃乌晚之式丘，约谷拾石，又抗道田壹丘，又丢田壹丘，共谷陆石，又后排老平种之田三丘，约四石五斗，其各处之田，概系式股均分，达泉将本名应占之壹股凭中出典与李正伦名下承典为业。当日三面议定典价纹银肆拾柒两叁钱陆分，其银亲手收足，其田自典之后，任从李姓合同，胞兄、达洋二人另招佃种平分，不与达泉相干。其田日后不俱（拘）远近价足归续（赎），彼此不得刁难。如有不清，俱在达泉理落。今欲有凭，立此典字为据。

内添式字、涂五字。添"式"字一颗。

外批：加老平各乌晚之田壹，约谷式石式斗。又加绍礼种学堂坎下小田一丘，约谷壹石。又绍礼种本名乌晚大田坎下之小田壹丘，约谷壹石。

163

又批：添田一款。

先科

凭中　李作正

范老炳

咸丰元年九月十八日　达泉亲笔　立

（来源：《清水江文书》第一辑第 13 册第 276 页）

GT－WHX－116 ／ GT－011－130 咸丰三年三月十日游希林、游希凤典田契

立契典田人游希林、希凤，今因家下缺用，母子兄弟商议，自愿将到地名方田长垅坎，土名岩坪左湾水田二丘，又并右垅台上黄土田右边一截，又并门首冲□一丘，共计谷壹拾六运。凭中出典与杨岸芳名下，三面议作典价钱贰拾陆千文，扣水。即日钱契两交无欠，领不另书。其田转请佃种，自愿议定逐年秋收临田用瓮□场市斗量干谷七石二斗，送往刘理光家收贮封号，不得短少斤合。日后备得原本对日抽约。立典契为据。

刘理光

凭中　杨转仁

游润金

咸丰三年三月初十日　伯父游润泽笔　立

（来源：《天柱文书》第一辑第 7 册第 198 页）

5－1－4－020 萧应贤等立典田契约（咸丰四年六月初七日）

立典田契约人平略萧应贤、子侄安保、安全、安桥，为因家下□中，缺少钱用无所出，父子侄商议，自愿将到也堆田弍丘，大纲田弍丘、坝却田壹丘、木山却路坎下田壹丘、滥田坎上田壹丘、格间田坎下田壹丘、唐求岭吴姓屋边田弍丘、屋脚田壹丘，一共大小田十〔一〕一丘，和（禾）谷一十伍但（担），请中上门问到白岩唐彭德照名下承典为业。当日凭中言定价大钱弍拾千整，亲手岭（领）回应用。其田自典之后，任凭钱主下田耕种管业。其田限侄（至）

三年，不拘远近价到归赎，二比不得异言。今欲有凭，立此典字存照。

亲笔 安全
凭中 黄士荇

咸丰四年六月初七日 立典 契

（来源：《清水江文书》第二辑第 5 册第 158 页）

GT－GLD－001 ／ GT－021－068 咸丰四年十月五日龙玉安以山抵工钱字

立有抵字地土人龙玉安，因家下无钱，自将土名半溪荒山一团，上抵学礼，下抵田，左抵学礼，右抵田，四至抵清，作抵油棺木工钱。及（其）土付与龙贞弟耕管[1]，永远为业。自付之后，不得异言。恐口无凭，立有文书为据。

凭中 杨贵山
子笔

咸丰四年十月初五日 立

（来源：《天柱文书》第一辑第 19 册第 226 页）

注：

（1）油棺木：指给棺木上油漆。

GT－WHX－073/GT－008－081 咸丰五年三月八日蒋政光转典田字

立转典田人蒋政光，今因家下要钱使用无从得处，自己父子相（商）义（议），情愿将到土名具竹冲水田二丘，收谷二运，自己请中招到族内蒋在学承典，当日凭中三面议定价钱叁阡（仟）七百文足。其钱典主亲领入手用度。其田钱主收花准利，并不口少分文。入（日）后备原本赎取，典主不得异言。立典是实。

凭中 蒋政宾
亲笔
凭中 蒋昌宁

立转典田人蒋在学，先年得典蒋政光之田式丘，照契转典蒋政聪承典是实。

昌有亲笔

165

同治十弍年三月初四日典

咸丰五年三月初八日　立典

（来源：《天柱文书》第一辑第6册第80页）

1-5-2-003 姜沛云母子典田字（咸丰五年三月十六日）

立典字人加池寨姜沛云母子，为因要银使用无处所 得，自愿将我母子祖遗之田坐落地名党喉盘坡井头田一丘，约谷三石，隔壁两间田将外间田一间，约谷六石，请中出典与陆光清名下承典为业。即日凭中议典价纹银三两八钱整，亲手领足。其田自典之后，言定每年秋收同约典主下田平分谷石，二比不得异言。此田原是清白，并无典当不清。如有不清，俱系自己理落，不与银主何干。恐后无凭，立此典字一纸存照。

内添两字。

外批：此田限定三年，典价到归赎，银到田回。如有过限，不拘远近。

至同治元年二月十八日姜兆祥手代还艰一两三钱四分，补咸丰九年、十年、十一年三年未称脚谷之利作算。兆祥笔。

姜世元

凭中

张运开

咸丰五年三月十六日　沛云亲笔　立

（来源：《清水江文书》第一辑第10册第178页）

GT-WHX-120 / GT-011-108 咸丰五年三月十八日杨珍干典油树字

立典油树人杨珍干，今因缺少用度无从得处，父子商议，将到分落面分土名蒋家凹田坎上左边油树一副，又连塅皆上副一半截，要行出典。自己请中招到蒋在学承典，凭中言定典价钱弍千弍百文，九六钱正。其典主清（亲）领入手[1]，并不短少分文。其油树钱主耕管耕收，典主不得异言。今欲有凭，立典油树是实。

凭中　杨松云

子笔　杨广□

咸丰伍年三月十八日　立典

（来源：《天柱文书》第一辑第 7 册第 202 页）

注：

（1）其典主清领入手："其"下疑脱"钱"字，从其旧。

GT－JDP－152/GT－012－159 咸丰六年一月二十八日杨全德典墦契

立典墦人杨全德，今因要钱用度无从得处，□子谪（商）议，情愿将到方墦平墦地一块出典，无人承就。请中问到房兄杨开全名下承典，议定典价钱式千一佰七十文足，其墦□与典主耕管，日后备得原价上门赎取，不得短少分文。恐口无凭，立典是实。

凭中　杨开喜

咸丰陆年正月廿八日　亲笔　立

（来源：《天柱文书》第一辑第 3 册第 155 页）

GT－WHX－121 ／ GT－011－166 咸丰七年四月十日游润文典田约

立典田人游润文，今因家下要钱使用无从得处。自己父子商议，自愿将到土名两间田水田壹间，要行出田[1]。凭中招到蒋再学名下承典，三面议作典价钱四千五百文，扣水。其钱典主亲领入手。其田收谷四运，钱主耕收，谷子作利。日后若得原本上门抽约。今欲有凭，立典是实。

凭中　杨兴法

游润文　亲笔

咸丰七年四月初十日　立典

（来源：《天柱文书》第一辑第 7 册第 203 页）

注：

（1）要行出田：按文意，本句一般作"要行出典"，从其旧。

GT－WHX－122 ／ GT－011－113 咸丰七年四月十五日杨珍干典油树契

立契典油树人杨珍干，今因缺少用度无得处，自愿将到土名汤前凹皆油树下截，一连垛上一截中间下截一副，出行出典。自己请中招到伊亲蒋在学名下承典，凭中言定典价钱式千五百文足正。其钱即日领足，并不短少分文。其油树钱主耕管，捡油子准利，典主不得异言。日后备得原本上门抽约，立典是实。

凭中　杨松云

子笔　杨昌立

咸丰七年四月十五日　立典

（来源：《天柱文书》第一辑第7册第204页）

1－4－1－083 姜秉兴典田约（咸丰七年十二月初四日）

立典田约字人姜秉兴，为因在城无钱动用，以致偷窃姜运武钱文，当被拿获送官究治，承蒙范万泰于中劝改（解），情愿罚楚（处），又无银钱，自愿将本名皆理田一丘，约谷三挑，上抵天明之田，下抵油山，左抵大路，右抵士荣之田，四至分明，央请中证出典与姜兆清名下承典为业。当日凭中寔（实）受过典价足纹银壹两陆钱八分，洪平，亲手收用。其银言定按月叁分□息，限至开年三月初一日之内本利归还，不得过期。如有过期，憑从兆清耕种管业，不与房族弟兄外人相干。如有他人争论，俱在秉兴一人理落承当，不关兆清之事，不得异言。今欲有凭，立此典字为据。

其银黎平市老洪平，日后还银者照下面的九八平长五分。初七日李国翰笔批。

姜宏发

王有培

龙有才

姜兴发

凭中　范万泰

姜光祖

姜发兴

罗吉三

代笔　黄吉安

咸丰七年十二月初四日　立

（来源：《清水江文书》第一辑第 9 册第 83 页）

1 - 3 - 1 - 056 杨胜奉典田字（咸丰八年正月初十日）

立典田字人本寨杨胜奉，为因要银用度无处得出，自愿将到咸丰七年所捐得受之田，地名培鸠田一丘，约谷四石半，上凭宗保捐出之田，下凭风木树以路为界，今凭中出典与姜兆琳名下承典为业。当日三面议定共价纹银一两六钱二分半，日后典过三年之外，不拘远近价到续（赎）回。恐后无凭，立此典字存照。

凭中代笔　姜开吉

咸丰八年正月初十日　立

（来源：《清水江文书》第一辑第 7 册第 58 页）

GT - WHX - 125 ／ GT - 011 - 138 咸丰八年三月四日杨集道典田契

立典田人杨集道，今因缺少用度无从得处。自己面分将到令冲坡屋脚田二丘，收谷拾运，凭中将来典与荒田伊亲蒋再学名下承典耕管，凭中三面议作典价钱壹拾陆仟肆伯（佰）文整，九九钱。其田任从钱主耕管，典主不得异言。今欲有凭，立典是实。

典主　杨集道
凭中　蒋再明
代笔　杨启精

咸丰八年三月初四日　立典

（来源：《天柱文书》第一辑第 7 册第 207 页）

1 - 3 - 4 - 067 姜克昌典田字（咸丰九年五月十二日）

咸丰九年五月十二日本寨姜克昌，为因设使银用无处得出[1]，自愿将迫南培过路长田壹丘，约谷十弍担，上凭油山，下凭大荣之大田为界，四至分清，今将出典与凯里李光骚名下承典为业。□日凭中议定典价陆两伍钱整，亲手领回应用。其田自典之后，限满三年，典主叔（赎）回。恐口无凭，立此典字为据。

外批：此田乃是吉保之私银续（赎）回。父笔批

亲笔　立

（来源：《清水江文书》第一辑第 8 册第 67 页）

注：

（1）为因设使银用无处得出："设使银用"一般作"要银使用"，从其旧。本契落款处无时间，已写在抬头。

GT－WHX－129 ／ GT－011－146 咸丰九年八月九日杨昌立典田契

立契典田人杨昌立[1]，今因缺少用度无从得处，自愿将到土名马安坡长田尾上一截，收谷伍落（箩），要行出典。自己请中招到堂侄杨宗明兄弟名下承典，凭中言定典价钱叁两伍钱足正。其钱议作课谷四 大 斗，秋收之日钱主付粮，不得短少。其田付与典主耕种，钱主不得异言。日后备得原□上门抽字。立借是实。

凭中　杨正林
亲笔

咸丰九年八月初九日　典

（来源：《天柱文书》第一辑第 7 册第 211 页）

注：

（1）立契典田人杨昌立：本句当作"立典田契人杨昌立"，从其旧。

1－1－8－057 姜凤仪典田约（咸丰九年十二月二十九日）

立典田约人姜凤仪，为因要银用无出，自愿将到先年得典龙家琳之田，地名皆料，界至：上凭沛清田，下凭克顺田，左凭水勾（沟），右凭寄主之田；又地名再腊，界至：上凭下凭左凭沛清之田，右凭水勾（沟）为界，二处计谷十

式石，四至分清，今凭中出典与恩瑞名下承典为业。当日议定价艰弍拾四两整，亲手收用。其田自典之后，恁凭银主下田耕种管业，典主不得异言。今恐无凭，立此典字为据，日后价到归回。

凭中　姜开义　沛清

咸丰九年十弍月廿九日（印）　亲笔　立

（来源：《清水江文书》第一辑第 3 册第 367 页）

注：
本契在价钱处和"九年"处各有印章一方，详原契。

GT－JDP－008/GT－012－013 咸丰十年三月八日王光烈典田契

立契典田契人王光烈，今因家下要钱使用无从得处，兄弟商义（议），情愿将到自己面分土明（名）大坡脚水田弍丘，收谷陆箩。其开四至：上坻（抵）路断，下坻（抵）溪断，内坻（抵）钱主田断，外坻（抵）钱主田断，四至分明，要行出典。请中招到亲识罗德茂名下承典，当日凭中言定典价钱时用花清扣水，钱每仟扣叁拾文，价钱伍仟伍百文正。其钱即日亲领入手用度，并不短少分文，领不另书。其田典与钱主耕管收花准息为利，日后备得原钱上门赎取抽约了典，二备（比）不得言论。今欲有凭，立典是实。

内添弍字。

杨肥子
凭中
黄傅学

咸丰拾年三月初八日　亲笔　立

（来源：《天柱文书》第一辑第 3 册第 9 页）

GT－WCB－001 / GT－010－218 咸丰十年三月十四日杨岸芳典田契

立契典田人杨岸芳，情因先年用价得典荒田游希林、游希凤兄弟地名岩坪湾内田贰丘，又并右塝右边田壹截，共收谷拾贰运，其田不便管理，请中转典与蒋再学为业。三面议作时值足钱扣水拾八千钱整[1]。即日其钱契两交，书领

171

为据。日后希林兄弟照原老字备本赎取，我方照新契备本赎归，但希林不得越赎该田，再学不得背退该契。自典之后，任凭照契管业。恐后无凭，立典字为据。

凭中 游希凤

咸丰拾年前三月十四日 杨精瑚［日］ 亲笔 立

（来源：《天柱文书》第一辑第 8 册第 184 页）

注：

（1）三面议作时值足钱扣水拾八千钱整："拾八千钱整"当作"拾八千文整"，从其旧。

GT－WHX－005 ／ GT－011－034 咸丰十年三月十八日杨珍干典油树契

立契典油村人杨珍干，今因缺少用度无从得处，自愿将到土名新路坡凹边油树面分一副，左坻（抵）杨宗明油树连间以上为界，右坻（抵）垅为界，下坻（抵）路为界，上主领（岭），四至分明，要行出典。自己请中招到伊亲蒋在学名下承典。凭中言定典价钱贰千文足正。其钱即日领清足，不下少分文。其油树任从钱主耕管，典主不得异[1]。其油树付与典主捡评（平）分蒿（薅）修。今欲有凭，立典是实。

凭中 杨秀益
子笔 杨昌立

咸丰拾年三月十八日 立典

（来源：《天柱文书》第一辑第 7 册第 77 页）

注：

（1）典主不得异："异"下脱"言"字，从其旧。

GT－WHX－131 ／ GT－011－149 咸丰十年三月二十二日杨珍干典田契

立契典田人杨珍干，今因缺少用度无得处，父子商议，将到土名马安坡长田尾上一截田一涧，收谷式运，要行出典。自己请中门（问）伊亲蒋在学名下承典，凭中言典价钱叁千四百文足正。其钱即日领清足，即不短少。其田钱主耕管，典主不得异言。其田付与典主耕种，收花四六分。今欲有凭，立典是实。

凭中　杨秀益
子笔　杨昌立

咸丰拾年叁月廿二日　立典

（来源：《天柱文书》第一辑第 7 册第 213 页）

GT－WHX－133 ／ GT－011－127 咸丰十年四月十五日杨昌立典田契

立契典田人杨昌立，今因缺少用度无从得处，父子商议，将到土名典主屋角秧田坎上小田乙丘，收谷二斗，要行出典。自己请中招到伊亲蒋在学名下承典。凭中言定典价钱捌佰文足。其钱典主清（亲）领入手，并不短少分文。其田钱主耕管收花准利，典主不得异主（言）。其田付与典主耕种分花。今欲有凭，立典是实。

凭中　杨宗寿
黄声振
亲笔

咸丰拾年四月十五日　立典

（来源：《天柱文书》第一辑第 7 册第 215 页）

GT－WHX－141 ／ GT－011－159 咸丰十一年四月杨秀全兄弟二人典田字

立典田人杨秀全兄弟二人，今因要钱用度，兄第（弟）商议，自己将到土名大田　　面分一洞，要□出典。请中招到蒋再学承典，凭中议作典价二阡（仟）文足钱。其钱典主即日亲手领青（清），并不下分文[1]。其田钱主耕重（种）耕[2]，典主不得异言。立典为据。

自请伐（代）笔　杨松云

咸丰十一年四月初□日　立典

（来源：《天柱文书》第一辑第 7 册第 224 页）

173

注：
（1）下分文："下"后来面脱一字或为衍字，从其旧。
（2）耕：其后疑脱一"管"字

GT－WDD－025 ／ GT－043－039 咸丰十一年五月二日蒋昌秀典当屋字

立典当居坐正屋人蒋昌秀，今因父故决（缺）少资费，要钱用度，共血叔侄三大股，将我面分一股，楼上房一间、火炉一架、正屋一间，凭堂叔典与正经、政长兄弟二人承典。当日三面议作典价钱柒伯（佰）式拾文足。其屋房川任从钱主居坐管理。其钱即日领讫，外无领字。备得原本上门抽约，典主不得阻当（挡）。立当典为据。

亲笔

凭堂叔　政秩

血叔　政 厚

谋

咸丰十一年五月初二日　典

（来源：《天柱文书》第一辑第 9 册第 170 页）

GT－WKZ－001 ／ GT－009－054 咸丰十一年十月二十一日刘昌沛兄弟典墦地契

立契典墦地人刘昌沛兄弟，今因家下要钱用度无从得处，母子商议，自愿将到土名黄土坡园读墦地北边壹副出典，凭中典与族叔刘泰城名下承典。当日凭吉议作典价九九钱壹仟式佰文。其钱即日凭中照契领足，限至伍年，日后备得原本上门赎取。今欲有凭，立典契是实。

昌沛笔

凭中　刘绍顶

咸丰拾壹年十月廿一日　立

（来源：《天柱文书》第一辑第 9 册第 36 页）

GT－WHX－142 ／ GT－011－117 咸丰十一年四月二十一日杨昌立典田契

　　立契典田人杨昌立，今因缺少用度无从得处，自愿将到土名典主屋皆塘丘田坎上田乙丘，收谷三运；又将马安坡长田坎上田乙丘，收谷乙运，要行出典。自己请中招到伊亲蒋在学名下承典，凭中言定典价钱六千文正，母（每）千扣水三十文。其钱典主即日领清，并不短少分文。其田钱主收花准利，典主不得异言。其田付与典主耕种，四六分花，日后备得原本上门赎约，立典是实。

典主　亲笔

凭中　杨秀援

咸丰拾壹年四月二十一日　典

（来源：《天柱文书》第一辑第 7 册第 225 页）

1－1－5－063 姜世学父子典田字（同治元年正月二十八日）

　　立典田了人本寨姜世学父子，为因家中缺少银用无处得出，亲自将到地名党喉之田大少（小）五丘，约谷八石，此田分为式大股，世学父子占一大股，凭中出典与姜兆琳名下承典为业。凭中议定典价纹银式两伍钱整，亲手领回应用，每年至秋收之月称租谷式佰斤整，斤两不得短小（少）。如有短少，恁凭银主上田耕种管业，典主日后不得异言。恐后无凭，立此典字，限至三年价到赎回，二比不得异言。立有典字为据。

　　九二戥兑，世运的。内添二字。

　　外批：日后赎田补兆杜钱四十文。

凭中　姜兆祖

代笔　姜世元

同治元年正月廿八日　立

（来源：《清水江文书》第一辑第 2 册第 263 页）

GT－GMS－017/GT－030－148 同治元年三月六日刘恩沛典田契

　　立典田契人刘恩沛，今因要钱使用无处可得，自愿将到土名盘马田二丘出典。自己问到刘明珠名下承典。当面议定典价八千三百八十文正，限至十月上

175

门赎约，不得有负。若凡有负，任从钱主下田耕种收花，不得异言。恐口无凭，立有典契存照。

亲笔

同治元年三月六日　立

（来源：《天柱文书》第一辑第 19 册第 22 页）

GT–JDP–155/GT–012–175 同治元年四月二十一日杨安邦典地荒地墦油山契

立契典地芳（荒）地墦油山人杨安邦，今因家下要钱用度无从得处，夫妻商议，要行□典。情愿将到□□塆田一丘，收谷二石四斗，又并□首圆（园）匐（圃）二团，杉木□柴山一块，丛木在内，响坡头油树一副，门首水田一间（涧），收谷二石一斗，□基一并出典。主中召（招）到杨玉堂、杨德□□科、秀昌名下□□价钱一十六千捌百□□日凭中领足，领不另书。其业在与典主耕管收花为业。今欲有凭，立契典是实。

凭堂族　杨俊高
□

请中代笔　杨永兴

同治元年壬戌岁四月廿一日　立

（来源：《天柱文书》第一辑第 3 册第 158 页）

GT–WHX–151 ／ GT–011–187 同治元年九月八日刘文泽典田字

立典田人刘文泽，今因家下要钱用度无从得处，夫妻商议，自将到土名长龙屋边得买游希贤兄弟田大小三丘，收谷伍运，要行出典。自己请忠绍（招）到蒋再学承典，三面言定典价钱捌阡（仟）四百，扣水。花清□□钱扣四十文。其钱即日领清，并不下欠分文。又并若平杨必科田坎乙副油山一并在内，任从钱主耕管收花，油子作利，典主不得异言，日后备得元（原）本上门抽字。立典是实。

凭忠　政富

亲笔

同治元年九月初八日　立典

（来源：《天柱文书》第一辑第 7 册第 235 页）

GT－WDD－027 ／ GT－043－005 同治二年四月三日蒋政严典田字

立典田人蒋政严，今因家下要钱使用无得处，将到先年得典房兄政猷田段田一丘，收谷七运，咸丰八年已典一半，本年又典一半。凭中移典与房弟政经耕种，议作典价钱陆千柒佰文，扣水，即日钱契两交。其田任从钱主耕管，日后备得原本上门抽约，不得异言。恐口无凭，立典字执照。

内添二字，抹一字。

领不另书。

凭中　堂昌隆

政悠

亲笔

同治式年四月初三日　立

（来源：《天柱文书》第一辑第 9 册第 172 页）

3－1－1－077 唐平泰、唐平安兄弟立典田字（同治三年二月十六日）

立典田字人唐平泰、唐平安兄二人[1]，情因生理无纹用费，向叔宏恩谪（商）议，自愿将到先年得典杨大章之田壹丘，土名境堵，约三担半，请中上门问到平鳌姜惟忠、姜东焕二人名下承典为业。当日凭中言定价艰贰两捌钱整，亲领入手应用。其田自典之后，恁从艰主耕种收花，典不得异言[2]。此田日后不俱（拘）远近价到速（赎）回，二比日后不得争论。恐口难凭，立此典字存照。

外批：日后上埂，照工补价。内添一字。

凭中　吴正才

外批：境堵之田一丘，加价式钱银。其有此田系老典，足（逐）年代纳粮四挈六子（籽）。日后倘有原主赎取，备价粮银一概补清，方可赎取，二比不得异言。此批是实。（印）

同治三年二月十六　唐宏恩亲笔　立

（来源：《清水江文书》第二辑第 1 册第 77 页）

注：

（1）立典田字人唐平泰、唐平安兄二人："兄"下脱一"弟"字，依其旧。

（2）典不得异言："典"下脱"主"，从其旧。

1－1－8－061 姜开文、姜吉昌、姜吉庆父子三人典田字（同治三年四月十三日）

立典田字人本房姜开文、子吉昌、吉庆父子三人，为因缺少银用无处所出，自愿将皆党兴下大田一丘出典与姜开周名下承典耕种为业。当日凭中议定典价艰叁拾两整，亲手领回应用。其田自典之后，任从银主耕种。此田限三年续（赎）回。恐后无凭，立此典字为据。

凭中　姜克顺
姜开仕

同治三年四月十三日　开文亲笔　立

（来源：《清水江文书》第一辑第 3 册第 371 页）

1－3－2－013 姜克顺典田字（同治三年八月初五日、十月十五日）

立典田字人主家姜克顺，将到为因缺用无处得出，自愿将衣强田边大路田□丘，计谷叁担，今将出典与李老□□□凭中□□亲手□回应用。此田自典之后，限满三年续（赎）回。恐后无凭，立此典字为据。

同治三年八月初五日　亲笔　立

外批：此田是吉清私银续（赎）回耕种

立典田字人加池寨姜光顺，缺少银用无从得出，自愿将到皆辈上下□□丘，约谷四担，今将出典与李老骚名下□□此田自典之后，限□□□回。当凭中议定典价艰叁两五钱整，亲手领回应用。典主不得异言。恐后无凭，立□□字为据。

外批：此田是吉清私银□回耕种。

外批：另借艰壹两叁钱，每年一两，上谷利柒十斤。此银无契。

同治三年十月十五日　亲笔　立

（来源：《清水江文书》第一辑第 7 册第 75 页）

GT－WHX－011/GT－010－015 同治四年四月六日游氏兵香、游希林、游希凤母子典田契

立契典田人游氏兵香、子游希林、（游希）凤，今因母子缺少用度无从得处，自愿将到面分典主屋皆大田坎上塆内小田一丘，收谷三萝（箩），要行出典。自己请中招到蒋在学父子承典。凭中言定典价钱叁千七百文足正。其钱典主领清，并不下少分文。其田钱主耕种收花准利，典主不得异言。日后备得原本上门赎取。今欲有凭，立典字是实。

希林笔

先年得典希林、凤田分落。昌有师 典 。

凭中　杨昌立

同治四年四月初六日　典

（来源：《天柱文书》第一辑第 6 册第 132 页）

GT－JDP－157/GT－012－173 同治五年二月四日补长春与其孙补岩祥典墦地契

立契典墦地人补长春同孙岩祥，今因家下 要 钱使用无从得处，同孙合室谪（商）议，情愿 自 己面分土名乾溪坳头上大墦一团，又并下璒墦一团，又并头上大墦一过（个）、墦地二团，又并土名大塘冲墦地油树柴山二股，要行出典，无人承就。请中招到亲识杨二一、杨俊江、罗公梅三人名下承典。当日凭中三面议定典价钱贰仟肆伯（佰）文。其钱当日亲手领足，概无刻（克）扣分文。其墦地油树□所在内，任从钱主亲耕亲种管业。自典日为始，钱契两交，领不另书。此系两情相愿，其中并无压逼等情，在后不翻悔。今欲有凭，　　　契，日后备得原价登门赎取抽约⬜后无凭，立典实（是）实。

凭中　杨玉祥

同治伍年式月初四日　亲笔长春　立

（来源：《天柱文书》第一辑第 3 册第 160 页）

GT－WHX－175 ／ GT－011－104 同治五年二月二十一日杨思沛、杨思柏兄弟领典田价钱字

立领典田价钱杨思沛、杨思柏兄弟二人，今因领到蒋再学先年得典令冲坡田大小式丘，领典价钱九千壹百一十文足。其原典字未退，兄弟二人面分一并领清。恐后无凭，立领是实。

凭中　杨秀二
蒋政文

同治五年二月二十一日　立领

（来源：《天柱文书》第一辑第 7 册第 259 页）

1－1－8－065 姜凤章弟兄三人典田约（同治五年十一月二十六日）

立典田约人本家姜凤章弟兄三人，为因缺少银用无处所出，自愿将到皆党申大田一丘，约谷十四石，上凭典主田，下凭世运，左凭典主，右凭世运，四字（至）分明，先年典与姜开周作价文（纹）银三十两。今复典与恩瑞名下文（纹）银四十两。此十两之银言定照月加式利，亲手收回应用。自典之后，恁凭银主赎早辞（迟）耕种，典主弟兄不得异言。恐口无凭，立此典字为据。

仪
凭中　姜凤
至
凤章亲笔

同治五年十一月廿六日　立

（来源：《清水江文书》第一辑第 3 册第 375 页）

1-3-2-015 姜秋叔典田字（同治六年四月初三日）

立典田字人本家秋叔，为因要银费用无处得出，自愿将到田一丘，地名皆抱库外边乜党，上凭抱库，下凭宗保之田，左凭己主之田，右凭大路，四至分明，今将出典与本家吉清侄名下承典耕种为业。当日面议定典价艰陆两整，亲手领足收用。其田典足叁年，价到续（赎）回。恐后无凭，爰立典字为据。

外批：秋叔当日转佃耕种，每年秋收秋叔式股，侄吉清收叁股，典佃不得异言。

外批：内除"叁钱"式字。

同治六年四月初三日　亲笔　立

（来源：《清水江文书》第一辑第 7 册第 79 页）

1-1-5-071 姜世泽等典田字（同治七年二月初九日）

立典田字人本寨姜世泽、姜兆璋、姜兆兴、姜南桥、姜品隆叔侄伍人，为因家下缺少银用无处得出，自己情愿将到地名补先周大罢脚大田一丘，上凭油山，下凭岩洞，左凭岭，右凭世太田为界，今将出典与石老伍名下承典为业。当日凭中议定价文（纹）银贰拾肆两整，亲手收回。自典之后，任凭银主下田耕种管业，不得异言。其日后价到续（赎）回。恐口无凭，立此典字是实。

凭中　姜凤飞

同治七年二月初九日　兆璋　立

（来源：《清水江文书》第一辑第 2 册第 271 页）

5-1-4-028 范应祥立典田字（同治七年三月初三日）

立典田字人甘鸟寨范应祥，因缺少费用无处所出，自愿将到依罗田二丘，上凭油山，左凭油山，右典主之田，下凭典主之田，四字（至）分明，约谷三伯（佰）□，请中出典与彭明旺承典为业。议价钱肆仟八百八十文，浚（后）价到归续（赎）。不俱（拘）永（远）近，付与承主管业耕种，而浚（后）不得异言。今恐无凭，立此典存照为据[1]。

杨大地

凭中　范炉恩

亲笔

同治七年三月初三日　立

（来源:《清水江文书》第二辑第 5 册第 166 页）

注；

（1）立此典存照为据:"典"下脱一"字"，从其旧。

GT – WDD – 032 ／ GT – 043 – 092 同治七年三月二十八日蒋昌文典田字

立典田人蒋昌文，今因家下要钱使用无从得处，自己将到土名剁马冲头水田二丘，收谷七运，要行出典，无人承受。请中招到族叔政维承典为业。凭中当日三面议作价钱五千八百文。其田任从钱主耕种收花，典主不得异言。今人有凭，恐后无平（凭），立典字存照。

昌文　亲笔

凭中　政陶

同治七年三月二十八日　立典

（来源:《天柱文书》第一辑第 9 册第 177 页）

1 – 1 – 8 – 066 姜开文父子典田字（同治七年四月二十三日）

立典田字人本房姜开文父子，为因缺用，自愿将到皆党升上截禾田壹丘，约谷六把，此田上凭沛清之田，下凭吉昌之田，左凭克贞之田，右凭开周得典典主之田，四至分明，父子今将出典与姜开周名下承典耕种。当日凭中议定典价艰式拾两整，亲手领回应用。自典之后，恁凭银下田耕种，典主父子不得异言。限满三年赎回。恐后无凭，立此典字为据。

凭中　沛清

代笔　克顺

外批:典年典主耕种未算，后银主耕种三年，恁凭典主赎回。

同治七年四月二十三日　立

（来源：《清水江文书》第一辑第 3 册第 376 页）

GT－WHX－179／GT－011－115 同治七年十二月九日吴见星、吴见平典油树山土字

立典油树山土人吴见星、见平，今因要钱用度无从得处，兄弟商议，自愿将到土名野牛冲坡头元义田坎脚油山一团，并油山脚山一副，要行出典。自己请中招到伊亲杨宗玉名下承典，即日凭中言定典价足钱式阡（仟）伍百文整。其钱即日领清，并不后少分文，外不书立领字。其有油树山土任从钱主耕管、捡收柴草，任从钱主坎（砍）发（伐）。不限远近，日后备得原本上门赎取。恐后无凭，立典字为据。

代笔　吴见舜

凭中　杨秀凤

内添十四个字。

同治七年十二月初九日　立

（来源：《天柱文书》第一辑第 7 册第 263 页）

GT－WDD－033／GT－043－105 同治八年三月二十四日蒋昌文典田字

立典田人蒋昌文，今家下要钱使用无从得处，自己将到土名剁马冲水一连五丘，收谷十二运，要行出典，无承受[1]。请中招到族叔政维承典为业。凭中三面议作价钱一十五千九百五十七文。其田任从钱主耕种收花，典主不得异言。今人不古，恐后无平（凭），立典字存昭（照）。

昌文　亲笔

凭中　政陶

同治八年三月二十四日　立典

（来源：《天柱文书》第一辑第 9 册第 178 页）

注：

（1）无承受："无"字下脱一"人"字，依其旧。

183

1-3-4-076 姜凤凰典田约（同治八年五月初二日）

立典田约人本寨姜凤凰，为因缺少银用无处得出，自愿将到冉厄田乙丘，约谷四石，界止：上凭大荣田，下凭沛仁田，左凭中保田，右凭路，四至分清，今同中出典与姜显国名下，实典艰四两整，亲手收足应用。自典之后，其田转放与典主粪种，任凭银主上田收分花，限至三年价到赎回。恐口无凭，立此典字是实。

同治八年五月初二日　克贞笔　立

（来源：《清水江文书》第一辑第 8 册第 76 页）

1-3-2-016 姜凤皇典田字（同治八年十一月初八日）

立典田字人木家姜凤皇，为因缺少银用无处所出，自愿将到皆绞田一丘，约谷七石，此田界趾（址）：上凭光朝、□沛之田，下凭兆珊之田，左凭福送之田，右凭田角与路为界，四至分清，今将出典与本家兄凤来名下承典为业。当日凭中议定典价艰银捌两整，亲手领用。其田自典之后，恁凭银主下田耕种，典主不得异言。恐口无凭，立此典字为据。

凭中　姜凤仪

［同］治八年十一月初八日　凤飞　笔　立

（来源：《清水江文书》第一辑第 7 册第 80 页）

1-5-2-028 姜奇凤典田约（同治九年正月二十四日）

立典田约人本寨姜奇凤，为因缺少银和无处得出，自愿将到培九田一丘，约谷□担，上凭路，下凭往弟，左凭代寅，右凭典主□，四至分明，今将出典与姜世显名下承典为业。凭中议定典价艰肆两整，亲手收足。其田自典之后，银主转放与典主耕种，限典至三年，每年秋收称租谷二百四十斤，不得短少。如有短少，银主下田耕种，典主不得异言。恐后无凭，立此典字为据。

九九戥借。

白洋□还。

　　　　　　　　　　　　　　　凭中　姜兆祥
　　　　　　　　　　　　　　　代笔　姜开祥

同治九年正月廿四日　立

　　　　　　　　（来源：《清水江文书》第一辑第 10 册第 203 页）

GT－WDD－034 ／ GT－043－104 同治九年二月五日游伯万典田字

　　立典田人游伯万，今因要钱使用无从得处，夫妻谪（商）议，自愿将到先年得典游恩开土名上茅坪大路边田式丘，收谷一拾肆运，移典与亲戚蒋昌江耕种收花为业。当日凭中三面议作典价钱陆千壹白（百）文，扣水。其钱即日领清入手用度，领不另书。任从钱主耕种收花，典主不得异言。日后备得原本上门抽约。恐后无凭，立典字执照。

　　立加典田人游伯万，情因所典二丘不敷用度，再将契内得典恩开之田一并转典蒋昌江名[1]，外加典价钱二千捌百文，扣水钱。其钱当即领清，外不书领。立加典字并批前典契内。

　　外家（加）典价钱四百文足。

　　　　　　　　　　　　　　　凭中　伯有
　　　　　　　　　　　　　　　政年
　　　　　　　　　　　　　　　亲笔

同治九年二月初五日　立典

　　　　　　　　　（来源：《天柱文书》第一辑第 9 册第 179 页）

注：
（1）蒋昌江名："名"下脱"下"字，从其旧。

GT－WDD－035 ／ GT－043－113 同治九年二月五日游伯万典田字

　　立典田人游伯万，今因要钱使用无从得处，夫妻谪（商）议，自愿将到先年得典游恩开土名上茅坪大路边田式丘，收谷一拾肆运，移典与亲戚蒋昌江耕种收花。当日凭中三面议作典价钱陆千文。其钱即日领清入手用度，领不另书。该田任从钱主耕种，典主不得异言。日后备得原本上门抽约。恐后无凭，立典

185

字执照。

凭中

同治九年二月初五日　游伯万典字

（来源：《天柱文书》第一辑第 9 册第 180 页）

1 –3 –2 –017 姜凤凰典田约（同治九年二月初六日）

　　立典田约人本寨姜凤凰，为因要银用无处得出，自愿将到冉乜党田一丘，约谷五担，界限：上凭坡，下凭路贵川田，左凭田，右凭田沟，今凭中出典与姜明高名下承典为业。当面议定艰六两整，亲手收用。其田自典之后，任凭银主管业，典主不得异言。恐口难凭，立此典字为据。

　　其田放与典主粪种，银主上田分花，候价到续（赎）回。

中

姜凤仪　开望

笔

同治九年二月初六日　立

（来源：《清水江文书》第一辑第 7 册第 81 页）

GT –WDD –036 ／ GT –043 –082 同治九年二月蒋政论、蒋昌陞叔侄典店场田字

　　立典店场田人蒋政论、昌陞叔侄，今因家下要钱使用无从得处，自愿将到土名桥头路边店场田一洞，收谷叁箩，行要出典。请中招到房族蒋政昌承典为业。当日凭中三面仪（议）作典价钱叁千弍佰文足。其钱即日清（亲）手领足，□不下疋分文[1]。令（另）不书力（立）领字。其田任从钱主柱造柱（住）座（坐），限至叁拾年满，典主上门续（赎）取，钱主移退，不得异言。钱主若要柱（住）座（坐），每年上取阻（租）钱捌伯（佰）捌拾文，典主不得异言。今欲有凭，立典是实为存照。

斿（游）伯发

凭中代笔　景星

同治九年二月吉日　立典

（来源：《天柱文书》第一辑第9册第181页）

注：

（1）□不下疋分文："疋"，相当于匹，量词读作 pǐ。又同"雅"。文中疑为"托延"之意。

1－5－2－033 姜玉梅典田字（同治九年四月二十九日）

立典田字人本家侄女姜玉梅，为婆婆忘固（亡故）缺少银用，无处所出，自愿将到党蒿之田二丘，上一丘上凭芳（荒）坪，下凭芳（荒）[1]，左凭岭，右凭大田角；又一丘，上凭大田，下凭山，左凭冲，右凭典主之田，四字（至）分清，今将此田出典与本家凤飞大爷名下承典为业。当日凭中姜大荣、姜大智、姜大明、姜凤冠议定价艰柒两式钱五分。口说无凭，立此典为据。

大智

凭中　姜兆祥　凤涵

大明

同治九年四月廿九日　大荣笔　立

（来源：《清水江文书》第一辑第10册第208页）

注：

（1）下凭芳："芳"下有脱字，从其旧。

13－1－1－004 杨正魁立典田字（同治九年十一月初八日）

立典田字约寨亚杨正魁，用度无出，自愿将地名果修田大小四丘，约谷二挑，凭中出典五显庙五房杨学海、杨宗娅、杨荣科、杨必超、杨通线众等承典为业。凭中议定价钱叁仟二佰文整，亲手收用。其田自典之后，恁凭买主管业，仍付典主佃种，每年称租二秤，斤两不要短少。如有短少，恁凭买主招别人佃种。立此典字为据。

凭中　正富

代字　本厚

同治九年十一月初八日　立

（来源：《清水江文书》第三辑第 1 册第 287 页）

GT－ZGP－006/GT－034－053 同治十年四月二日龙明珍典水田地契

立典水田地契人龙明珍，今因家下要银用无从得处，自己父子谪（商）议，情愿到土名鸭驾冲水田式丘出典，无人承就。自己请中上门问到周万寿名下承典，当日言定典价钱肆仟式百文整。其钱限致（至）叁年赎取，不得短小（少）分文，不致有误。今幸有凭，立此典契存照。

外：一年纳粮钱八十文。

凭房亲中　龙颜南（押）

同治拾年四月初二日　亲笔　立

（来源：《天柱文书》第一辑第 4 册第 217 页）

1－3－2－018 姜克贞加典田字（同治十年五月初八日）

立加典字人叔父克贞，今将皆抱库外边田壹丘，约谷五担，出典与侄吉清名下承典为业耕种。当日凭中议定加典价艰叁两式钱整，亲手领足。共四抵照前典字分明。此田以后任侄吉清下田耕种，叔父不得异言。恐口无凭，立此加典字为据。

内添二字。

外批：复限三年赎回。

凭中　姜凤飞

同治十年五月初八日　亲笔　立

（来源：《清水江文书》第一辑第 7 册第 82 页）

1－3－2－019 姜克贞典田字（同治十年五月初十日）

立典字人叔父克贞，今将皆抱库田壹丘，约谷式担半，上凭凤仪之园，下凭恩瑞之田，左凭典主，右凭银主先典之田，今将凭中出典与侄吉清名下承典为业耕种。当日凭中议定典价艰壹两五钱整，亲手领足。其有田明年银主下田耕种，典主不得异言。恐口无凭，立此典字为据。

外批：中截之田。

外批：凤飞戥。

凭中　凤飞

同治十年五月初十日　亲笔　立

（来源：《清水江文书》第一辑第 7 册第 83 页）

1-1-8-069 龙家琳典田字（同治十年九月十八日）

立老典田字人龙家琳，为因银用无出，今将先年得典瑶光河口姚伟堂加什之田，地名格料大田一丘，约谷十四石，上平（凭）世爵田，下抵之模田，右抵世培田，左抵水沟；又将土名冉腊田一丘，约谷三石，上平（凭）世爵田，下抵之毫田，左抵干埂世爵之田，右抵水沟，四至分明，凭中加典与姜恩瑞名下承典为业。当日凭中言定先年典过价银二十四，今又加典价银伍十三两五钱，二共合银七十七两伍钱，亲手收足。其田自典之后，恁从银主耕种，典主不得续（赎）取之理。恐口无凭，立此典字存照。

之斌
凭中　范
如玉

同治十年九月十八日　亲笔　立

（来源：《清水江文书》第一辑第 3 册第 379 页）

GT-GCH-024/GT-027-043 同治十二年五月一日杨启瑞领典田价钱字

立领字人来溪寨杨启瑞，今因家父先年得典皎环龙利川在春花田一丘，利川今已卖与春花龙学涵、林喜乐、林山川三人为业。三人向我相赎典契，典价已领清楚。所有典契此刻寻，我未获，当面立收领字付据，日后寻出以为故纸，不得执契再欲重赎。立收领字是实。

伍子川

凭中　龙武泮

杨宗永

亲笔

同治十二年五月初一日　立

（来源：《天柱文书》第一辑第 18 册第 25 页）

GT – ZGP – 007/GT – 034 – 050 同治十三年四月十三日潘代葵典油房地契

立典油房地契人潘代葵，自己情愿将到土名鱼塘冲油房壹间半欲行出典。自己问到潘仕发名下承典，当日言定典价钱式千文整。其钱亲领。其油房仕发名下耕管为息，备得原价上门赎取，不得短少分文。二主情愿，不得异言。今幸有凭，立此典字是实。

外批：油榨百业在内

请笔　代全

皇清同治拾三年四月十三日　立典

（来源：《天柱文书》第一辑第 4 册第 218 页）

1 – 3 – 2 – 021 姜克顺典田字（同治十三年十月十九日）

立典田字人本房□克顺，今将皆从乌井水坎上田壹丘，约谷式担，将典与本房侄吉庆名下承典耕种。当日议定典价艰式两三钱二分整，亲手领用。此田自典之后，限满三年价到赎回。恐口无凭，立此典字为据。

同治十三年十月十九日　亲笔　立

（来源：《清水江文书》第一辑第 7 册第 85 页）

GT – JDP – 162/GT – 012 – 167 光绪元年六月八日杨仲明土退典契字

立土退典契字样人杨仲明，今因领到杨占鳌兄弟典价钱壹仟文，先年得典地名江东冲头塘屋背恐门口长园壹坻（抵），典价壹并领清，并不下欠分文。日后仲明叔侄人等情（清）出典契，壹为故舌（纸）无用。日后无凭，立土退字样为据。

光绪元年六月初八日　立

（来源：《天柱文书》第一辑第 3 册第 165 页）

GT－WDD－041 ／ GT－043－109 光绪二年三月二十五日蒋政辰典田字

立典田人蒋政辰，今因家下要钱使用无从得处，夫妻商议，自愿将到土名茅坪过路田大小二丘，收谷七运，要行出典。请中招到房侄蒋昌江承典为业。当日凭中议作价钱捌千文足，即钱其日亲手领足[1]，并不下欠分文。其田任从钱主耕种收花，典主不得异言。日后备得原本上门抽约。今欲有凭，立典字为据。

自请蒋昌凤代笔

光绪二年三月二十五日　立典

（来源：《天柱文书》第一辑第 9 册第 186 页）

注：

（1）即钱其日亲手领足："即钱其日"一般作"其钱即日"，依其旧。

1－5－2－046 姜凤冠典田字（光绪二年十一月十一日）

立典田字人本房姜凤冠，为因缺少银用无处所出，自己将到培鸠田一间，约谷四但（担），上凭光朝之田，下凭李老往之田，左凭大京之田，右凭典主之田，四至分清。今凭中出典与本房姜凤彩名下承典为业。当日凭中议定典价艰七两伍钱叁分整，亲手收回应用。自典之厚（后），任凭艰主上田耕种管业。倘有不清，居（俱）在典主理落。典主不得议（异）言。恐口有凭，立此典字为据。

内错三字。

凭中　姜沛祥

代笔　凤文

光绪二年十一月十一日　立

（来源：《清水江文书》第一辑第 10 册第 221 页）

3 - 1 - 3 - 055 姜海珑立典田字（光绪三年八月十二日）

立典田字姜海珑，为因扒洞生理折本无归，替众伙计还账，自愿将羊勾田一丘、污扒田岭上三丘、冲三丘出典与姜东凤名下承典为业。当日凭中将账扣清，余本利艰捌拾式两柒钱，将田作典，日后限三年之内价到赎回。恐口无凭，三年之外价随到随赎。立此内田字为据。

外批：添三字，涂三字。

杨世英

凭中

姜卓英

光绪三年八月十二日　这年东凤先收禾花　亲笔立

光绪叁拾三年十二月初五日为召将银肆拾壹两叁钱五分赎污扒田六丘，价一半赎回，二比不得异言。此据。

凭中盛鳌　为召笔批

（来源：《清水江文书》第二辑第 1 册第 335 页）

1 - 5 - 2 - 067 姜开榜典田字（光绪八年九月十四日）

立典田字人文斗寨姜开榜，为因要钱用度无处所出，自愿将到地名太散田大小叁丘，约谷四担，界：上凭凤池之田，下凭坡，左凭口魁之田，右凭世俊之田为界，四至分明，今凭中出典与加池寨姜开周名下承典为业。当日凭中议定价钱七千式百文，亲手领足。此田自典之后，任凭钱主上田耕种管业，典主不敢异言。如有种足叁年，价足赎回。今恐无凭，立此典字为据。

凭中　姜德生

光绪八年九月十四日　立

（来源：《清水江文书》第一辑第 10 册第 242 页）

GT – WHX – 011 ／ GT – 009 – 189 光绪六年十月十九日杨安乐、杨永富、杨永天退典田约

立退约人杨安乐、永富、永天，先年祖人得典刘楚坤江边田间退四运，典价钱四千文足，以（一）时原契不知失漏若处[1]，日浚（后）若执此字出来 以 为故纸无用。立退约是实。

楚书

凭中 刘恩全

杨安成

永富笔

光绪六年十月十九日 立退

（来源：《天柱文书》第一辑第 7 册第 12 页）

注：
（1）以时原契不知失漏若处："以"当作"一"，"若处"，一般作"何处"，从其旧。

GT – WDD – 052 ／ GT – 043 – 086 光绪七年二月蒋政儒典田字

立典田人契蒋政儒，今因家下要钱使用无得处，自愿将到土名垃寨脚过路边田一涧，收谷一运，要行出典。自己上门问到堂娘游氏爱真、杨氏魁真二人承典为业。当日对面仪（议）作典价钱壹千陆伯（佰）文。若有误者，任从二人下田耕种收花，典主不得异言。立是实。

亲笔

光绪七年二月吉日 立典

（来源：《天柱文书》第一辑第 9 册第 197 页）

1 – 3 – 2 – 025 姜飞珊收退典田清字（光绪七年九月十一日）

立收清字人加池寨姜飞珊，因先年得典文斗寨姜世模、姜世俊弟兄叔侄□田一丘，地名上皆绞，典价九两陆钱整，今世模、世俊弟兄备典价赎回，亲手收足。其有典契急时难以寻出，日后寻出以为故咘（纸）无用。恐口无凭，立

193

此收清字是实。

内添一字、涂一字。

凭中 风芳 兆胡

光绪柒年九月拾一日 并笔 立

（来源：《清水江文书》第一辑第 7 册第 91 页）

1-3-2-026 李老往父子典田字（光绪八年二月十八日）

立典田字□李老往父子，为因缺少银用无处得出，自己将到先年得□克顺田弍丘，地名培鸠□□一丘、冲一丘，约谷八担，此田之四抵照主家老契。今凭中转□家姜克顺承典为业。当日议定典价艰九两整，亲手领用。自典之后，□主下田耕种为业。恐口无凭，立此典字为据。

中
姜化龙
笔

光绪八年二月十八□ 立

（来源：《清水江文书》第一辑第 7 册第 92 页）

GT-JDP-001/GT-012-004 光绪八年四月十九日杨承瑚典田土退契字

立吐退字样领钱人杨承瑚，今因先年得典罗炳开之田，土名大坺丘田乙丘，又并房树脚田乙间，又并老井塘田乙丘，乙共二张契，以为上门赎取，不得短少，并无下欠文。其有典契寻至不出，日后寻出典契，以为故纸无用，不得异言。恐后无凭，立吐退字样为据。

凭中 杨成喜

光绪捌年四月十九日 请代笔 清贤 立

（来源：《天柱文书》第一辑第 3 册第 2 页）

GT－WDD－057 ／ GT－043－111 光绪八年十二月十七日蒋昌禄、蒋景和叔侄领赎典田价钱字

立领赎典价钱字人蒋昌禄、景和叔侄，先年父亲得典蒋政秩名下土名招禾塝脚田一丘内一涧，收谷六运，今因领到 矮 兄蒋昌江名下照老契价钱叁拾六千二百文，其钱即日领清[1]，并不下欠分文。其有老字未退，日后执出以为故纸无用。今欲有凭，立领字为据是实。

凭中　蒋开德
亲笔

光绪八年十二月十七日　立领

（来源：《天柱文书》第一辑第9册第202页）

注：

(1) 其钱即日领清：原文作"即其钱日领清"。

GT－WHX－011 ／ GT－011－197 光绪八年十二月二十四日杨宗玉典字

立传（转）噹（当）人杨宗玉，今因要钱使用无从得处，自上门问伊亲蒋昌有名下承典为业，当日议作典价钱式千五佰文足。其钱即日领亲（清），并不下少分文。立典不得言。立典字是实。

自请杨新开

光绪八年十二月二十四日　立典

（来源：《天柱文书》第一辑第7册第83页）

1－3－2－028 姜恩荣典田字（光绪十一年十二月十一日）

立典田字人本寨姜恩荣，为因缺少艰用无处得出，自愿将到田一丘，地名皆乜德，界趾（址）：上凭兆明田，下凭弟祖，左凭恩秩田，右凭大路，四至分清。今将出典姜玉秀名下管业。议定价艰三两〇五分整，亲手收足。自典之后，任凭艰主下田耕种管业，典主不得异言。恐口难[1]，立此为据。

凭中　沛祥

笔　风岐

光绪十一年十二月十一日　立

（来源：《清水江文书》第一辑第 7 册第 94 页）

注：

（1）恐口难：“难”下脱一“凭”字，依其旧。

5-1-4-043 朱本鸿立典田字（光绪十二年五月二十九日）

立典字人长杆寨朱本鸿，今因缺少用钱无处得出，自愿将到坐落土名九拥田二丘，计谷七担，上凭屋基，下凭蒙姓之田，左凭坡，右凭路，四至分明，要钱出典。自己请中上门问到彭仁彬名下承典。当日三面言定典价钱陆仟文整。其钱亲手领回应用。其田每年认租谷三百斤，不限远近归续（赎）。今欲有凭，立此典字为据。

内添二字、涂一字。

凭中　杨炳
代笔　川弟龙利川

光绪十二年五月廿九日　立

（来源：《清水江文书》第二辑第 5 册第 181 页）

3-3-1-074 姜怀德立典田字（光绪十二年八月二十一日）

立典田字人姜怀德，为因家中缺少银用无得得出，自愿将到祖遗田一丘，坐落地名卧随，今将出典与姜海治名下承典为业。当面凭中议定价艰陆两零捌分，亲手收回家应用，不得短少分文。任凭艰主耕种管业，典主不得异言。恐口无凭，立此典田字［人］为据(1)。

凭中　姜怀庆
代笔　姜正荣

光绪拾式年捌月二十一日　立

（来源：《清水江文书》第二辑第 3 册第 74 页）

注：

（1）立此典田字为据："人"为衍字。

1–11–1–006 姜记明弟兄立典田字（光绪十二年十二月初八日）

立典田字人本寨姜记明弟兄，为因缺少艰用无处所出，自愿将到地名补先田一丘，约谷四担，上凭显国之田，下凭吉兆之田，左凭典主之田，右凭沟为界，四至分清，今凭中出典与姜凤沼名下承典为业。当日凭中议定价艰四两四钱八分整，亲手领足，其田自典之后，任凭艰主上田耕种管业，典主不得异言。恐后无凭，立此典字存照。

手指花押⁽¹⁾

光绪十二年十二月初八日　请中　姜恩厚笔　立

（来源：《清水江文书》第三辑第6册第475页）

注：

（1）手指花押："花押"通常写作"画押"。本契约是比较特殊的一种情况，原契中有三个手指印记，即"手指花押"。

GT–WDD–065 ／ GT–043–028 光绪十三年三月二十八日蒋景堂、蒋景顺典田字

立典人田蒋景堂、蒋景顺，母子謪（商）乂（议），今因要钱使用无从得处，自愿将到土名叚水田一丘，收谷四运，要行出典，无人承受。请中昭（招）到蒋昌敬承典为业。当日凭中乂（议）作典价钱捌阡（仟）肆佰文足，即日亲手领足，并不下欠分文。立典是实。

外不书立领字。

中　蒋昌玉
自请昌云代笔

光绪拾叁年三月二十八日　立典

197

（来源：《天柱文书》第一辑第9册第210页）

1 −4 −1 −111 姜述相典田字（光绪十三年十二月十一日）

立典田安人姜述相，为因缺少艰用，自愿问到地名乜丹田大小八丘，下凭冲，上凭岭，四自（至）分清，出典与姜盛法名下管业。议定价艰伍两一钱整，亲手收足应用。其田自典之后，日后管业叁年之内，日后不得归还。远（永）远发达存照。

际齐等（戥）子[1]。

凭中　姜际齐

代笔　龙在川

光绪十三年十二月十一日　立

（来源：《清水江文书》第一辑第9册第111页）

注：

(1) 等子，一般作"戥子"。

1 −5 −2 −095 姜万成典田字（光绪十三年十二月十三日）

立典田字人本寨姜万成，为因家下缺少银用无所出处，自愿将到地名卡棚之田一丘，约谷九但（担），所有界限：上凭开周之田，下凭文斗之田，左凭路，右凭沟为界，四字（至）分明，今将出典与姜吉祖名下承典为业。当日议定价良（银）九两整，亲手收回应用。其田自典之后，价到赎回，不得异言。恐后无凭，立此典字为据。

凭中

姜显德

代笔

光绪十叁年十二月十三日

（来源：《清水江文书》第一辑第10册第270页）

6－35－1－006 王荣安立典田契（光绪十三年十二月二十九日）

立典田契人王荣安，今因缺少艰用，自愿名下承典田乙丘，地名下堂通，本寨王金仁名下承典本艰四俩（两）捌钱贰分整，不限远定（近）归还。恐口无凭，立有典字为据是实。

凭冲（中）　王安照

光绪十三年十二月廿九日　立典字

（来源：《清水江文书》第二辑第 9 册第 422 页）

1－3－2－031 姜恩荣典田字（光绪十五年二月十二日）

立典田字人本家炮（胞）兄恩荣，为因家中缺少银用无处得出，自愿将到皆乜得田一丘，界趾（址）：上凭兆明之田，下凭显国之田，左凭恩秩之田，右凭大路，四字（至）分清，凭中出典与本□胞弟　　　当日凭中议定典价宝银叁两六钱九分整，亲手收足。至（自）典之后，恁田主下田耕种，银主上田分花，二比不得异言。日后不居（拘）永（远）敬（近）价到续（赎）回。恐口难凭，立此典字是实。

凤至
凭中堂□　姜
渍祥
代笔　凤文

光绪十五年二月十二日　立

（来源：《清水江文书》第一辑第 7 册第 97 页）

GT－GYD－108/GT－003－074 光绪十五年十月十一日龙沛来典田契

立典田契人亚化勤洞村龙沛来，今因要钱使用无所出处，自愿将到土名亚化高伦冲大田一丘，收花禾九十六稿，上抵王海交田，下抵胡姓田，左抵古路，右抵坡为界，四至分明，要钱出典。先问房族，无钱承典。自己上门问到攸洞伍荣厚承典。当日凭中言定价钱九千文。其钱亲手领足应用。其田付与典主耕管收花为利。其钱作银价六两二分，限至二年赎转，不和有误。恐口无凭，立有典契存照。

凭中

龙清庆

代笔

光绪十五年十月十一日　立典

（来源：《天柱文书》第一辑第 12 册第 110 页）

注：

在本契约中，九千文折银六两二分，银钱比价为 1∶1495。

1–1–2–066 姜献义叔侄典田字（光绪十五年十月十二日）

立典田字人本寨姜献义叔侄，为烟（因）缺少钱用，自愿将到田培鸠大小田丘下二丘，上凭金未之田，下凭显邦之田，右凭显清之田，左凭沟；又上式丘，上凭恩瑞之田，下凭吉祖之田，左凭水沟，右凭显清之田；冲一丘，上显清，下凭显清，左凭领（岭），右凭山，四字（至）分清，今将凭中出典与唐第筒、第兄二人名下承典为业。当日凭中议定价钱陆仟玖佰文，亲手收足。字（自）典之后，上田耕种，日后不俱（拘）远近续（赎）回。恐口难凭，立此典字存照。

墨一字、添一字。

凭中　姜沛祥

光绪拾伍年十月十二日　亲笔　立

（来源：《清水江文书》第一辑第 1 册第 177 页）

1–2–2–101 姜凤歧典田约（光绪十五年十月十九日）

立典田字人加池寨姜凤歧，为因家下缺少艰用无处得出，自愿将到皆于大田一丘出典与文斗姜卓相名下承典为业。当日三面凭中议定典价四十玖两壹钱整，亲手收足应用。其田既（自）典之后，恁凭艰主管业，典主不得异言。其田界止：上凭凤文，下凭山，左凭显国之田，右凭显韬之田，四至分明。不居

（拘）远近价到赎回。恐口无凭，立此典字为据。

加池姜开胜

凭中

文斗姜遇胜

凤文的平兑

光绪拾伍年拾月拾玖日　亲笔　立

（来源：《清水江文书》第一辑第 4 册第 226 页）

GT－WDD－067 ／ GT－043－004 光绪十六年一月二十四日蒋景相典园字

　　立典园人蒋景相，今因家下要钱使用无从得处，母子商议，自愿将到土名大茶原园二副，要行出典。请中招到，典与堂叔昌江名下承典为业。当日凭中仪（议）作价钱四百四十文足。其钱即日领清，并不下欠分文，外无领字。自典之日，任从钱主耕种为息，日后备得原本上门抽约，典主不得异言。口说无凭，立典字为据。

亲笔

光绪十六年正月廿四日　立

（来源：《天柱文书》第一辑第 9 册第 212 页）

GT－SBD－018 ／ GT－007－016 光绪十九年四月十六日马大年典田契

　　立典田契人摆洞寨马大年，今因要钱用度无从得处，自愿将到土名圭忍冲田一丘，上坻（抵）龙姓田地土为界，下坻（抵）年生田为界，左坻（抵）典主为界，右坻（抵）草坡为界，四志（至）分明，要钱出典。自己上门问到本寨陈万祖承典。当面议定价钱式千二百文整。其钱典主领足入手应用。其田承典主管业限至五年，之外任（仍）旧庇（备）价赎取，不得异言。若有异言，恐口无凭，立有典字为据。

讨笔　龙道珠

光绪拾玖年四月十六日　立典

（来源：《天柱文书》第一辑第 2 册第 97 页）

201

1-2-2-104 姜凤歧典田字（光绪十九年五月初六日）

　　立典田字人本家姜凤歧，为因要银用度无处得出，自愿将到补先之田一丘，约谷柒石，界止：上凭显韬田，下凭恩瑞田，左凭沟，右凭显韬田，四至分清。今出典堂侄姜献义名下承典为业。当日凭中典价银八两整[(1)]，亲手收足应用。自典之后，恁凭银主上田分谷。今口无凭，立此典字为据。

　　内添一字、除一字，戬凤歧的。

凭
姜凤璋
中

光绪十九年五月初六日　亲笔　立

（来源：《清水江文书》第一辑第 4 册第 229 页）

注：

（1）当日凭中典价银八两整："中"字下有脱字，从其旧。

GT-SBD-019 ／ GT-007-032 光绪十九年六月十三日马大年典田契

　　立典田契人摆洞寨马大年，今因要钱使用无所出处，自愿将到土名圭任冲田二丘，上抵典主田为界，下抵陈年森田为界，左抵溪为界，右抵山为界，四至分明，要钱出典。请中上门问到本寨陈万祖名下承典。当面凭中议定价钱壹拾贰仟捌百文整。其钱亲领足入手应用。其田付与典主耕管为业，限定十年将赎。自典之后，不得异言。若有异言，恐口无凭，立有典字为据。

凭中
吴永亨
讨笔

光绪十九年六月十三日　立字

（来源：《天柱文书》第一辑第 2 册第 98 页）

3-1-1-105 姜元贞立典田字（光绪二十年六月二十一日）

立典田字人姜元贞，为因生理缺少用度无处得出，自愿将到思些大田一丘作典与姜氏西月名下，议典价银拾陆两八钱，亲手收回应用。其田自典之后价到赎回。此田逐年下田分花。今欲有凭，立此典字为据。

外批：又扣还为宏之宝银式两八钱三分，付还西月，扣元贞名下。共典廿九两八钱整。

凭中　姜为宏

光绪二十年六月二十一日　亲笔　立

元贞典字

（来源：《清水江文书》第二辑第 1 册第 105 页）

6-1-1-023 龙普临立典田契字（光绪二十年七月二十八日）

立典田契字人本寨龙普临，今因家下要银使用无处所出，自愿将到坐落土名般金伍田一丘承典[1]。自己问到本寨王金海名下承典叁年，对迅价银八钱七分整，限叁年转回，不得有误。恐口无凭，立有典契存照。

两家发

内天（添）"八钱七分"。

凭中　王见忠
代笔　龙政河

皇上式拾年七月二十八日　立典

（来源：《清水江文书》第二辑第 5 册第 284 页）

注：

（1）自愿将到坐落土名般金伍田一丘承典："承典"当作"承典"，从其旧。

6-3-1-023 王荣运立典田契字（光绪二十一年二月清明日）

立典田契字弟兄王荣运一人，今因家下要银用度无处所出，自己心愿将到坐落田地，土名便大溪边典田一丘，收花六秤，上下左右分明，并无参杂，要

203

银出典。兄弟一人自己上门问到族内侄弟王荣鉴名下承典为业。当日议定价银六两一钱整，其田典主耕种，其银付与兄弟乙人领足，毫无下欠，不得异言。日后若有，将银赎退耕种一年，不得异言。若有出卖耕种三年，不得翻悔。恐后无凭，立有典字为据存管耕种是实。

内添五字。

亲笔　王荣寿

光绪乙未年式月清明日吉　立典

（来源：《清水江文书》第二辑第 5 册第 417 页）

6 - 40 - 1 - 007 王宏斌、王宏□立典田契字（光绪二十一年四月二十五日）

立典田契字人王宏斌、宏□二人，今因家下要银使□□所得出，自己典到地名他宋□□丘，收花拾秢，□□本寨王玉东名下承典。当日凭中议定典价壹拾式两捌钱三分，不限远近赎回。其艰田主〔典〕亲领。其田付与典主耕种收花，日后田主将本艰赎还，田契缴回。恐口无凭，立有典契字约存照为据。

凭中　王宏俊
亲笔

光绪二拾一年四月二十五日　立典是实

（来源：《清水江文书》第二辑第 10 册第 469 页）

6 - 22 - 2 - 021 王德光立典田契字（光绪二十一年五月二十四日）

立典田契字人本房王德光，今因要银用度无所得出，自愿将到朗禄水田一丘，收花二十□，请中问到本房王永明名下承典，二比言定典价文（纹）银三两三钱八分，限至一年转续（赎）。倘若不续（赎），恁认永明永远耕种作利。恐口无凭，立此典字为据。

代笔　邦智

光绪二十一年五月二十四日　立

（来源：《清水江文书》第二辑第 8 册第 266 页）

1-3-2-034 姜兆璠父子典菜园字（光绪二十一年十二月二十五日）

立典菜园字人本寨姜兆璠父子，为因家下缺少用度无处所出，自愿将到地名大塘坎口园下厅出典与姜风来名下承典为业。当日凭中议定典价钱壹仟伍佰文，亲手收足。此园上凭典祖（主），下凭风德，右凭坎，左凭坎，四字（至）分清。自日后不得异言。恐口凭，立此典字口据。

批：又钱三百文，合钱一千八百文。笔。

子　亲笔

光绪贰拾壹年十二月廿五日　立

（来源：《清水江文书》第一辑第 7 册第 100 页）

1-3-2-037 姜世俊典田字（光绪二十二年二月十一日）

立家（加）典田字人姜世俊，口田地名太善田乙丘，出典与加池凤连名下管业，议定价银壹拾伍两四钱整。清（亲）手收足。

子登科亲笔　　口　立

光绪二十二年二月十一日　立
外批：价到叔（赎）回。

（来源：《清水江文书》第一辑第 7 册第 103 页）

GT-JDP-183/GT-012-161 光绪二十二年五月二十四日杨灿章、杨树培、杨元益等吐退典字

立吐退字人杨灿章、树培、元益、新益、再朝、秀来、钱平，今我众首叔先年得典杨成新无公冲口水田一丘，其田杨占春赎出来，典钱陆仟五百文正。其有元（原）契以为故纸无用。立吐退字为据。

光绪廿二年五月廿四日　杨树培亲笔　立

（来源：《天柱文书》第一辑第 3 册第 188 页）

3-1-3-074 姜作武、姜作桢、姜松主立典田字（光绪二十二年七月初二日）

立典田字人姜作武、姜作桢、姜松主，为因商议下武昌缺少银用，无处得出，自愿将到父亲先年得典海珑之田，大小七丘，地名洋姤田一丘，界限：上下凭德芳，左凭之歧，右凭德芳；又一处，地名污扒田，大小陆丘，约谷共式拾肆担，今将请中出典与姜盛永名下承典为业。三面议定典价宝文（纹）肆拾两零捌钱正[1]，亲手收足应用。其田至（自）典之后，任凭银主下田耕种管业，典主不得异言。其田典限至三年，之外价到赎回。今欲有凭，立此典田字存照为据。

外批：于光绪式十七年式月二十日作桢将银式拾两零九钱赎回。污扒岭上田一连叁丘。代笔姜盛周。凭中姜克顺。

凭中　姜登云

此宝银过银主的平[2]。

光绪式拾式年七月初二日　作武笔　立

（来源：《清水江文书》第二辑第1册第354页）

注：

（1）三面议定典价宝文肆拾两零捌钱正："文"字下脱"银"字，从其旧。

（2）"平"，指秤。

1-3-2-038 姜恩科典田字（光绪二十三年二月初八日）

立典田字人姜恩科，为因婚事，自愿将到里甲田一丘，上凭银主，下凭元英，左凭银主，右凭山，四至分明。今出典与姜风来名下。当日凭中议定典价银八两五钱整，亲手收足。自典之后，恁凭银主耕种管业。其田典足三年价到赎回，日后不得异言。恐口无凭，立此典字是实。

凭中　姜恩荣

光绪二十三年二月初八日　亲笔　立

计批：宝银式块，重八两五钱，日后恐用洋钱，每两照三钱六申水。首饰银不行。其有赎价，照先去宝银无事。

（来源：《清水江文书》第一辑第 7 册第 104 页）

1-2-8-023 姜元英弟兄典田字（光绪二十三年二月二十三日）

立典田字人嘉池寨姜元英弟兄，为因缺少银用无出，自愿将到祖遗分占屋角之田壹丘，约谷式拾肆担，地名党他，上凭姜兆瑞之田，下凭奚园，右凭苍（仓）角，左凭典主小田为界，四抵分清，今将凭中出典与党秧村杨胜明名下承典为业。当日凭中议定价宝银叁拾捌两整，亲手收回应用。自典之后，恁凭银主管业，典主不得异言。其田每年秋收之日，每两上租谷四拾斤，诀（绝）不有误。如有误者，任凭银主上田耕种。此田不俱（拘）本年与来年之时，价到赎回。口说无凭，立此典字是实。

内添一字。

凭中　姜通荣

杨胜 黄

光绪式拾叁年式月廿三日　元英亲笔　立

（来源：《清水江文书》第一辑第 6 册第 190 页）

1-2-2-106 姜元英弟兄典田字（光绪二十四年正月十三日）

立典田字人本房姜元英弟兄，今因缺少银用无处所出，自愿将到祖遗之田壹丘，地名培故禾田，界止：上凭典主田，下凭兆瑞之田，左凭山，右凭水沟为界，四字（至）分清。今将凭中典与姜凤沼名下承典为业。当日凭中议定典价银拾两〇伍钱整，亲手领回应用。其银两每年秋收每两当谷利伍十斤，缺（绝）不有误。其田不俱（拘）远近价到赎回。恐口无凭，立此典字是实。

外批：此银拾两〇伍钱系是恩志陆两正，风（凤）沼肆两〇五钱。各照。此批。

凭中　姜凤玉

光绪廿四年正月十三日　亲笔　立

（来源：《清水江文书》第一辑第 4 册第 231 页）

19-1-1-002 滚乔发立典园地字（光绪二十四年三月十七日）

　　立典元地字人滚乔发，今因家下缺少银用无出处，自愿将到坐落所□引旭元（园）地一团，上抵路，下抵乔包，左抵林玉弟兄元（园），右抵成万元（园）地为界，四至分明，要银出典。请中问到房□□秀发承典。议定文（纹）银六钱整，限到十年之内德（得）银退专（转），不德（得）银退专（转），永远管业。恐口无凭，立有典字为据。

笔　秀全

凭中　晚信

光绪廿四年三月十七日　立

（来源：《清水江文书》第三辑第 2 册第 312 页）

3-1-1-117 姜元亨、姜元发弟兄立家老典字（光绪二十四年五月初九日）

　　立家老典字人姜元亨、姜元发弟兄，为因缺少银用无处得出，自愿将到思些大田一丘，其田界限：左右凭坡，上凭典主，下凭田角与克兆为界，今将出典与姜宣熙弟兄名下承典为业。当面凭中议定价银十两零四钱一分六厘，亲手收回应用。其田自典之后，恁凭典主耕种管业，典主不得异言。今欲有凭，立此典字为据。

凭中

姜惟清

代笔

光绪二十四年五月初九日　立

（来源：《清水江文书》第二辑第 1 册第 117 页）

1-2-4-063 姜元英弟兄典田字（光绪二十四年六月十一日）

　　立典田字人本房姜元英弟兄，为因要使用无处所出，自愿将故供田一丘，约谷式担，界止：上下□兆胡之田，左典主田，右凭显贵小田为界，四至分清。今将凭中出典与姜开连名下为业。当日议价银式两整。其银每年秋收每两上却

（脚）谷五十斤，此田不俱（拘）远近价到赎回。口说无凭，立此典字是实。

凭　姜忠连

光绪廿四年六月十一日　亲笔　立

（来源:《清水江文书》第一辑第 5 册第 63 页）

1－2－2－108 姜元英弟兄典田字（光绪二十四年六月十九日）

立典田字人本房姜元英弟兄，为因缺少银用无处所出，自愿将□□田一连式丘，约谷十担，界止：上凭芳（荒）坪与银主田，下凭兆胡与显贵之田，左右凭显邦为界，四抵分清，今将凭中出典与姜开胜名下承典为业。当日议定价银玖两整，亲手领回应用。自典之后，每年秋收每两上脚谷五十斤。其田不俱（拘）远近价到赎回。口说无凭，立此典字是实。

凭中　陆光昌

光绪廿四年六月十九日　亲笔　立

（来源:《清水江文书》第一辑第 4 册第 233 页）

1－2－2－109 姜元英弟兄典田字（光绪二十四年六月二十六日）

立典田字人本房姜元英弟兄，为因缺少银用无处得出，自愿将故□田壹丘，约谷式担，界止：上下凭兆胡田，左凭兆胡田角，右凭显贵小田为界，四抵分清。今将出典与姜开胜名下承典为业。当日议定价银叁两伍钱整，亲手领回应用。其银□照月加三行息，诀（绝）不有误。如有误者，任凭银主下田耕种。口说无凭，立此典字是实。

凭　姜凤玉

光绪廿四年六月十九日　亲笔　立

（来源:《清水江文书》第一辑第 4 册第 234 页）

3－1－1－120 姜老甲立典田字（光绪二十五年正月二十五日）

立典田字人姜老甲，为因前年亲事缺少银用，欠到姜盛永名下宝银壹拾叁

209

两式钱，无银归还，自愿将到先年得典姜克荣东牛大田一丘，约谷九旦（担），其田至（自）典之后，悉凭银主下田耕种，限至三年价到赎回，不得有误。口说无凭，立此典田字为据。

凭中　姜登云

代笔　傅志怀

光绪廿五年正月廿五日　立

（来源：《清水江文书》第二辑第 1 册第 120 页）

1-1-2-093 姜元英兄弟典田字（光绪二十五年三月初四日）

立典田字人加什寨姜元英兄弟，为因缺少银用无处所出，自愿将到祖遗之田二处，一处地名党他，约谷弎十担，界止：上凭竹园，下凭菜园，左凭苍（仓）角，右凭典主小田；又一处地名皆于，约谷二十四担，界止：上凭凤文之田，下凭山，左凭显国田角，右凭显韬田角为界，四抵分清，今将请中问到文斗姜德相兄弟名下承典为业。当日凭中议定宝银壹百陆拾玖两伍钱捌分整，亲手领回，不欠分厘。其田自典之后，悉凭银主管业，典主房族不得异言。其田不俱（拘）远近价到赎回。倘有不清，俱在典主理落，不管（关）银主之事。口说无凭，立此典字是实。

此田姜献义已备价赎回，日后仍准元俊后人取赎。此批。中华民国九年正月廿八日德相笔批。凭中姜坤相。

潘继忠

凭中

姜忠耀

光绪二十五年三月初四日　亲笔立

（来源：《清水江文书》第一辑第 1 册第 204 页）

6-27-1-042 王和顺立典田契（光绪二十五年七月初四日）

立典田契字人本寨王和顺，今因要银使用无从得处，自愿将到坐落地名产兄田一丘，　□　，四至分□，要银出典。自己上门问到本寨王建堂名下承买典为业。当日三面议定价银一两一钱二分整。其钱典与满三年□赎回归，不得异言。若有不 ☐ ，典主理落。立有典字存照。

代笔 □永富

光绪贰拾伍年柒月初肆日 立

（来源：《清水江文书》第二辑第 8 册第 492 页）

GT－ZGP－040/GT－014－115 光绪二十五年十二月二十六日潘通江典水田地契

立典水田地契人潘通江，今因家下要银使用无从得处，自己夫妻商议，情愿将到水田土名园天冲渔 塘 边水田壹丘，上抵典主田，下抵通明田，左右抵路，四抵分明，欲行出典，无人承受。自己上门问到潘光世名下承典。当日凭中言典价钱式仟肆伯（佰）捌拾文整。其钱亲手领。其田应（任）从典主，限三年登门续（赎）取，不得短少分文。今幸有凭，立此典契存照。

外添内一字、典价□四□。

凭中 潘通尧
笔 光彬

光绪二十五年十二月廿六日 立

（来源：《天柱文书》第一辑第 4 册第 145 页）

GT－WHX－195 ／ GT－011－136 光绪二十六年三月六日蒋泰盛领典老屋埰上仑思科钱字

立领典老屋埰上仑思科钱人蒋泰盛，今因领到蒋昌凤、景星典价钱，照典契一概领清，无欠分文。日后子孙寻出老字，以为故至（纸）无用。恐口无凭，立领是实。

自请代笔 蒋景诏

光绪二十六年三月初六日 立领

（来源：《天柱文书》第一辑第 7 册第 279 页）

211

6-3-1-029 吴吉焕、吴吉恩立典田字（光绪二十六年十二月初八日）

立典田字人更我村吴吉焕、吴吉恩，今因缺少银用无所出处，自愿将到凸寨高老田一丘出典与孟寨王金锡名下承典为业。当日言定价银式拾叁两整。其田限至三年归赎，退回字约，元（原）主不得异言。若有异言，立有典字为据。

外批：内添一字、涂一字。

凭中　王玉坤

亲笔

光绪式拾陆年十二月初八日　立典字

（来源：《清水江文书》第二辑第 5 册第 423 页）

注：

（1）自愿将到：原作"自将愿到"。

GT-WDD-080 / GT-043-096 光绪二十七年三月二十八日蒋昌吉典田契

立典田人蒋昌吉，今因家下要钱使用无从得处，自愿将到土名田段溪坎上水田一洞[1]，收谷四运，上诋（抵）景魁、昌云，左诋（抵）景祥，右诋（抵）溪，下诋（抵）承典主，四至分明，将来出典房侄景澍兄弟名下承典为业。当日三面议作典价钱花青典钱陆阡（仟）文正。其钱即日领清，并不下欠分文，外不另立领字。自典之后，任从承典主耕种收花，出典主不得异言。今欲有凭，立典字为据。

子笔　景宁

凭中　陈元宝

光绪二拾七年三月二十八日　立

（来源：《天柱文书》第一辑第 9 册第 225 页）

GT - SBD - 096 ／ GT - 007 - 109 光绪二十九年闰五月二十六日龙大玖、龙大刚兄弟典田契

立典田字契字人龙大玖、龙大刚兄弟二人，今因家下缺少用度无从得处，自愿将到面分土名上众田一丘，上抵典主，下抵龙吉根，左右抵坡为界，四至分明，凭家长中证典与刘清广名下，三面议作典价银拾两零肆钱正。其照市通用[1]。自典之后，任从银主下田耕管收花，不得异言。日后备得原本上门续（赎）约，典主不得异议。恐口无凭，立此典字为据。

凭中　杨招福

代笔　龙昌□

光绪式拾玖年后五月廿陆日　　□

（来源：《天柱文书》第一辑第 2 册第 182 页）

注：

（1）其照市通用："其"后疑脱一"银"字，从其旧。

3 - 2 - 2 - 100 姜盛清立典田字（光绪二十九年十一月初四日）

立典田字人姜盛清，为因生理要银还账无处得出，自己登门问到，所将虎培补养皆农大田一丘、下坎小丘、虎培南一丘，大小三丘，禾谷十二旦（担），今将请中出典与姜景荣弟兄名下承典为业。当日凭中议定典价实宝银式拾陆两整，亲领回应用。其田自典之后，限至三年价到赎回。银主耕种管业，典主不得异言。恐后无凭，立此典字为据。

外批：合食银式钱六分。

凭中　姜绍贞

光绪二十九年十一月初四日　亲笔　立

（来源：《清水江文书》第二辑第 2 册第 241 页）

GT - SCM - 039 ／ GT - 007 - 225 光绪三十年二月十七日龙尚广收典田价银字

立收典田价银字人冷水寨龙尚广，今收到先年父亲备银得典妙福村龙建广、

213

龙建保之田，坐落地名盘脚大小田八丘，又有一处地名什鲁河边田乙丘，当年二比面言典价银叁两五钱正。自典之因苗 遭 乱失落典契，迄今田主之子龙化堂备得原价登门赎回。因失契椽（缘）故，余亲立收字付与田主执照。恐后访查寻获典契以为故纸，不得藉端滋事。恐后无凭，立有收字〔为〕永远为据存照(1)。

内添五字。

　　　　　　　　　　　　　　　凭中　欧玉仁
　　　　　　　　　　　　　　　请笔　国珍

光绪三十年弍月拾柒日　立

（来源：《天柱文书》第一辑第 2 册第 322 页）

注：

（1）立有收字为永远为据存照："收字为"当作"收字"。

GT–GSH–125 ／ GT–024–220 光绪三十年一月十七日龙岳彩典园地契

立典园地契约字人演德岳彩，祖父先年得典岑孔村龙金连，咸丰元年得典本寨园一团，今因龙岳彩无所出处，自愿将到土名中间寨园一团，东抵典主地基砍（坎）三角，南抵路，西抵路，北抵典主地基。四至分明，要钱转典。请中问等冲龙显德、钟兄弟二人承转典，言定典价八千文整。其钱亲手领足。其园付与典主耕管，不限远相赎(1)。自典之后，不淂（得）异言。恐口无凭，立典字为据。

内添四字、改一字。

　　　　　　　　　　　　　　　凭中　龙和兴

光绪三十年正月十七日立

（来源：《天柱文书》第一辑第 16 册第 139 页）

注：

（1）不限远相赎：常作"不限远近相赎""不限远近归赎"，此句"远"字后脱"近"字，从其旧。

GT－JDP－017/GT－012－028 光绪三十年三月八日王昌举、王昌喜典田契

　　立契典田人契王昌举、王昌喜，今因家下要钱使用无从得处，兄弟学商议，情愿将到自己面 分 □名地坊 水 田刚己田壹间，收谷四箩，上坻（抵）王广德，下坻（抵）王昌鳌，右坻（抵）昌明，左坻（抵）钱主，四坻（抵）分名（明），要行去（出）典，无人承就。请中招到王门罗氏李桃名下承典，当日凭中三面言定典价钱正九一钱伍千二百八十文。其钱即日照契壹并领，不下欠分文。其田典与钱主耕为业。来里（历）不明，典主尚（上）理落[1]，不关钱主知（之）事。日后备得愿（原）价上门赎取抽约了典。今欲有凭，立典是实。

　　内川（删）肆字。

凭中　王广茂

王广谋　亲笔

光绪叁十年三月初八日　立

（来源：《天柱文书》第一辑第 3 册第 18 页）

注：

（1）典主尚（上）理落："尚"下有脱字，从其旧。

GT－WHX－009/GT－008－039 光绪三十二年二月十二日杨宗保典田契

　　立典田人杨宗保，今因家下要钱用度，父子商议，自将愿到土名眇老古庋田一丘，收谷四运。计开四至：上抵杨姓象田，下抵蒋如兰田，四至分明，要行出典。自己请忠上门问到岑板亲戚吴见烁名下承典。言定典价典钱四千文足，一并领清，并不下少□文。立典契为据，典主不得异言。

凭忠　吴见焜

亲笔

光绪叁拾式年式月十二日　立

（来源：《天柱文书》第一辑第 6 册第 11 页）

3－2－2－101 姜盛清立典田字（光绪三十二年九月十三日）

　　立老典字人姜盛清，为因要银还为明账无处得出，自己请中登门问到，今

215

将凸良皆农大田一丘，下砍（坎）小田一丘，幡凹大路砍（坎）上边田一丘，其田三丘，约谷壹拾弍旦（担），今将出典与姜学广名下承典为业，当日凭中议定典价银叁拾贰两整，亲手领回应用。其田自典之后，恁凭银主下田耕种管业，典主不得幡（翻）悔易（异）言。恐口无凭，立此典字为据。

内添"人"字，又添"老"字。

东坡
凭中　姜
盛元

光绪三十二年九月十三日　亲笔　立

（来源：《清水江文书》第二辑第 2 册第 242 页）

1－5－2－168 姜东成、姜有成、姜松成弟兄典田字（光绪三十二年十月初八日）

立典田字人本房姜东成、有成、松成弟兄，为因缺少银用无处所出，自愿将到地名皆理德田乙丘，约谷八担，界：上凭凤来、显国之田，下凭培刚之田以山为界，左凭显韬田角，左（右）凭大路为界，四至分清，今凭中出典与姜继美名下承典为业。当日凭中议定典价银拾两弍钱整，亲手领足。其田自典之后，恁凭银主耕种管业，典主不得异言。种足三年价到赎回。恐后无凭，立此典字为据。

外批：继美来银九两〇四分，父来银一两一钱六分。

中笔　姜元贞

光绪三十二年十月初八日　立

（来源：《清水江文书》第一辑第 10 册第 332 页）

1－5－2－169 姜隆生爷父子典田字（光绪三十二年十一月初一日）

立典田字人本寨姜隆生父子，为因要艰用度无处所出，自愿将到地名皆培觉略田一丘，约谷式石，界止：凭显清之田[1]，下凭凤沼之田，左凭大路，右凭水沟为界，四至分清。今凭中出典与姜凤德名下承典为业。当日凭中三面议定价艰五两整，亲手领足。其田自典之后，恁凭艰主上田耕种管业，典主不得异言。种足三年价到赎回。今恐无凭，立此典字为据。

凭中 　姜培正

代笔 　子定鸿

外批：同日借得凤德之艰一两整，上脚谷五十斤，足（逐）年仰只田作抵。

光绪三十二年十一月初一日 　立

（来源：《清水江文书》第一辑第 10 册第 333 页）

注：

（1）凭显清之田："凭"前疑脱一"上"字，从其旧。

11-1-1-036 林顺全立典塘字（光绪三十三年九月二十日）

立典塘字人本寨林顺全，为因缺少用费无出，自愿将到地名寨边八夕过水塘壹丘，约谷壹担半，并黎梨子树在内，请中出典与贡架杨尚才名下承典为业。凭中议定典价银式两四钱，典主领足应用，限至明年三月内价到续（赎）回。若有过限，银主耕种管业三年，然后具价续（赎）转。立有典字是实。

凭中 　林秀杰

光绪叁拾叁年九月式拾日 　清（亲）笔 　林顺全 　立

（来源：《清水江文书》第三辑第 1 册第 224 页）

4-2-1-024 龙志远立典田字约（光绪三十三年十二月十五日）

立典田字约人墓罗坡龙志远，因为缺少钱用无从得出，自已（己）请中上门问到，自愿将到坐落地名柏标冲口田一丘内，外两干约谷拾式石，出典与岑梧寨陆相富、陆相仁弟兄二人名下承典为业。当日凭中议定典价钱进捌裎钱壹拾陆仟捌百文整，亲手领足应用。其田自典之后，恁凭钱主下田耕种管业，典主不得异言。限定三年以满价到归续（赎）。恐后无凭，立此典字为据。

凭中 　陆相贤

代笔 　石清极

217

光绪叁拾叁年拾式月十伍日　立

（来源：《清水江文书》第二辑第 3 册第 320 页）

15－2－1－004 江福昌父子立典田字（光绪三十三年十二月二十五日）

立典田字人小江江西街道江福昌父子，今因要银使用无从得处，自愿将到地名平地寨门口坝头园脚田乙丘，收禾花六十边，上抵园为界，下抵宏魁田为界，左抵自己为界，右抵□□田为界，四至分明，要银出典。请中上门问到王寨许氏戴玉姣名下承典。当面言定典价银贰拾参（叁）两捌钱正。其钱亲领足应用。其田付与典主耕管收花为息，限至参（叁）年仍备原价相赎。不得异言。若有不□□□理落，不关典主之事。恐口无凭，立此典字为据。

林

张松

喜

凭中　戴国森

陈荣卿

亲笔　江启龙

光绪参（叁）拾参（叁）年拾贰月二十五日　立

（来源：《清水江文书》第三辑第 2 册第 20 页）

GT－GGD－032／GT－032－022 光绪三十四年一月十三日杨秀春典田字

立典田字人杨秀春，今因家下要钱使用无所出处，自愿将到土名圭得田三丘，收禾十二边，上一丘抵瑞富田，下抵焕章，弟（第）二丘上抵山，下抵和，左抵山，右抵焕章田，四至分明，要钱出典。四（自）己上门问到本寨杨炳泽承典，言定价钱乙千文，限二月初二圭（归）璠（还）。若有不得，下田重（种）收花为利。四（自）典之后，不得异言。立有典字存照。

代笔　杨通焕

光绪三十四年正月十三日　□

（来源：《天柱文书》第一辑第 20 册第 183 页）

1-5-2-173 姜显清典田字（光绪三十四年三月初六日）

立典田字人本寨姜显清，为因要银用，自愿将到地名坐落田大小九丘，约谷十石，界止：上凭山，下凭龙生长田，左右抵坡，四至分清，凭中出典与姜凤德名下承典为业。议定价艰拾叁两捌钱整，亲手收足。自典之后，恁艰主耕种管业，典主不得异言。其田种足三年，不俱（拘）远近价到续（赎）回。立此典字为据。

银主戬。

凭中 姜永培

光绪三十四年三月初六日 亲笔 立

（来源：《清水江文书》第一辑第 10 册第 336 页）

19-1-1-013 滚林乔立典园地字约（光绪三十四年七月二十六日）

立典园地字约人滚林乔，今因母亲病痛缺少银用无出处，自愿将到地名毫祥园地一团，其此团二股均分，林乔占一股，以将林乔一股出典。上抵万号德弟兄三人竹山为界，下抵勾（沟）水为界，左抵胞兄包富园地为界，右抵均（沟）水为界，四至界限分明，要钱出典。先问亲房族，无人承典，自己请中上门问到本寨滚林贵名下承典管业。当日凭中三面议定典价钱七千文。其园地当凭中人言限五年出典，以得本钱归还，不得有误。若有误者，不论早迟出典。恐口无凭，立有典字一岳（纸）付与林贵为据是实。

内添九字。

外批：此钱□□□九钱三分。

凭 中
林计
滚
昌贤
带（代）笔

光绪戊申年七月二十六日 立

219

（来源：《清水江文书》第三辑第 2 册第 323 页）

1－2－2－113 孙光前典田字（宣统元年五月二十日）

　　立典田字人本寨孙光前，为因缺少钱用无处所出，自愿将到地名皆余田壹丘，约谷壹担，界止：上凭梦海之田，下凭纯善之田，左凭凤沼之田，右凭源淋之田为界，四抵分明。今将出典与本寨姜元秀名下承典为业。当面凭中议定典价钱壹仟伍百文，亲手收足应用。其田自典之后，每年钱主上田分花，日后不俱（拘）远近价到赎回。恐后无凭，立此典字为据。

代笔　姜金锴

宣统元年五月廿日　立

（来源：《清水江文书》第一辑第 4 册第 238 页）

1－5－3－002 姜松成加典田字（宣统元年八月十二日）

　　立加典田字人本房姜松成，为因缺少银用无处所出，自愿将到皆理德田一丘，界止：上凭梦熊田，下凭山以培刚之田，左凭梦海田，右凭大路，四字（至）分明，今凭中加典与叔姜凤德名下承典为业。当日凭中议定价银叁两四钱整。其田字（自）典之后，恁凭银主上田分谷，典主不得多言。恐后无[(1)]，立此典字存照。

中笔　献义

宣统元年八月十二日　立

（来源：《清水江文书》第一辑第 10 册第 341 页）

注：
（1）恐后无："无"字下脱一个字，从其旧。

GT－JDP－019/GT－012－015 宣统二年七月十二日王广林领田价钱字

　　立领田价钱人王广林，今因领到胞弟王广兴得买土名地坊□坡过路田壹莲（连）式丘伴（半），照契壹并领清，并不下少分文。今欲有凭，立领是实。

凭契中

广林亲笔

宣统弍年七月十二日　立

（来源：《天柱文书》第一辑第 3 册第 20 页）

4 – 1 – 1 – 021 陆相培立典田字（宣统二年十二月十七日）

立典田字人血叔陆相培。为因缺少费用无从得出，自愿将到地名长冲大英田乙丘出典与血侄陆胜宽叔侄二人名下承典为业。当日凭中议定价钱壹拾陆仟肆百捌十文整。亲手领回应用。其田至（自）典之后，每到秋收下田花，不得异言。恐口无凭，立有典田字一纸发达存照为据是实。

大汉壬子年六月十二日　内批：另加老典价钱伍仟零廿八文整。

外妣（批）：内添二字。

外妣（批）：此田不俱（拘）远近价到田回

　　　　　　　　　　　凭中　吴万德

　　　　　　　　　　　凭侄　陆胜河

民国甲寅年十二月廿五日移典叔父陆相仁名下承典为业。

宣统贰年十二月拾七日　亲笔　立

（来源：《清水江文书》第二辑第 3 册第 200 页）

GT – WHX –015/GT –008 –065 宣统三年九月十二日蒋昌寅典园圃字

立典园圃人蒋昌寅，今因家下要□用度，无从得处，自愿将土名竹□□大园外边右边一间，又并长园中一间□行出典，请中招到房兄蒋合春名□承典为业。当日三面议作典价钱壹千捌百四十文正。其园土任从□□耕种，典主不得异言。日后备原本□□抽约赎还。恐口无凭，立典立实。

　　　　　　　　　　　右手二指手印

　　　　　　　　　　　自请族人昌浩代笔

宣统三年九月十二日　□

（来源：《天柱文书》第一辑第 6 册第 17 页）

3-1-1-161 姜为明立典田字（宣统三年十月初六日）

立典田字人姜为明，因此家下要银用度无处得，自愿将到白鸠鳌中污田一丘，界：上凭文斗寨田坎，下抵宣才田沟，左右凭坡，其田约谷叁石半，今将出典与姜为宏名下承典为业，当面言定价宝银肆两叁钱捌分，亲手领用。其田任凭承典主下田耕种管业，出典主不得异言。此田限至叁年价到赎回。恐口无凭，立有典字为据。

宣统叁年岁次辛亥十月初六日　亲笔　立

（来源：《清水江文书》第二辑第 1 册第 161 页）

GT-WHX-014／GT-009-188 宣统三年十二月二十一日刘恩荣典墦土字

立典墦⬚土⬚人刘恩荣，今因家下要钱使用无从得处，自愿将到土名桃子冲墦土大小三团，要行出典。自己上门问到洞头伊亲杨丙先名下承典，当日凭中言定典价钱肆仟伍百文足。其钱即日领清，并不下欠分文。其墦任从钱主耕种，典主不得异言。日后赎取，备得原价上门⬚抽⬚约了当。今欲有凭，立典是实。

自请代笔　杨宗旺

宣统三年十二月廿一日　立典

（来源：《天柱文书》第一辑第 7 册第 15 页）

1-3-5-014 姜顺连典田字（宣统三年十二月二十三日）

立典田字人本寨姜顺连。为因缺少银用无处所出，自愿将到地名小补先田大小式丘，约谷壹石，界：上凭福保之田，下凭凤凰之田，左凭大路，右凭山为界，四抵分明，今将出典与姜凤德名下承典为业。当面议定价老宝银壹两正，亲手领踏足应用。其田自典之后，恁凭银主上田称租谷伍拾斤正。恐后无凭，立此典字为据。

外批：此田银主收花三年，价到赎回。

代笔　姜金镨

宣统三年十二月廿三日　立

（来源：《清水江文书》第一辑第 10 册第 352 页）

6－22－2－042 王开应立典园地字（民国元年五月初二日）

立典园地字人本寨王开应，今因要钱使用无从得出，自愿将到坐落地名盘墓庆园地一坪，上抵开焕园砍（坎），下依开□共地栽岩为界[1]，左依边砍（坎）为界，右依大路为界，四至分明，要钱出典。自己问到王永明名下承典为业。当日言定典价钱壹千四百文。其钱典主领足应用。其契任从管业，其园地限至承典三年归赎。倘有过限无钱赎转，淮（准）于（予）耕管为利，不异等情[2]。恐口无凭，立有典字为据。

代笔　王加臣

大汉元年五月初二日立典字

（来源：《清水江文书》第二辑第 8 册第 287 页）

注：

（1）栽岩为界："栽岩"系方言，意为"埋岩"。

（2）不异等情："异"下有脱字，依其旧。

5－1－4－076 姜玉宗立典田契约字（民国元年六月初七日）

立典田契约字人污渡姜玉宗，为因家下缺少银用无从得出，父子谪（商）议，自愿将到门□路头水田一间，其田界限，上抵□□园坪，下抵典主之田，左抵路头，右抵典主之田为界，四抵分明，今将出典。先问亲族，无银承典。自己登门问到塘求彭高学名下承典为业。当日凭中议定典价老宝足银肆两弍钱整。其银当日亲手领回应用，并无下欠分文。其田自典之后，价到二月赎回，不俱（拘）远近之年赎回。每年任（认）租谷一佰斤，　　　　送谷登苍（仓），不得有误。其田若有来理不清，典主上前理落，不与□主之事。今口无凭，立此典字为据。

内添弍字。

大汉壬子年六月初七日　□盛科亲笔　立

223

（来源：《清水江文书》第二辑第 5 册第 214 页）

5－1－3－065 彭高平、彭高远弟兄立典田契约字（民国二年五月十八日）

立典田契约字人彭高平、彭高远弟兄，为因家下缺少银用无从得出，弟兄商议自愿将到坐落地名长冲头闷龙田乙干，约谷叁担半，上凭园坎，下抵高杭之田，左抵路，右抵高杭之田为界，四至分明，要银出典。自己请中上门问到彭高祥父子名下承典为业。当日凭中三面议定典价老宝足银拾式两整。下四分花，每年任（认）租谷式百四十斤，玖秤。其田限至三年价到归赎，不得短少分厘。今欲有凭，立有典字为据。

此契移典，日后归刘书月管业收租续（赎）典。彭仁彬自愿，父子不得异言。恐口难凭，立此为据。

民国四年乙卯五月初八日彭仁彬，仝男。

亨

普

通

在场人龙荣华　刘华荣依口代笔

真□

刘书□

凭中　彭高田

亲笔　彭高远

大汉中华民国癸丑年五月十八日　立

（来源：《清水江文书》第二辑第 5 册第 65 页）

1－5－3－020 姜有成、姜松成兄弟二人加典田字（民国二年五月二十八日）

立加典田字人本寨姜有成、姜松成兄弟二人，为因缺少银用无处所出，自愿将到地名皆里得田壹丘，约谷九石，上凭梦兰之田，下凭培钊之田，左凭梦鳌之田，右凭大路为界，四抵分明，今将加典与本寨凤德名下承典为业。当面议定价银壹两柒钱整，老宝，亲手领足，不欠分文。其田自典之后，恁凭银主上田耕种管业，典主不得异言。恐后无凭，立此典字为据。

又将到下丘地名富容田壹丘，约谷叁石，上凭山，下凭岩石硐，左右凭为界[1]，四抵分明，今将出典与本寨姜继美名下承典为业。当面议定价老宝银壹伍钱正，亲手收足应用。其田自典之后，恁凭银主上田耕种管业，典主兄弟三人不得异言。恐后无凭，立此典字为据。

代笔　姜金锫

中华民国弍年五月廿八日　立

（来源：《清水江文书》第一辑第 10 册第 358 页）

注：

（1）左右凭为界："凭"疑有脱字，依其旧。

GT – GGD –142 ／ GT –035 –142 民国二年九月六日杨通文典价收据

又⬚杨通文，情因胞姐淑娥、淑梅先年得典杨通茂本寨脚田口丘，典价钱壹拾弍仟八百文，今典限已满，田转卖与堂兄杨通华，典价已收，典契寻找不出。倘后查出作为废吞（纸）。恐后无凭，立有收挥为据。

亲笔　杨通文

民国二年九月六日　立收挥

（来源：《天柱文书》第一辑第 21 册第 351 页）

GT – GDL –008/GT –040 –045 民国二年十二月十日刘则欢典田契

立典田契字人刘则欢，今因家下缺少用度无处可得，自愿将土名高美攀田大小三丘出典。先问房族，无钱承典。请中登门问到四川人氏住本村陈银寿承典。当日议定典价壹拾弍仟零捌拾文正。抵至各口口限，所限三年，备钱赎约，钱到字回，不得异言。凭口无凭，立有典字存照。

凭中　　　远
刘则
代笔　　　珍

中华民国弍年癸丑岁十二月初十日　立

225

（来源：《天柱文书》第一辑第 14 册第 9 页）

GT - JDP - 190（1）/GT - 012 - 188（1）民国二年十二月二十一日杨今明典田契

立契典田人杨今明，今因家下要钱用度无从得处，母子商议，情愿将到土名穷树脚水田壹丘，计谷四石，要行出典，无人承就。请中问房族杨银喜名下承典。当日凭中言定典价九壹钱壹柏（拾）叁仟捌佰文正。其钱亲领入手用度。其田在与钱主耕种收花为息。若有上门照以愿（原）契价赎取，不得短少分文。恐口无凭，立典契字样照。

内添二字。

森喜
凭中　杨
承彬

收花三年。

中华民国癸丑年柏（拾）贰月二十一日　代笔　立

（来源：《天柱文书》第一辑第 3 册第 195 页）

GT - JDP - 190（2）/GT - 012 - 188（2）民国二年十二月二十一日杨今科典田契

立契典田人杨今科，今因家下要钱用度无从得处，兄弟商议，情愿将到土名穷树脚水田二丘，计禾谷五石，要行出典，无人承就。请中问到房族杨银喜名下承，当日凭中言定典九壹钱贰柏（拾）二仟六佰文正。其钱亲领入手用度。其田在与钱主耕种收花为息。若有上门照以愿（原）契愿（原）价赎取，不得短少分文。恐口无凭，立典契字样照。

森喜
凭中　杨
承彬

收花三年。乙共同（铜）元十九封，收水子九百五十文正，乙共钱十六仟四百五十文正。

中华民国癸丑年枪（拾）贰月二十一日　代笔　立

（来源：《天柱文书》第一辑第 3 册第 196 页）

GT－GGD－043 ／ GT－032－018 民国三年四月二日杨元金典田契

立典田契人杨元金，今因家下要钱使用无所出处，自愿将到土名圭隆屋佩田□□，收禾十二边，上下抵冲，左右抵山，□至分明出典。自己上门问公□飞山庙谷存在杨富家，承借谷廿四边。其谷限至六月出卖，照价作钱，八月初二面结钱还，不得有误。若有误者，下田耕种收花为利，不得异言。恐口无凭，立有典字为据

凭
杨元贵
笔

中华民国三年四月初二日　立字

（来源：《天柱文书》第一辑第 20 册第 194 页）

6－17－1－035 王荣安立典田契字约（民国三年五月初三日）

立典田契字约人王荣安，今因要银使用无处所出，自愿将到坐落地名高杰田上冲乙丘、溪边乙丘二处，二处出典，自起（己）上门问到本寨王元魁名下承典为业[1]。当面典卖价银乙拾六两八，银限至三年赎□，不得异言。恐口无凭，立有典契存照。

亲笔

□□拾两零捌分整。□□民国三年八月十九日立卖。笔人王□荣。

大汉民国三年五月初三日立

（来源：《清水江文书》第二辑第 7 册第 296 页）

注：

(1) 王元魁名下承典为业："名下承典"原文作"名承下典"。

6－24－001 王凤仁立典田契字（民国三年七月十五日）

立典田契字人本寨王凤仁，今因要钱出典无所出处，自愿将到坐落地名下方田乙丘，收花九边，上抵品青田为界，下抵发躲田为界，左右抵山，请中上门问到本寨王引生乙人承典。出典三年，议定价钱八仟文整。其钱付与典主应用。其田典主耕管为业。字（自）典之后，不得异言。恐口凭，立有字为据。

内添四字。

　　　　　　　　　　　　　　　　　　　　凭中　王石党

民国丙寅年七［月］十五日[(1)]　　立

　　　　　　　　　（来源：《清水江文书》第二辑第 8 册第 335 页）

注：

(1) 七十五："七"下脱"月"字。

GT－GMS－185/GT－030－112 民国四年三月三日刘凤刚典田契

立典契字人刘凤刚，今因家下要钱使用无处可得，自愿将到地名苗冲田大小四丘出典。上二丘上抵刘庚庆田，下抵龙宪求田，左右山；下一丘上抵龙宪求田，下抵龙章焕田，左抵右抵沟；下一丘上抵土，下抵［下抵］刘发祥田[(1)]，左右抵山，四至分[(2)]。自己上门问到本寨刘氏月姣名下承典，当日议定元钱一伯（佰）叁拾封整，限至弍年赎。其钱领亲（清），其田付与典主耕管收花为业。自典之后，不得异言。恐口无凭，立有典字为据。

　　　　　　　　　　　　　　　　　　　　代笔　刘邦富

民国乙卯年三月初三日立

　　　　　　　　　　（来源：《天柱文书》第一辑第 19 册第 197 页）

注：

(1) 下抵下抵刘发祥田：后一个"下抵"为衍字。

(2) 四至分：一般作"四至分清"，从其旧。

GT－JDP－022/GT－012－034 民国四年三月四日王凤林典田契

立契典田□王凤林，今因家下要钱使用无从得处，夫妻商议，情愿将到自己面分土名黄家坳脚王土丘外间，上坻（抵）典主墦断，下坻（抵）刘修礼田坎上断，左坻（抵）王老七断间田，右坻（抵）王老三柴□断，四坻（抵）分明，要行出典无承就。请□招到亲识刘修远、刘修□二人名下承典。当日凭中三言定典价钱壹拾四仟文正。其钱即日领足，不欠分文。其田典与钱主耕种收花为息，日后备得愿（原）价上门赎取。今欲有凭，立典是实。

民国丁巳年二月初二日刘修柏先年得典之日，批此契与王广福耕管收花为业。今欲有凭，立批是实。

王广福批与王昌荣

内添二字。

刘宜寿

凭中　王昌田

刘修道

［甲寅］中华明（民）国乙卯年叁月初四日　　王凤林亲笔　　立

（来源：《天柱文书》第一辑第 3 册第 23 页）

GT－WDD－098 ／ GT－043－091 民国四年三月八日蒋景树典田契

立契典田人蒋景树，今因家下缺少用度无从得处，父子商议，自愿将到土名门口央（秧）地式涧，计谷四运，又并坪寨三房屋脚田一丘，计谷四运，要行出典。请中上门招到亲戚杨广学名下承典为业。当日三面议作典价壹伯（佰）零柒阡（仟）○式伯（佰）文正。即日钱契两交，领不另立。自典之后，任从钱主下田耕种收花，出典主不得异言。恐口无凭，立典是实。

昌烈

凭中　蒋景相

泰福

民国乙卯年三月八日　　亲笔　　立典

（来源：《天柱文书》第一辑第 9 册第 243 页）

6-2-1-001 王永方立曲字（民国四年七月二十八日）

立曲字人本寨王永方[1]，今因要钱使用无所得出，自愿将到坐落土名西要曲三年，收花八边。自己请中上门问到本寨王世福曲业，同（铜）元三千整，不得异言。若有异言，恐后无凭。

中华民国四年七月二十八日

（来源：《清水江文书》第二辑第 5 册第 340 页）

注：

（1）立曲字人王永方："曲"疑作"典"，本契三次用到"曲"字，从其旧。

3-1-4-014 姜长顺立典田字（民国四年九月十八日）

立典田字人姜长顺，为因要银买耕牛无处得出，自愿将到田壹丘，坐落地名丢桑，界限：上凭荒坪，下抵冲，左凭山，右凭大路，四抵分清。其田约谷四石，今将出典与姜灿春名下承典为业。当日凭中议定价足银陆两整，亲手领回应用，未欠分厘。其田自典之后，言定每年田主自愿上租谷式百七十斤。其田不拘远近价到赎回，银契两交，二比不得异言。口说无凭，立此典字为据。

凭中　姜必兴

代笔　姜恩临

民国四年九月十八日　立
丙辰年十二月廿三日必达来银五两二钱整，下欠银八钱整。

（来源：《清水江文书》第二辑第 1 册第 382 页）

GT-JDP-191/GT-012-192 民国四年十月十九日杨金汉、杨金科典田契（附：杨清全转典字）

立契典田字人杨金汉、杨金科，今因家下要钱用度无从得处，兄弟商议，情愿将到土名吴公冲通恐丘水田大小伍丘，计谷八箩正，要内开四抵：上抵杨秋扒子，下抵溪，左抵大路，右抵溪，四抵分明，要行出典，无人承就。请中上门问到房族杨清全名下承典。当日凭中三面言定典价钱铜元贰拾四封文正。其钱亲领入手用度。其钱一并领清，并无下欠分。其田在与钱主耕管为业收花为息。钱主不得异言阻。今欲有凭，立典字为据。

内川（删）一字。

凭中　杨承得

立转典字人杨清全，今因家下要钱用度无，夫妻謪（商）议，情将到土名吴公冲立（业）转批杨森喜名下承典。当日凭中领足，领不另书，并无下欠分文。立转批是实。

中华［民］国肆年拾月壹十九日　请笔杨承彬　立

（来源：《天柱文书》第一辑第 3 册第 197 页）

1-3-4-119 姜志祥典屋并地基字（民国四年十一月十四日）

立典屋并地基字人本房姜志祥，为因家下无艰用度，自愿上门借到凤翎叔之艰八两乙钱八分整，亲手收足应用。自愿将到坐屋乙间作典。界止：上凭龙姓之坟，下凭显清之田，左凭宽顺之屋，右凭典主之屋，四至分清。今将出典凤翎名下为业[1]。此银限四月归还。倘有不归，照月加三利。倘有误者，恁凭银主上屋管业。

凭中　凤歧　笔

中华民国四年十一月十四日　立

（来源：《清水江文书》第一辑第 8 册第 125 页）

注：

（1）今将出典凤翎名下为业："典"下脱一"与"字，依其旧。

GT-JDP-044/GT-012-066 民国四年十一月十九日杨占有典田契

立契典田人杨□有，今因缺少用度无从得处，情愿将到己分祖遗地名冲头塘众田连大小六丘，计谷叁石，四抵不列，欲行出典。请中问到房侄杨均 善 名下承典，当日凭中言定典价元钱陆仟肆伯（佰）文正。其钱亲领，领不另书。其田在与钱主耕管收租为息，日后备得元价对日上门赎取，不得短少分文。恐口无凭，立典契了为据。

凭中　杨汉毛

231

　　此契批与杨金发、杨金毫二人名下耕管收花为息，其契照依元契元价上门
赎（赎）取，不得短少分文。立批是实。

　　中华民国四年十一月十九日　秀和代笔　立

（来源：《天柱文书》第一辑第 3 册第 45 页）

3-1-4-015 姜学广、姜必荣父子立典田字（民国五年四月初二日）

　　立典田字人姜学广、子必荣，为因缺少银用无处设法，自愿将到地名培桑
大田一丘，约谷壹拾捌担出典与姜为宏名下承典为业。当面言价足银式拾两零
陆钱四分，亲手收回应用，每年上租谷捌佰斤。其田不俱（拘）远近价到续
（赎）回。恐口无凭，立此典田字为据。

　　民国丙辰四月初二日　必荣亲笔　立

　　丁巳正月二十三日备艰式十两〇四钱五分，欠艰一钱九分。钱折元钱三百
八十五文，买盐补清。丙辰花谷八百斤，上清。此契二月十三日退回。凭作姜
永忠、华春二人交清。

（来源：《清水江文书》第二辑第 1 册第 383 页）

GT-JDP-045/GT-012-078 民国五年七月十六日杨金玉加典田契

　　立加典田契人杨金玉，今因禾粮缺少，蜻蚨愿将先年得典大坪墦飞鸟坡脚
过路溏水田式间，计谷式拾箩，四抵不烈（列），此田先年老契典价式拾仟零八
佰文，今丙辰年复加典价式仟文正。其钱亲领入手用度。其田典与杨占银名下
承典，不限远近赎契。日后备得原价上门赎取，新旧不得短少分文。恐口无凭，
立典是实。

　　外批：油树荒山荒田以（一）并在内。

占全
凭中　杨书香
姚绍书
房族　杨三保

民国五年七月十六日　请笔杨均鸣　立

（来源：《天柱文书》第一辑第 3 册第 46 页）

GT－GDL－009/GT－040－036 民国五年十月六日刘泽欢典田字

立典田地字人刘则欢，今因家下要钱使用无所出处，自愿将到地名冲邹坡头田乙丘出典。上抵土，下抵田主，左右抵路，四至分明。请中上门问到新房刘泽远名下承典。当日义（议）定价钱肆拾伍仟文正。其钱新（亲）手领足。其根（限）至三年赎约。凭口无凭，立有典字为据。

凭中

龙泽厚

代笔

民国五年拾月初六日　立

（来源：《天柱文书》第一辑第 14 册第 10 页）

1－2－8－051 姜作琦、姜纯美父子典田字（民国六年正月二十日）

立典田字人本寨姜作琦、子纯美父子，为因生理缺少银用无处所出，自愿将到祖遗之田一丘三间，地名冉佑，其田约谷六担，界止限；上凭文斗姜周智之田，下凭山，左凭典主之田，右凭冲，四抵分明，今将出典与本寨姜元贞名下承典为业。当日凭中三面议定价艰式拾陆两三钱八分整，亲手收足应用。自典之后，价 放典主耕种，每年到秋收之日，恁凭银主上田分花管业，典主父子不得异言。其田典足三年价到赎回。倘有不清，俱在典理落[1]，不干银主之事。恐口无凭，立此典田字为据。

凭中　姜恩光

民国六年正月廿日　亲笔　立

（来源：《清水江文书》第一辑第 6 册第 220 页）

注：

（1）俱在典理落："典"下脱一字，依其旧。

GT－WCB－008 ／ GT－008－165 民国六年闰二月六日吴见唐典田字

立典字人吴见唐，今因要钱用度，自愿将到土名船冲己面田大小壹拾丘，要行出典。先尽亲房，无人承受。请中问到堂侄吴祖文名下承典，三面议定典价钱肆拾千文正。其钱即日亲领入手，并不下少分文。其田任从钱主耕种收花准利，日后备得原本上门赎取，不得异言。立典字为据是实。

凭中　吴祖柏

民国六年阴历后弍月初六日　亲笔　立

内改壹字

（来源：《天柱文书》第一辑第 8 册第 9 页）

GT－GDL－012/GT－040－032 民国六年闰二月二十七日刘泽欢典田字

出典田字人刘则欢，今因家下要钱使用无所口处，自愿将到地名冲邹坡头田乙丘出典。上抵土，下抵田主，左右抵山，四至分明。自己上门问到刘凤鸾名下承典。当日言定价钱弍拾封正。其田限至三年赎约，自愿每年当干谷十弍边正。自典之后，不得异言。凭口无凭，立有典字是实。

凭中
刘绍丰
代笔

民国六年后二月廿七日　立

（来源：《天柱文书》第一辑第 14 册第 13 页）

GT－GDL－014/GT－040－084 民国六年五月十七日龙喜泮典田契

出典田契字人黄尚龙喜泮，今因缺少钱用无所出处，自愿将到土名文经屋却（脚）田壹丘，上抵四人共田，下抵喜川田，左抵山，右抵沟，四至分明，要钱出典。自己上门问到普周伍华英名下承典。当日凭中议定典价元钱弍拾伍仟陆百文整，每年任谷叁拾边，不得有误。若有误者，下田耕种，不得异言。凭后无凭，立有典为据是实[1]。

字限叁年钱到田归。

凭中

龙先举

代笔

民国丁巳年五月十七日 立

（来源：《天柱文书》第一辑第 14 册第 15 页）

注：

（1）立有典为据是实："典"下脱一字，依其旧。

6－3－1－042 王有彬立典田地字（民国六年五月二十八日）

立典田地字人本寨五有彬，今因要银使用无所得出，自愿将典地名问王田大小三丘，收禾花四秢，要银出典。自己上门问到本寨王有敖名下承典为息。当日议定典价老宝银八两整，其银当交完足。其田出典耕种收花乙年将银赎回，二比不得异言。恐口无凭，立有典字为据。

亲笔　王有彬

民国六年丁巳五月廿八日 立典字

（来源：《清水江文书》第二辑第 5 册第 436 页）

GT－JDP－192（1）/GT－012－191（1）民国六年六月九日杨金科典田契

立契典田字人杨金科，今因家下要钱用度无从得处，父妻商议[1]，情愿将土名吴公冲通恐丘水田伍丘，计谷伍石整，内开四抵：上抵杨秋扒子田，下抵溪，左抵大路，右抵溪，四抵分明，要行出典，无人承就。请中上门问到房族杨再和名下承典。当日凭中典价买谷肆石二斗正。其谷訫（亲）领入手用度，其谷一并领訫（清），并无下欠分文。其田在与钱耕管为业收花为息[2]，我典不得异言阻当（挡），不关典主相干。日后不（备）得愿（原）价上门坅（赎）契取，不得短少分。恐口无凭，立典契为据。

凭中　杨再家

235

　　　　　　　　　　　　　　　　　　　承德

民国丁巳年六月初九日　请笔　杨承彬　立

（来源:《天柱文书》第一辑第 3 册第 198 页）

注：

（1）父妻商议:"父"疑作"夫",从其旧。

（2）其田在与钱耕管为业收花为息:"钱",指钱主。后一句"典"指出典人、典主。

GT－GBZ－116 / GT－038－170 民国六年六月十日刘荣光典油树地契

　　立典油树地契人刘荣光,今因家下缺少用度无从得出,自己母子商议,情愿将到土名猫形油树一半下服（幅）,上抵岭,下抵水田,左抵刘常元,右抵罗姓油树,四抵分明。欲行出典,无人承受。自己上门问到刘德恩名下承典。当日凭中言定典价钱拾千文整。其钱亲领入手。其业任从典主耕管三年收花为息,日后不得异言。今幸有凭,立此典字为据。

　　　　　　　　　　　　　　凭中　刘期富
　　　　　　　　　　　　　　代笔　刘常钦

民国丁巳年六月初十日　立

（来源:《天柱文书》第一辑第 22 册第 297 页）

1－2－4－088 姜作琦典田字（民国六年十月初八日）

　　立典田字人加什寨姜作琦,为因缺少银用无处得出,自愿将到地名冉额田乙丘,约谷八担,界止:上凭大路纯一之田,下凭凤来之田,左凭元林之田,右凭凤来之田,四至分清,今将出典与中仰陆正贵名下承典为业。当日凭中议定价银九两六钱整,亲手收足应用。其田自典之后,恁凭银主下田耕种管业,典主不得异言。如有不清,俱在典主理落,不关银主之事。恐口无凭,立此典字为据。

　　外批:限至本年归还,不得有误。如有误者,每年秋收自愿称租谷四百二十斤。

　　外批:添六字、涂一字。

凭中　姜志贞

民国丁巳年十月初八日　亲笔⁽¹⁾　立

（来源：《清水江文书》第一辑第 5 册第 88 页）

注：

（1）亲笔：此二字原在"日"字前。

1-1-5-124 姜国发收姜源淋赎银凭证（民国六年十月二十六日）

立收条姜国发，今收到姜源淋之银捌两七钱式分，此银作赎（赎）永炽、永清弟兄二人之塘，此塘分为式大股，永炽、永清二人占壹股，文举占壹股，永炽、永清弟兄之股典价该足银壹拾贰式六钱正，归源淋赎（赎）回。除收之外，下欠叁两捌钱八分正。

凭中　姜金培

民国丁巳年十月念六日⁽¹⁾　亲笔　立

（来源：《清水江文书》第一辑第 2 册第 324 页）

注：

（1）念，一般作"廿"，意为二十。

1-1-5-125 姜双富典塘字（民国六年十一月十六日）

立典塘字人本家姜双富，为因缺少艰用无处所出，自愿将到地名翁祖顺塘一口，界止：上凭献义之塘与之渭之田为界，下凭水沟与典主之芳（荒）坪与艰之田为界，左凭水沟，右凭之渭之田为界，四抵分清。此塘分为艰大股，本名占一大股，今将出典与姜源淋名下为业。当日自愿议定价老宝足艰拾叁两壹钱正，亲手收足应用。其塘日后价到续（赎）回。恐有此塘日后出卖，先问艰主，后问他人。恁凭艰主上塘耕种管业，典主不得异言。恐后无凭，立此典字为据。

内添七字。

民国丁巳年十一月十六日　亲笔　立

（来源：《清水江文书》第一辑第 2 册第 325 页）

2-1-1-155 文起贵典田契（民国七年正月三十日）

立典田契字人文起贵，为因家下缺少银用无从得出，母子商议，自愿将到稿油大路边长田壹丘出典。其有界止：上抵文蔚德之田，下抵文名松之田，左抵溪，右抵路，四止分明，欲行出典。先问亲房，无人承典。自己请中上门问到刘福恩名下承典为业。当日凭中议定典价足银式拾两正。其银亲手领足应用。其田付与银主下田耕种管业，不限远近价到田回。恐口无凭，立此典字为据是实。

外批：中笔银肆钱正，赎田后甫（补）。

凭中
文名铣
代笔

民国戊午年正月三十日　立

（来源：《清水江文书》第一辑第 12 册第 159 页）

注：
在本契典价处有"作废"字样。

1-4-2-122 姜显清父子典田字（民国七年三月十四日）

立典田字人本寨姜显清父子，为因缺少艰用无处所出，自愿将到地名皆报故田一丘，约谷四担，界止：上凭送长弟兄坐屋，下凭源淋之田，左凭典主之田，右凭天保之田，四抵分清，将凭中出典与本寨姜纯一名下承典为业。当日三面议定典价足艰式拾两整，亲手收足应用。其田恁凭艰主下田耕种管业，典主不得异言。其田不俱（拘）远近价到赎回。恐口无凭，立此典字为据。

内添三字。

凭中　姜金培

民国戊午年三月十四日　子笔　立

238

（来源：《清水江文书》第一辑第9册第312页）

4-1-1-034 陆相厚立典田称脚谷字（民国七年三月二十三日）

立典田称脚谷字人羊圢坪本房陆相厚名下，为因手中要钱使用无处生方所出，自愿将到本名之田乙分，约谷式拾石，地名景惯冲出典与本房岑梧寨陆相钊名下承典为业。当日凭中三面议定典价大钱拾七千文整，亲手领足应用。其田自典之后，秋收下田称租，每千文称脚谷式拾肆斤，不得短少有误。如有不报欠者，任凭钱主下田耕种，我典主不得异言。不拘远近价到赎回。口说无凭，立此出典字为据存照。

外批：内添一字。

代笔　相开

民国七年三月二十三日　立

（来源：《清水江文书》第二辑第3册第213页）

1-4-3-086 姜显清父子典田字（民国七年四月十四日）

立典田字人本寨姜显清父子，为因缺少艰用无处所出，自愿将到地名皆报故田一丘，约谷肆担，界止：上凭献文弟兄屋，下凭源淋之田，左凭典主之[1]，右凭天保之田，四至分明，今将凭中出典与姜纯一名下承典为业。当日凭议定典价足银拾两整，亲手收足应用。其银每年共上租谷肆百斤，不得有误。如有误者，任凭典主出卖与银主。恐口无凭，立此典字为据。

凭中　姜金培

民国戊午年四月十四日　子笔　立

（来源：《清水江文书》第一辑第9册第436页）

注：

(1) 左凭典主之：根据文意，"之"字下有脱字，从其旧。

GT – GMS – 087/GT – 030 – 024 民国七年五月二十二日刘长庚典田字

立典田字人刘长庚，今因要银使用无所出处，自愿将到土名伦土田乙丘，收禾乙百二十边，上柢（抵）粟恩寿田，下柢（抵）龙景木田，左柢（抵）本主田，右柢（抵）沟，四至分明。白（自）已与中人上门问到苗江刘沛熙名下承典，当日凭中议定价银六十六两正。其银亲手领清。其田付与典主，限至明年四月将赎，不得有误。若有误者，下田耕种收花为利。恐口无凭，立有典字为据。

凭中　刘景富
亲笔

民国七年五月二十二日　立

（来源：《天柱文书》第一辑第 19 册第 95 页）

1 – 1 – 2 – 134 姜作琦典田字（民国七年戊午岁九月二十五日）

立典田字人本寨姜作琦，为因缺少艰用无处所出，自愿将到地名冉厄田壹丘，约谷陆担，其田界止：上凭纯一之田与路为界，下凭源林之田，左凭山，右凭水沟与路为界，四抵分清，今将出典与姜献义名下承典为业。当日凭中议定价艰拾陆两整，亲手收足应用。自典之后，恁凭艰主上田耕种管业，典足叁年价到赎回，不得异言。恐口无凭，立此典字为据。

凭中　姜纯秀

民国七年戊午岁九月二十五日　亲笔　立

（来源：《清水江文书》第一辑第 1 册第 247 页）

GT – GBZ – 118 ／ GT – 038 – 105 民国七年十一月二十一日吴泽长典田契

立典田契字人弟吴泽长，今因家下要钱应用无所出处，自愿将到土名墓老田大小捌丘立典。上抵吴灿森田，下抵锦长田，左右抵山，四至分明，要钱立典。请中问到亲兄泽坤名下承典。当日凭中言定价同（铜）元壹拾式封文整。其同（铜）元亲手领足应用，限至三年相赎，不得异言。恐口无凭，立有典字是实。

240

凭中

泽奎

代笔

民国戊午年十一月二十一日　立典

（来源：《天柱文书》第一辑第 22 册第 299 页）

GT‒ZMH‒132/GT‒013‒305 民国八年一月二十三日吴运昌典田赎取均派字

立均派字人吴运昌，今因民国丙午年所典龙姓水田壹处，土名白□冲共拾丘，计谷式拾箩，日后上门赎取，其价会斌名下一半，会汉、会先二人名下一半，从此以后不得异言。恐后无凭，立此派字为据。

内添七字。

沣

吴会

凭　　喜

潘年本

笔　姚祖铭

民国八年正月二十三日　兄弟仝立

（来源：《天柱文书》第一辑第 5 册第 133 页）

3‒1‒4‒024 姜学广父子立典田字（民国八年二月二十八日）

立典田字人姜学广父子，为因缺少银用无处设法，自愿将到满天星大田壹丘，约谷十八石，今将出典与邓春泰名下承典，逐年下田分花。当面凭中议定典价足艰叁拾贰两整，亲手收回应用。其田限至叁年，之外价到澋（赎）回。恐口无凭，立此典田字为据。

外批：此银过为煌等平。

耀

凭中　姜为

美

中华民〔国〕己未八年式月式拾八日[(1)]　必荣亲笔　立

（来源：《清水江文书》第二辑第 1 册第 392 页）

注：

(1) 中华民己未年："民"字下脱一"国"字。

GT－GDL－044 / GT－039－033 民国八年六月十七日龙才显典田契

　　立典田契字人龙才显，今因要钱使用无所出处，自愿将到土名号寨屋却（脚）田一丘，收花十六边，上抵园，下抵溪路，左抵路土地，右抵伍姓田，自（四）至分明，要钱出典。请中上门问到堂叔龙祖益[(1)]，当日言定价钱拾封铜元整。其钱亲主领足入手应用。其田典主耕种二年，不得异言。恐口无凭，立有典字为据。

祖林
凭中　龙
才有
笔　龙耀魁

民国己未八年六月十七日　立

（来源：《天柱文书》第一辑第 13 册第 240 页）

注：

(1) 请中上门问到堂叔龙祖益："益"字下疑有脱文，一般在人名后有"名下承典"字样。

6－22－2－055 王彦科立典园地字（民国九年三月二十二日）

　　立典田地字人本房王彦科，今因要银使用无所得出，自愿将到坐落地名便故田一丘，收禾花壹秤式边，要银出典。自己问到本房王瑞□名下承为业。当面议定价银柒两整，限定三年将银出转，一盖（概）归还，不得异言。恐口无凭，立有卖字为据。

亲笔

民国庚申年三月廿二日　　立典

（来源：《清水江文书》第二辑第 8 册第 300 页）

1-2-4-095 姜作琦典田字（民国九年七月初三日）

立典田字人本寨姜作琦，为因缺少银用无处得出，自愿将到祖遗之田，地名冉腊之田壹丘，约谷四担，界止：上凭后培之田，下凭之山，左凭源淋之田，右凭典主之田，四抵分明，今将出典与姜元贞名下承典为业。当面凭中议定价足艰式拾捌两捌钱五分六整。自典之后，恁凭艰主上田耕种管业，典主不得异言。恐有不清，俱在典主理落，不干艰主之事。候到足三年价到赎回。恐口无凭，立此典字为据。

中
姜春茂
凭

民国九年七月初三〔日〕　亲笔　立

（来源：《清水江文书》第一辑第 5 册第 95 页）

6-24-1-010 王坤求立典田字（民国九年十月二十四日）

立典田字人本寨王坤求，今因结（缺）少钱用无所得出，自愿将到土名毫闷田三丘，收花为利，上门问到本房王显生名下承典。当日凭中言定典价钱贰拾仟文整。其田出典乙年赎回。恐口无凭，立有自（字）为据。

亲笔

民国庚申十月廿四日⁽¹⁾　立

（来源：《清水江文书》第二辑第 8 册第 344 页）

注：

(1) 民国庚申十月廿四日："申"下脱一"年"字，从其旧。原标题时间为民国九年十月二十七日，今政。

GT‐JDP‐192（2）/GT‐012‐191（2）民国九年十一月九日杨再和转典字

立转典字人杨再和，今于照依愿（原）价批转典与杨清全名下承，当日凭中亲族。其钱亲领，领不另书。恐口无凭，立转典是实。

凭中　林发成

民国庚申年十一月初九日　杨再和亲立

（来源：《天柱文书》第一辑第 3 册第 199 页）

1‐4‐2‐132 姜纯美典田字（民国九年十二月初五日）

立典田字人本房姜纯美，为因缺少要钱与元贞赎抵限字无处得出，自愿将到地名冉佑之田叁间，约谷伍担，界止：上凭文斗之田，下凭山，左凭典主之田，右凭冲，四抵分明，今将出典与本房姜纯一名下承典为业。当日两面议定价钱捌仟文，亲手收足应用。其钱照月加三行利，不得有误。如有误者，恁凭钱主上田耕种管业，典主不得异言。恐口无凭，立有典字为据。

民国庚申年十二月初五日　亲笔　立

（来源：《清水江文书》第一辑第 9 册第 322 页）

1‐2‐5‐017 姜元贞为典当有主、恃富霸耕事诉姜□海状纸稿（民国十年四月初二日）

为典当有主恃富霸耕陈请建议以昭公道事。窃维业各有主，买卖可以通商，元贞于民国六年用价得典本寨姜作琦父子之田壹丘三间，约谷六石，地名冉佑。自典之后，仍佃与作琦父子耕种，逐年秋收分花管业，并无异议，通地皆知。元贞家门不幸被盗 挂 财，在城候案。本月回家，始知有乘井阱石之姜梦海，仗父兄之势，霸耕元贞得典之田，即亲身登门（央族邻来）跟问，而梦海声称系有平鳌姜盛朝招伊耕种等语。似此业不由主，理法难容。只得请求贵局饬丁传唤姜梦海一干到所对质，免生巨祸，以重主权，情迫不已。为此，陈乞团防局长台前公鉴。

民国十年四月初二日　稿

具愿书加什寨姜元贞，年三十岁，距局十五□为。

（来源：《清水江文书》第一辑第 5 册第 178 页）

1-11-1-041 姜春发母子立典田字约（民国十年四月初五日）

立典田字约人加池寨姜春发母子，为因缺少艰用无处所出，自愿将到补先又之田大小四丘，约谷五担，界：上凭永寿之田，下抵凤凰之田，左凭水沟，右凭□□为界，四抵分清，今凭中出典与中仰寨陆上礼名下承典为业，当日凭中议定典价艰拾两整，亲手领足。其田自典之后，悉凭艰主管业，典主母子不得异言。母子逐年耕种，秋收自愿上脚谷式百斤，不得短少欠。恐口无凭，立此典字是实。

中笔　姜凤德

民国辛酉年四月初五日　立

（来源：《清水江文书》第三辑第 6 册第 510 页）

6-36-1-066 王秀敖立典田契字（民国十年五月初七日）

立典田契字人本寨王秀敖，今因要钱使用无所得出，自将到坐落土名岑滥田一丘，要钱出典，谷花过秤一百斤，自己问到本寨王包林、吉林二人名下承□□谷为业。当日言定价□叁仟五百文整。其钱付与典主亲领应用，其谷花主为业，限至十月归还，不得异言。恐口无凭，立有典字为据。

代笔　□□模

民国十年五月初七日　立典

（来源：《清水江文书》第二辑第 10 册第 66 页）

3-1-5-016 姜学广父子立典田字（民国十年五月十五日）

立典田字人姜学广父子，为因缺少银用无处设法，自愿将到地名补两皆浓田大小叁丘，反皆坳边田一丘共计田肆丘，约谷十二石，出典与姜灿春弟兄名下承典为业。当面议定价足银式拾两零捌钱整，亲手收足应用，逐年任凭银主下田分花。其田不俱（拘）远近价到渍（赎）回。恐口无凭，立此典田字为据。

外批：内添"典""定"式字。

民国拾年辛酉五月拾五日　必荣亲笔　立

（来源：《清水江文书》第二辑第2册第16页）

注：

此处左侧有"此契赎回缴稍（销）"字样。

GT-GGD-137 ／ GT-032-149 民国十年七月六日王氏凤月、龙成元、龙成宾娘子三人典田契

立典田契字人王氏凤月、龙成元、龙成宾娘子三人，今因为成元伦高冲盗案一事自愿了息，要钱用度无所出处，自愿将到土名冲董田二丘，收禾三十边，上抵龙焕章山，下抵典主田，左抵小路，右抵沟，四至分明，要钱出典。自己请中上门问到本村龚祥森名下承典三年相赎。当日凭中三面言定价钱铜元拾文整，并不下欠分文，交足亲领入手应用。其田典与耕种收花三年相赎。若不得相赎，在（再）任从典主耕种，不得异言。恐口无凭，立有典字为据是实，钱到契归。

内添二字。

凭中　　端沐

龙

代笔　　富祥

民国十年七月初六日　立字

（来源：《天柱文书》第一辑第20册第288页）

GT‒GBZ‒123 / GT‒038‒115 民国十年十一月二十七日吴泽祥典田契

立典田地契字人吴泽祥，今因家下要钱使用无所出处，自愿将到土名冲邦盘蜡田大小伍丘，又边乙丘上抵冲，下抵洞，右抵山，左抵沟，又下四丘上抵山，下抵路，左抵山，右抵路，四至分明，要钱出典。自己请中上门问到本寨罗是求承典。当日凭中言定价元钱柒封文整。其钱付与典主应用，其田限定耕种三年相续（赎）。自典之后，不得异言。恐口无凭，立有典字为据实。

凭中　吴泽林

代笔　吴金发

民国十年十一月廿七日　立典字

（来源：《天柱文书》第一辑第 22 册第 304 页）

1‒2‒4‒106 孙光前典田字（民国十年十二月二十二日）

立典田字人本寨孙光前，为因缺少钱用无处所出，自愿将到地名皆余台田壹丘，约谷叁担，其田界止：上凭山，下凭纯善之田，左凭水沟，右凭继琦之田为界，四抵分明，今将出典与本寨姜元贞名下承典为业。当面议定典钱壹拾肆仟伍伯（佰）文，亲手领足应用。其田自典之后，恁凭钱主耕种管业，典主不得异言。倘有抵当不清，俱在典主礼（理）落，不关钱主之事。恐后无凭，立此☐。

笔　姜金镕

民国辛酉年十二月廿二日　立

（来源：《清水江文书》第一辑第 5 册第 108 页）

6‒36‒1‒072 王林躲立典田契字（民国十年十二月二十九日）

立典田契字人王林躲名下，今因缺少钱用无所得出，自愿将到坐落土名金滥田一丘，收花四桄五边，要钱出典。自己问到平翁下杰村彭永森承典，本钱壹拾伍仟文，以限定壬戌年三月清明除典[1]。若不除典，下田耕种，不得异言。

247

立有典字为据。

　　　　　　　　　　　　　　　　　　　　　　　亲笔

　　民国十年十二月廿九日　立典

　　　　　　　　　　　　　（来源：《清水江文书》第二辑第 10 册第 72 页）

　　注：

（1）以限定壬戌年三月清明除典："以"疑当作"已"。"除典"意为赎回典契。

6－2－1－022 王恩广立典田地字（民国十一年二月初二日）

　　立典田地字人恩广，今因要钱使用所无出得[1]，岑监田壹丘，收花一劳，要钱出典。自己恩葵承典，议定价钱四千文，三年限满，不得异言。恐口无凭，立有典字为据。

　　　　　　　　　　　　　　　　　　　　　　　亲笔

　　民国壬戌年二月初二日　立典

　　　　　　　　　　　　　（来源：《清水江文书》第二辑第 5 册第 361 页）

　　注：

（1）今因要钱使用所无出得："所无出得"当作"无所出得"，从其旧。

GT－GGD－059/GT－031－120 民国十一年二月十日陆志安典田契

　　立典契字人凸洞陆志安，今因家下要钱用度无所出处，自愿将到土名冲甲溪大桥头下边田乙丘，东抵山，南抵溪，西抵溪，北抵丁邦桥田，四至分明，要钱出典。自己请中上门问到地额龙喜丹名下承典。当日凭中议定典价伍拾封，限叁年钱到权约[1]。其钱陆志安亲手领足应用。其田龙喜丹付与陆志安耕种，每年任（认）谷叁拾玖边正，不得异言。恐口无凭，立有典字是实存照。

　　　　　　　　　　　　　　　　　　　　　　　亲笔

　　　　　　　　　　　　　　凭□　陆志发

　　民国拾一年二月十日　立

248

（来源：《天柱文书》第一辑第 20 册第 62 页）

注：

（1）限叁年钱到权约："权约"似当作"赎约"，从其旧。

GT－WHX－028/GT－008－053 民国十一年三月二日蒋景琳典田契

立契典田人蒋景琳，今因家下要钱使用无从得处，自己上门问道（到）亲戚杨宗进名下承典，田竹山屋 背 坡粰（秧）田一涧，收父（谷）贰运，承典为业。当日凭中言定，承借钱拾千文足。其钱即日领清，并不下欠分文。其田付与典，付主稞谷贰丹（担），秋天收谷之日不得短小（少）。典主不得意（异）言。恐无凭，立典字为据。

凭中　杨宗贤

民国拾壹年三月二日　亲笔立

（来源：《天柱文书》第一辑第 6 册第 33 页）

1－11－1－050 姜长寿立典田字（民国十一年六月初五日）

立典田字人堂弟姜长寿，为因缺少钱用无处所出，自愿将到地名田皆略，界止：上凭坡，下凭坡，左凭田，右凭坡，四字（至）分明，今将出典与兄姜继琦名下承典为业。当日三面议定价钱壹仟文，亲手收足应用。之后恁凭钱主上田耕种管业，典主不得异言。恐口无凭，立此典字为据是实。

内添二字。

请笔　文科

民国壬戌年六月初五日　立

（来源：《清水江文书》第三辑第 6 册第 519 页）

GT－JDP－192（3）/GT－012－191（3）民国十一年九月十二日杨清全转典字

立转典字人杨清全，今于照依愿（原）契愿（原）价转典杨森喜名下承。

249

当日中凭亲族领 清 (1)，领不另书，并无下欠分文。立批是实。

凭中　杨永贵

民国壬戌年九月十二日　请笔再和　立

（来源：《天柱文书》第一辑第 3 册第 200 页）

注：

（1）当日中凭亲族领清："中凭"一般作"凭中"，从其旧。

GT－GYD－054 ／ GT－006－063 民国十一年十月二十日龙建松典田字

立典田字人高冲村龙建松，今因家下要钱使用无所出处，自愿将到土名屋对门园却（脚）田式丘，上抵园，下抵刘姓田，左抵杨姓田，右抵胡姓田，四至抵清，要钱出典。自己上门问到本村龙绪灼名下承典。当中言典价钱拾阡（仟）零八百文。其钱建松入手应 (1)。其田典与绪灼下田耕种收花为利，不得异言。恐口无凭，立有典字为据是实。

凭中　　伍华思
人　　杨春沛
讨笔　　刘永定

中华民国拾壹年岁次壬戌十月二十日　立典

（来源：《天柱文书》第一辑第 12 册第 237 页）

注：

（1）其钱建松入手应："应"下脱一字，一般作"用"，依其旧。

GT－GGD－026/GT－031－098 民国十一年十一月二十一日杨通恒、杨通�烑兄弟断卖先父到期将赎典田字

此凸洞坝头之田壹丘，先父杨政宏先典与马论吴发永手，典价钱壹拾捌封正，此田于本月初七日子杨通恒、通烑兄弟断卖与凸洞村丁邦桥名下承买，议定价钱肆拾叁封八十枚正。其田 未 曾 扣 当，当中限至明年二月底卖主自备钱

相赎，不干买主相干。恐防此田到限未赎，卖主自愿将坎上大田壹丘作抵，任从买主耕种收花，不得异言。恐口无凭，立有此字为据。

凭中　杨东禄

民国十一年十一月二十一日　立

（来源：《天柱文书》第一辑第 20 册第 27 页）

4－2－1－033 陆秀文立典田字约（民国十一年十二月十五日）

立典田字约人湔（血）侄陆秀文，为因缺少钱用无从得出，自愿将到坐落地名上坝相高田以坎田乙丘，约谷乙石八斗，今将出典与湔（血）叔父陆胜河名下承受为业。当日凭中议定价元钱叁拾九千八佰文整，亲手收足应用。其田自典之后，任凭钱主下田耕种管业，田主不得议（异）言。三年以（已）满，价到□续（赎）。恐口无凭，立有典字为据。

凭中　陆相家
笔　胜宽

民国壬戌戌（戌）年拾二月十五日　立

（来源：《清水江文书》第二辑第 3 册第 329 页）

6－10－1－004 王宁鲜立典田契字（民国十二年二月初三日）

立典田契字人魁胆寨王宁鲜，今因要钱使用无所得出，自愿典到土名坐落登□下芳田乙丘，收花乙秤四边，要钱出典。请中问到本寨王吉瑞名下承典。当日言定典价钱陆仟文整，其钱领清应用，其典田付与耕种官（管）业。自典之后，又加典三年，不得异言。恐口无凭，立有典字存照。

凭中　　海恩
王
代笔　田螺

民国癸亥年二月初三日　立典

（来源：《清水江文书》第二辑第 6 册第 334 页）

251

3–1–4–031 姜必达立典田字（民国十二年二月二十二日）

立典田字人姜必达，为因少其口粮，今借到本祠领首姜克纯、为煌、正华等祭祀之本谷捌拾伍斤[1]，加四行息，限本年九月内担其本利谷归还，不得有误。如有误者，任本祠之领首将所有丢桑之冲田，约谷肆担，移典别人，此是心愿。恐后无凭，立此典田字为据。

代笔 宣樟

民国十二年二月式拾式日 立

（来源：《清水江文书》第二辑第 1 册第 399 页）

注：

（1）今借到本祠领首："领首"，一般作"首领"，从其旧。

GT–WHX–095 ／ GT–010–255 民国十二年二月八日吴门杨氏金花暨子吴德深典田契

立契典田字人吴门杨氏金花，子吴德深，今因家下要钱使用无从得处，母子商议，自愿将到土名白蜡堎溪坎上左边一连叁丘，右边溪坎上一连四丘，共收谷式拾运，又并坎上记岩堎柴山一副，要行出典。先问亲房，无人承典。自己请中上门问到洞头杨氏长翠名下承典为业。当日三面言定典价钱捌拾千文整。其钱即日领清，并不下欠分文。外不另立领字。自典之后，任从钱主下田耕种，典主不得异言。恐口无凭，立典字为据。

其田限至钱主耕种三年，之外典主将原本上门续（赎）取。

杨加寅
凭中
吴祖兰

民国拾式年式月初八日 自请代笔吴见崑 立典

（来源：《天柱文书》第一辑第 6 册第 220–221 页）

2-9-1-113 姜坤相、姜周望父子立典田字（民国十二年三月二十六日）

立典田字人姜坤相父、子周望，为因要钱使用无处得出，自愿到将父亲所移之田，地名丢榜 罗，将杨□□之田□榜田壹丘，谷担肆拾担，界限照老田丘照契老管业，今将自愿将丢榜之田壹概出典与堂弟姜魁材、侄周朗、周桓叔侄名下承典为业。当面凭中议定典价足银壹百式拾式两 八 钱捌分 正，亲手收足应用，其田自典之后，恁凭银主叔侄照杨姓田丢榜之田大小□查收花管业，无异言。倘有来历不清，俱在找坤向前理落，不与银主叔侄相关。口说无凭，立此典字为据是实。

外批：内添式字、涂式字。

发
凭中　姜周
亮

民国十二年三月廿六日　坤相亲笔　立

（来源：《清水江文书》第三辑第 9 册第 441 页）

6-16-1-017 王通柏立典田契约（民国十二年四月初一日）

立典田契约人本寨王通柏，今因要钱使用无所得出，自愿将到土名克烈田二丘，收谷捌箩，要钱出典。请中问到王贵华名下承典。当日议定典价钱叁拾伍千文。其钱亲领应用。其田承典三年，日后将原本赎转，田归原主，不得异言。恐口无凭，立此典字为据。

凭中　王玉炳

民国癸亥年四月初一日　立　亲笔[1]

（来源：《清水江文书》第二辑第 7 册第 205 页）

注：
(1) 一般情况下，"亲笔"二字在"立"之前，从其旧。

253

6-3-1-067　王华恩立典田地字（民国十二年七月初一日）

　　立典田地字人本寨王华恩，今因要钱使用无所得出，自愿将典地名塘老溪边秧田壹丘，收花壹楞五边，要钱出典。自己问到王永谟名下承典为息。当日议定典价钱拾仟零叁百八十文整，限至本月十一日归赎，不得有误。立有典字为据。

　　内添二字。

亲笔

民国十二年七月初一日　　立典字

（来源：《清水江文书》第二辑第 5 册第 461 页）

6-3-1-068　王华恩立典田地字（民国十二年七月十一日）

　　立典田地字人本寨王华恩，今因缺少钱用无所得出，自愿将典地名塘老溪边秧田一丘，当收禾花壹楞六边，要钱出典。自己请中登门问到本寨王求林名下承典。当日议定典价铜元钱贰拾封整，限至八月十一日价到归赎，不得过限。倘有过限者，下田收花为利。自典之后，不得异言。恐口无凭，立有典字为据是实。

云
凭中　王彦科
亲笔　王彦福

民国十二年癸亥七月十一日　　立典字实

（来源：《清水江文书》第二辑第 5 册第 462 页）

4-1-1-044　陆秀文立典田字约（民国十三年九月二十一日）

　　立典田字约人本寨陆秀文，为因缺少钱用无处所出，自愿将到归界田坝之田，大小十丘，上抵相□之田为界，下抵相□之田为界，自愿将到此田出老典与堂公陆相培名下耕官（管）为业。当日议定价元钱二十九千零八十文整，亲手收足应用，其田典之后，钱主耕种五年以（已）满，壬（任）凭典主价到归读（赎），二比不得异言。恐口无凭，立有典自（字）为据。

内添三字。

凭中　龙欲鼎

中一千文

代笔　陆胜宽

民国甲子年九月廿一日　立

（来源：《清水江文书》第二辑第 3 册第 223 页）

6-24-1-022 王坤求立典田契字（民国十三年十二月初八日）

立典田契字人魁胆寨王坤求，今因结（缺）少钱用无所得出，自愿典到坐落土名必力田乙丘，收花十四秤，上门问到平公村龙氏贵曲、龙引二人名下承典为业。当日议定价钱壹佰〇陆仟文。其田典与乙年。其钱付与领足。其田地交与典主管业乙年，价到田回，田归元手。恐口无凭，立有典字为据。

凭中　王显生

亲笔　王坤□

民国甲子年十二月初八日　立

（来源：《清水江文书》第二辑第 8 册第 356 页）

1-2-4-116 姜显高、姜兴元典田字（民国十四年正月初六日）

立典田字人，为因缺少无钱使用，将到地名坐落田乙半丘，姜显高、姜兴元叔侄，为因典田二人所共，四字（至）分清，姜全□承典为业，言定典价钱三千〇八文。其价如交足，并无□远近还清。恐口无存照。

姜显高　亲□

民国十四年正月初六日　立

（来源：《清水江文书》第一辑第 5 册第 118 页）

6-25-1-013 王宁保立典田契字（民国十四年正月初十日）

立典田契字人魁胆寨王宁保，今因缺少钱用，自愿将到坐落地名赞峰坡脚

255

田五丘，坡脚乙丘，上左右抵山路过田埂，下抵王庚林田为界；中乙丘上抵庚林田，下抵王和显会田，下乙丘上抵和显会田，下抵庚林田；旁边式丘若上下坝路过田埂上，上抵山，一共田五丘，要钱出典。自己请叔王海标问到本寨王清平名下承典。议定典价壹拾式千文。其钱领足不少，其田交与典主清平耕种收花，限定叁年仍将原价赎转，不得异言。恐口无凭，立有典字为据。

王世杰　笔

民国十四年正月初十日　立

（来源：《清水江文书》第二辑第 8 册第 398 页）

6－2－1－030 王恩广立典田地字（民国十四年二月十九日）

立典田地字人兄弟王恩广，今因要钱使用无所得出，愿将到坐落土名他克，大小二丘，收花陆劳，要钱出典。自己问到兄弟王恩葵承典。议定价钱叁拾仟文，典限三年，四约缴退。其钱付与典主领足应用，其田付与典主官（管）业。自典之后，不德（得）异言。恐口无凭，立有典为据是实。

亲笔

民国乙丑年二月十九日　立典

（来源：《清水江文书》第二辑第 5 册第 369 页）

2－9－1－116 姜周士母子立典田字（民国十四年二月二十五日）

立典田字人姜周士母子，为因要钱用度，自愿将到本己之禾田壹丘两间，地名里即，其田界限：上凭义仓之田，下抵兴胜之田，左凭山，右凭兴胜之田，其田约谷玖石，今凭中出典与姜周栋兄名下为业。当议定典价钱肆拾六千文[1]，亲手收足。其田自典之后，任从钱主收租，不得异言。此田不俱（拘）远近价到赎回。恐口无凭，特立此字为据存照。

内涂四字。

外批：此田典后仍归我周士种，不得异言。

此田每年十月内上租谷肆佰斤正。

此契于十七年又二月廿六日已经向公取续（赎），此据。

民国拾肆年贰月廿五日　亲笔　立

（来源：《清水江文书》第三辑第9册第444页）

注：

（1）当议定典价钱肆拾六千文："当"下有脱字，从其旧。

GT－GDL－181/GT－040－189 民国十四年三月二十六日龙文富典田契

立典田契字人豪大龙文富，今因要钱使用无所出处，自愿将到土名上建墓田大小肆丘，收花壹拾捌边，上抵山，下抵龙锦锡田，左抵水圳，右抵本主田，四至分明，要钱作典。自己上门问到亲房龙文模名下承典。当面议定价钱式拾千文正。其田付与典主耕种收花为利，不限远近相赎回，不得异言。恐后无凭，立有典字是实。

内添肆字。

民国乙丑年三月廿六日　亲笔立

（来源：《天柱文书》第一辑第14册第204页）

1－6－1－038 姜氏桃之典田字（民国十四年五月二十八日）

立典田字人本寨姜氏桃之，为因缺少钱用无处所出，自愿将到地名鸠污色田一丘，约谷六担。其田界限：上凭林姓之田，下凭林姓之田，左凭水沟，右凭山，四抵分明，今将出典与姜元瀚名下承典为业。三面议定价钱式枱（拾）仟〇八十文，亲手收足应用。其田自典之后，恁凭钱上田耕种管业，典主不得异言。倘有不清，俱在典主理落，不干钱主之事。恐后无凭，立此典字为据。

亲笔　姜作相

民国乙丑年五月廿八日　立

（来源：《清水江文书》第一辑第11册第44页）

6－15－1－013 王清禄立典田字（民国十四年六月初八日）

立典田字人魁胆寨王清禄，今因要钱使用无所得出，自愿典到坐落土名中甲田乙丘，收花式枋，上抵典主，下抵贵求，左右抵山为界，四至分明，要钱出典。自己上门问到岭隆村龙汉有名下承典。当面言定典价壹拾陆仟文。议典叁年耕管。自典之后，不得异言。恐口无凭，立有典字为据。

亲笔

民国乙丑年六月初八日　立典

（来源：《清水江文书》第二辑第 7 册第 179 页）

6－2－1－032 王康求立典田字（民国十四年六月十三日）

立典田人锦屏孟寨王康求，今因父亲作古，要钱应用无处所出，自愿将到魁胆，地名格烈坡脚田乙丘出典。其田上抵冲土，下抵王石党田，左右抵山。请中上门问到天柱木杉寨龙王氏妹柳承典。当日言定典钱贰拾仟文整。其钱亲手领清，田付王氏耕种为业，限丁卯年二月赎约。自典之后，并无异言。恐口无凭，立字为据。乙丑年康求当谷乙百伍拾斤。丙寅年王氏自耕收花为利。

中人　王康文
亲笔

民国乙丑年六月十三日　立字

（来源：《清水江文书》第二辑第 5 册第 371 页）

6－13－1－095 王瑞珍立典田契字（民国十四年八月初八日）

立典田契字人魁胆寨王瑞珍，今因要钱使□无所得出，自愿将到坐落土名他宋田大小七丘，收花拾榜，要钱出典。自己问到本寨王吉林名下承典。□□恩。当面言定典价钱陆拾仟文整。其钱领□□田契，任从下田耕种收花为利，日后不得异言。恐口无凭，立有典字为据。定典三年赎专（转）是实。

亲笔

民国乙丑年八月初八日　立典字

（来源：《清水江文书》第二辑第 7 册第 95 页）

3-4-2-012 姜志仁立典田字（民国十四年八月十六日）

　　立典田字人姜志仁，今因要银还账急用无法可施，将到冲堂田式丘，上丘约谷五石，又下丘四石。上丘界：上凭路与山，下抵德明田，左右凭山；又下丘界：上凭路，下抵山，左凭红路，右凭德明田；又一丘引学诗，约谷七石，界：上凭山，下抵典田，左右凭山，共有三丘，约谷十陆石，其田典还与姜承智名下光洋式拾陆元。其田自典之后，任凭典主下田耕种管业。此田不俱（拘）永（远）近价到赎回。恐口无凭，立此典字为据。

　　外批：又近肆佰陆拾斤作典价是实。

　　内添二字。

寅

凭中　姜志

士

民国十四年八月十六日　亲笔　立

（来源：《清水江文书》第三辑第 10 册第 194 页）

6-35-1-040 王泽焕立典田契字（民国十四年九月二十一日）

　　立典田契字人本寨王泽焕，今因要钱使用无所得出，自愿将到坐落土名灿荣田大小四丘，收花式秢，上抵山，下抵凤元田，左右抵山，四至分明，要钱出典。自己问到龙会王贵生、石党泽彬名下承典业。当日言定价钱拾仟零五百整，限九月之内，任（认）禾花乙百斤，不得有误。若有误者，下田耕种，不得异言。恐口无凭，立有典字为据存照。

代笔　王泽彬

民国乙丑年九月二十一日　立典

（来源：《清水江文书》第二辑第 9 册第 456 页）

6-2-1-033 王延和立典田字（民国十四年腊月十一日）

　　立典田字人魁胆王延和，今因要钱使用无处方便，自愿将到土名坐落启法田一丘，收禾花陆秢，要钱出典。请中问到本寨王恩葵名下承典，当日言定典

259

价钱四拾伍仟文整。其钱付清应用。其田出典三年，照价赎转。自典之后，不得异言。倘若异言，立有典字存照是实。

凭中　　清洪

王

讨笔　　嘉谟

民国十四年岁次乙丑腊月十一日　立典字

（来源：《清水江文书》第二辑第 5 册第 372 页）

GT－W－005/GT－010－173 民国十五年一月八日杨德银典柴山契

立契典柴山人杨德银，今因家下要钱用度无从得处，夫妻商议，自愿将到土名道运头古长上柴山壹副，上至岭抵良先油树，下抵盘路，左抵盘路，右抵云阶柴山，四抵分明，要行出典。请中招到黄招汉名下承典，当日凭中三面言定典价钱肆佰捌十文正。其钱即日领清，并不下欠分文。若有来理不清，典主当前理落，不干钱主之事。其山子孙永远耕管，典主不得异言。恐口无凭，立典字为据。

凭中　杨万春

民国十伍年新正初八日　亲笔　立　丙寅年

（来源：《天柱文书》第一辑第 8 册第 250 页）

GT－W－006/GT－010－193 民国十五年一月八日杨德银典山场柴山字

立典山场柴山人杨德银，今因家下要钱用度无从得处，夫妻谪（商）议，自愿将到土名阴刀背盘山路坎上柴山壹副，上抵杨昌锦山提界为界，下抵盘路芳（荒）田，左抵杨德松，右抵吴祖兴山，四抵分明，要行出典。请中招到黄招汉名下承典，当日凭中三面言定典价钱肆伍仟零八十文正。其钱即日领清，并不下欠分文。若有来理不清，典主当前理落，不干钱主之事。其山场子孙永远耕管，钱主不得异言。恐口无凭，立典字为处（据）。

凭中　杨万春（押）

民国十五年丙辰岁新正月初八日　亲笔

260

（来源：《天柱文书》第一辑第8册第251页）

GT－WKZ－001 ／ GT－010－145 民国十五年一月二十五日杨德银转典柴山字

立转典字人杨德银，今因家下要钱用度无从得处，夫妻谪（商）议，自愿将到土名土地堂盘山钊家祖角路坎脚直陇柴山壹副，上抵路，下抵德松山，左抵吴见煌，右抵吴元准连祖角，四抵分明，要行出典。请中招到刘云阶名下承典，当日凭中三面言定典价钱二仟四佰八十文整。其钱即日领清，并不下欠分文。其山任凭钱主坎（砍）发（伐），典主不得异言，若有来理不清，典主尚（上）前理落，不干钱主之事，其山子孙永远耕管。恐口无凭，立转典字为据。

凭中　杨承林

民国十五年丙寅岁正月二十五日　立典　亲笔

（来源：《天柱文书》第一辑第9册第2页）

GT－ZGP－016/GT－034－049 民国十五年三月五日吕国治典水田地契

立典水田地契人吕国治，今因缺少用度无从得处，自己父子商议，情愿将到自己分上之业，土名蜡架水田壹丘，开明四抵：上抵典主，下抵刘姓田，左抵国治田，右抵刘姓田，四抵分明。欲行出典，无人承受。自己请中上门问到杨盛源名下承典，当日凭中言定价钱壹伯（佰）封整。其钱国治领足。其业限至三年上门取赎，不得短少分文。恐口无凭，立此典契为据。

凭中　潘应求
子笔　裕唐

民国拾伍年三月初五日　立

立典水田地契人吕国治，今因缺少用度无从得处，自己父子商议，情愿将到自己分上之业土名蜡架田水田陆丘，开明四抵：上抵裕后田，下抵坡墙，左抵刘姓田，右抵吴姓田，四抵分明。欲行出典，无人承受。自己请中上门问到杨盛源名下承典，当日凭中言定价钱壹百封零二仟捌百文整。其钱国治领足。其业限至三年取赎，不得短少分文。恐口无凭，立此典契为据。

外批：每年补粮钱四百文。

凭中　潘应求

子笔　裕唐

民国拾伍年三月初五日　立

（来源:《天柱文书》第一辑第4册第227页）

GT－WHX－034/GT－008－072 民国十五年三月十六日蒋张氏银翠典田字

立典田人蒋张氏银翠，今因嫡嫂亡故，缺少埋葬费用无从得处，嫂弟商议，自将蒋太藻小冲水田大一涧二丘，计谷拾运，要从出典。自己上门问到族兄蒋昌廉名下承典，当日议凭中三面言定典价钱肆拾千文正。其钱即日领清，并不下欠分。自典之后，任从钱主下田耕种收花准利，典主不得异言。今欲有凭，立典字为据。

自请堂弟蒋昌本代笔

民国十五年丙寅岁三月十六日　立典

（来源:《天柱文书》第一辑第6册第39页）

1－2－4－125 姜秉文典田字（民国十五年三月二十三日）

立典田字人加十寨姜秉文，为因缺少钱用无处所出，自愿将到地名皆在乜丹之田大小四丘，约谷四担，上凭岩砍（坎），下凭溪，左凭山，右山，四至分清，今将请中出典与九□寨林昌旺、林昌显、林昌云弟兄承典为业。当日凭中议定价钱八仟整，亲手收足应用。其田自典之后，恁凭钱主下田分花耕种管业，典主不得异言。恐口无凭，立此典字为据。

凭中　姜永到

民国拾伍年叁月廿三日　亲笔　立
是年六月廿三日姜元贞备价赎回，贞批。

（来源:《清水江文书》第一辑第5册第127页）

GT－GDL－040/GT－040－053 民国十五年四月五日刘泽欢典田契

立典田契字人刘泽欢，今因要钱应用无处可得，自愿将到土名岑细田二丘出典。其田上抵刘祥恩土，下抵典主田，左抵路，右抵山，四至分明。请中上门问到本房刘邦闻名下承典。当日议定元钱贰拾封整。其钱亲手领清。其田付与邦闻耕种收花为利。自典之后，不得异言。恐口无凭，立有典字为据。

外批：此田仍放田泽欢耕种，无认干旱与否[1]，我欢甘愿当租谷拾遍（稝）。此计。

凭中

刘炳林

讨笔

民国丙寅年四月初五日　立

（来源：《天柱文书》第一辑第 14 册第 43 页）

注：

（1）无认干旱与否："无认"当为"无论"，依其旧。

6-39-1-028 王有承立典田地字（民国十五年四月十三日）

立典田地字人本王有承[1]，今要钱使用无所得出，自愿将到坐地名 平 崩田大小两丘，上抵瑞清田，下抵本主山，左右山为界，要钱出典。自己请中上门问到本王有彬名下承典为业。当日言定价钱壹拾贰仟整。□典两年。自典之后，不得异言。恐口无凭，立有典自（字）为据自（是）实。

代笔　王世乾

民国丙寅年四月十三日　立典

（来源：《清水江文书》第二辑第 10 册第 403 页）

注：

（1）立典田地字人本王有承："本"字下疑有脱字，从其旧。下文"本王有彬"亦然。

6-25-1-014 王海标立典田契字（民国十五年五月初十日）

立典田契字人本寨王海标，今因要钱使用无所得出，自愿将到坐落土名高

263

洞散冲，上抵云求田，下抵洞，左右抵山为界，四至分明，要钱出典。自己登门问到本寨王显田名下承典三年为业。当面言定价钱式拾壹仟文整。其钱付与典手。其田交与典主三年管业。自典之后，不得异言。恐口无凭，立有典字为据存照。

内添二字，外添一字。

讨笔　王万富

□国丙寅年五月初十日　立典

（来源：《清水江文书》第二辑第 8 册第 399 页）

1－6－1－050 姜坤泽典田字（民国十五年五月十六日）

立典田字人本家姜坤泽，为因家下缺少钱用无处所出，自愿将到田二丘，地名壁南，约谷二石，界限；上凭姜恩宽之田，下凭姜秉魁之田，左凭典主之荒坪，右凭荒坡，四字（至）分清，今将凭中出典与姜元瀚弟兄二人名下承典为业。当日凭中三面议定价元钱柒仟式百捌拾文，亲手收足应用。其田自典之后，任凭钱主上田耕种三年，价到赎回。倘有不清，俱在典主理落，不关钱主之事。恐口无凭，立此典字为据。

内添八字。

凭中
岩湾寨范丙芳
代笔

民国十五丙寅年五月十六日　立

（来源：《清水江文书》第一辑第 11 册第 56 页）

6－16－1－020 王通柏立典田契约（民国十五年六月二十日）

立典田契约人魁胆寨王通柏，今因要钱用度无所得出，自愿将到土名圭胆溪边小田乙丘，收禾乙秤式稱，其界：上抵现保田，下抵典主荒坪，左抵典主田，右抵山为界，四至分明，要钱出典。自己上门问到平翁村龙现麟名下承典为业，当日议定典价钱乙拾式千文。其钱亲领应用。其田任从承典耕种管业，限至三年将本钱赎转，不得短少，田归原主。恐口无凭，立此典字为据。

中华民国丙寅年六月二十日　亲笔　立

（来源：《清水江文书》第二辑第 7 册第 208 页）

6－3－1－082 王贵林立典禾花谷字（民国十五年十二月初八日）

立典禾花谷字人魁胆本寨王贵林，今因家下缺少钱用无所得出，自愿将典地名格烈田谷禾花壹佰五拾斤整，当日议定价典拾仟文整。自己上门问到本寨王氏爱银名下承典为息。当日限至明年九月将本利归还，不得有误。立有典字为据。

笔　王华恩

外批：民国庚午年三月廿一日王贵林加典田，亲领去钱式仟四百文正。民国廿年十月十六日子女翠引手领去钱式仟文正。

民国十五年十二月初八日　立典

（来源：《清水江文书》第二辑第 5 册第 476 页）

GT－GDL－111　／　GT－023－101 民国十五年十二月二十六日梁成祖典田地字

立典田地字人梁成祖，今因家下要钱使用无所出处，四（自）愿将到土名寨脚田一丘，上抵园地，下抵成佑田，佐（左）抵成佑田，佑（右）抵园地，自（四）至分明，要钱出典。自己上门问到地良寨龙德芳名下承典。当日凭中言定价钱壹佰陆拾捌仟整。其钱亲手领足。其田限至明年二内相还[1]，不得有误。若有误者，下田耕种收花为利。四（自）典之后，不得异言。凭口无凭，立有典字为据。

内添字（四）四（字）。

凭中　龙凤光
亲笔

丙寅年十二月二十六日　立字

（来源：《天柱文书》第一辑第 15 册第 113 页）

注：

（1）其田限至明年二内相还："二"下脱下"月"字，从其旧。

GT－GGD－092 ／ GT－032－076 民国十六年二月二十日佚名典田契

立典田契字人□□□，今因要钱使用无所出处，自愿将到土□□岩长田大小三丘，收禾四十八边，上抵典主田，下抵炳祥田，左右抵山，四至分明，要钱□□。请中上门问到观音洞杨来明承典，当日凭中议定价钱四拾封□□整。其钱交足入手应用，限至叁年钱到出字，不得有误。恐口无凭，立有典字为据。

外批：任（认）谷式拾四边。

内添六字。

凭中　　杨汉祥

代笔　　炳祥

民国十六年二月二十日　　立字

（来源：《天柱文书》第一辑第 20 册第 243 页）

GT－GDL－045/GT－040－046 民国十六年三月十八日刘泽欢典田契

□□契人刘泽欢，今因家下要钱使用无所出处，自愿将到地名登麻坝上田大小二丘出典。其田上抵周月亮，下抵胡启林，左抵刘发祥，右抵龙东术妈之田，四至分明，要钱出典。自己上□问到本寨刘氏翠菊名下承典，当面定价肆拾封铜元整。其钱泽欢领清。其田限至三年将赎。恐口无凭，立有典字为据。

凭中代笔　　刘启昌

民国丁卯三月十八日[1]　　早立

（来源：《天柱文书》第一辑第 14 册第 48 页）

注：

（1）民国丁卯三月十八日："卯"下脱"年"字，从其旧。

GT－WHX－102 ／ GT－010－248 民国十六年四月十一日蒋景儒典田字

　　立契典田字人蒋景儒，今因家下要钱使用无从得处，夫妻商议，自将己面分土名井水田右边一涧，收四运，要行出典。先尽亲房，无钱承受。自己请中问到伊亲内弟杨永 大 承典业。当日凭中三面议定典价捌拾仟文正。其钱即日一概领清，并不下欠分文，外不另立领字。自典之后，任从钱主下田耕种，典主不得异言。恐口无凭，立□典字为据。

凭中代笔　昌培

民国十六年丁卯岁四月十一日　立典

（来源：《天柱文书》第一辑第 6 册第 228－229 页）

6－3－1－087 王恩禄立典田字（民国十六年六月十八日）

　　立典田字人本寨王恩禄，今因要钱使用无所得出，自愿将到坐落地名凼王有田壹丘，收花式百斤，上下抵辞恩田为界，左右抵山，四至分明。自己问到本寨王贵多承典为业。当日言定价钱式拾仟岑（零）壹百八文整。其钱付与典主领足应用。其典田交与典主管业，典田不限远定（近），日后不得异言。恐口无凭，立有典字为据。

代笔　恩田

民国丁卯年六月十八日　立典

（来源：《清水江文书》第二辑第 5 册第 481 页）

6－2－1－047 王志朵立典田契约（民国十六年七月十七日）

　　立典田契约人本房子王志朵，今因要钱用度无所出处，自愿将到坐落土名冲麻田乙丘，收花乙劳式边整，自己上门问到大寨父恩葵承典为业，当面言定田价钱同（铜）元式十丰（封）整。要钱出典，不得异言。立有典字为据是实。

　　出典三年之内。

代笔　父王康发

267

民国拾陆年七月十七日　立典

（来源：《清水江文书》第二辑第5册第386页）

6-3-1-089 王贵林立典田地字（民国十六年十月十二日）

立典田地字人本房王贵林，今因要钱使用无所得出，自愿将到坐落地名格烈田一丘，收禾花四楞，要钱出典。自愿请中登门问到王贵森名下承典为息，当面议定典价元钱拾陆仟文整。其典田契限至明年三月将本赎回。若无钱归赎，二比同下田耕种同收，不得异言。恐口无凭，立典字为据是实。

凭　　　泽

中　王　恩

笔　　　华

民国十六年十月十二日　典字实

（来源：《清水江文书》第二辑第5册第483页）

1-7-1-033 杨荣坤典田字（民国十六年十一月初一日）

立典田字人竹平村杨荣坤，今因要钱支用无所出处，自愿将到土名角龙田一丘，收花拾陆挑，上抵陆姓田，下抵杨建林田，左抵张姓田，右抵砍（坎）为界，四至分明，要钱出典。自己问到平礳村姜东成、姜东和兄弟二人承典。当日议定典价元钱陆拾叁封正。其钱领足应用。其田不限远近赎约。若有钱主未得畊（耕）田者，其钱照月加四行息，二比不得异言。恐后无凭，立有典字为据。

民国丁卯年十一月初一日　亲笔　立

（来源：《清水江文书》第一辑第11册第177页）

GT-WHX-042 / GT-011-059 民国十六年五月六日蒋昌荣典田字

立典田人蒋昌荣，今因家下要钱用度无从得处，夫妻商议，自愿将到己面土名同油凹脚水田一丘，收谷捌运，要行出典。自己上门招到房族蒋景耀名下承典为业，当日凭中言定典价钱式拾阡（仟）文正。其钱即日领清，并不下欠分文，外不书立领字。其田付与典主耕种，付稞（课）谷一石五斗正。日后备得原本上门抽字。恐口无凭，立典字为据。

蒋景耀将出转典与内侄泰顺

泰长　亲笔

凭中　蒋太顺

民国拾陆年丁卯岁五月初六日　亲笔立

（来源：《天柱文书》第一辑第 7 册第 114 页）

GT－JDP－196/GT－012－190 民国十六年十二月二十四日杨金有典田契

立典田契字人杨金有，今因家下要钱使用无从得处，母子商议，情愿将到己分土名吴公冲口圳上因水田壹丘，计谷六石四斗，内开四抵：上抵溪，下抵森喜田，左抵圳，右抵溪，四抵分明，要行出典，无人承就。请中上门问到亲识罗洪泽名下承典。当日凭中三面言定典价铜元钱捌拾捌阡八百文正。其钱亲手领足，领不另书。其田任从钱主下田耕管收花为息，日后备得元价上门赎契，不得短少分文，典主不得异言。恐口无[1]，立典字为据。

内添式字。

恨（限）之二年上门赎取

清文

凭中　杨云发

承隆

批：元契元[2]杨松林批与房弟杨清文名下耕管为业收花为息。立批转典字为据。

凭请笔　罗洪祖　立

中华民国十六年十二月廿四日　请代笔杨书有　立

民国十八年十月初六日　洪祖

（来源：《天柱文书》第一辑第 3 册第 204 页）

注：

（1）恐口无："无"字下疑有脱字，从其旧。

（2）元契元："元"字下脱一"价"字，从其旧。

GT－GGD－049 ／ GT－035－041 民国十六年十二月二十七日杨光容典田契

立典田契字人杨光容，今因家下要钱使用无所出处，自愿将到土名便冲田大小五丘，收花壹佰边，上抵杨光有田，下抵典主田，左右抵山，四至分明，要钱出典。请中上门问到本房杨通海名下承典。当中议定价钱陆拾陆仟文正。其田限至明年叁月将续（赎），不得有误。若有误者，下田耕种，不得异言。恐口无凭，立有典字为据。

亲笔

凭中　杨通盈

民国十六年十二月二十七［日］　立

（来源：《天柱文书》第一辑第 21 册第 244 页）

GT－WKZ－004 ／ GT－010－136 民国十七年三月八日刘宜清典墦场园字

立典墦场园人刘宜清，今因家下要钱用度，无从得处，自心商议，自愿将到土名黄土坡墦地四磴，内开四至：上坻（抵）刘宜 新，下坻（抵）吴见云，左坻（抵）刘良汉，右坻（抵）刘修惶，四至分明，要行出典。先尽亲房，无人承授（受）。请中上门问到黄招汉名下承典。三面言定典价钱四千文正。其钱即日领青（清），并不下欠分文。今欲有凭，立典字为据。

二年不许妥（赎）契，后不恨（限）远近钱到妥（赎）契。

凭中　刘修炳

民国十七年三月初八日　青（亲）笔　立

（来源：《天柱文书》第一辑第 9 册第 5 页）

6－40－1－082 王裕朵立典田地字（民国十七年）

　　立典田地字人本寨王裕朵，今因要钱使用无☐到坐落地名还尧尾田乙丘，上抵本主，下抵恩然，左☐为界，四至分明，要钱出典。自己上门问☐承典为业。当日言定价钱肆拾仟文整。☐其田交与永远管业，日后不得异言。恐口无凭☐。

代笔　☐

民国戊辰年☐

（来源：《清水江文书》第二辑第 10 册第 544 页）

6－38－1－066 王有德等立典田契字（民国十八年二月二十六日）

　　立典田契字人众祠首王有德、王□焕、王云求、王瑞田等，今因众祠缺少钱用无所得出，自愿将到坐落土名毫地丘田乙丘，收花捌边，众愿问到本祠王安福名下承典收花为利。当日议定价钱壹拾肆仟文整。其钱众祠领足。其田交与典主收花为利，日后将钱转赎，字约转为（回），不得异言。立有典字存照。

亲笔　王贵生

民国拾捌年岁次己巳二月廿六日　立

（来源：《清水江文书》第二辑第 10 册第 354 页）

6－14－1－009 王有鳌立典田地约（民国十八年八月初五日）

　　立典田地约人魁胆寨王有鳌，今因家下要银使用无所得出，自愿将到座（坐）落土名下塝田壹丘，要钱出典。自己上门问到孟寨王志岩名下承典耕种收花。当日议定典价钱伍拾仟整，承典贰年，限到辛未年二月价钱赎转，田归典主，不得异言。恐后无凭，立此典字是实。

讨笔　世辉

中华民国拾捌年岁次己巳八月初五日　立典

271

（来源：《清水江文书》第二辑第 7 册第 139 页）

GT-GMS-127/GT-030-035 民国十八年杨三、圆老毛加典田契

立加典田契字人杨三、圆老毛，今因家下要钱使用无所出处，自愿 ____ 名墓延田大小五丘，上四丘上抵沙土，下抵龙大已田，左抵山，右抵 ____ 凹；下一丘冲口，上抵姚再清田，下抵坎，左右抵山，四至分明，要钱加典。清（亲）自二人上门问到龙通顺名下承典，当面三人议定价钱叁拾九封六百文整。其钱付与典手领足入手应用。其田付与承典主，不限远近将续〔赎〕，不得异言。恐口无凭，立有典字□□。

代笔　龚砚斌

中华民国己巳 ____

（来源：《天柱文书》第一辑第 19 册第 139 页）

6-3-1-092 王世元立典田字（民国十九年正月十四日）

立典字人本寨王世元，今因要银使用无所得出，自原（愿）将到坐落土名盘金盘田乙丘，上抵贵标，下抵志冲，右抵岩元，四至分明，要银出典。自己上门问到王名佑名下承典为业，当面言定价银老光□四元整。出典乙年，不得异言。恐口无凭，立有典字为据。

亲笔
凭冲（中）　王恩求

民国庚午年正月十四日　立典

（来源：《清水江文书》第二辑第 5 册第 486 页）

6-34-1-022 王志元立典田契字（民国十九年三月二十六日）

立典田契字人本寨王志元，今因要钱使用无所得出，□愿将到坐落土名便大田乙丘，收禾花四劳，上抵□□石元田为界，下□王孝求田为界，左抵王凤标□田为界，右抵路□为界，四字（至）分明，要钱出典。自己上门问到本寨

王瑞田乙人承典□□为业,当面议定价钱八十千整,限在两年二月来 [赎回] 。其钱付与典主应用。其田交与耕重(种)为业。是(自)典之后,不得异言。恐口无凭,立有典字为据。

内添七字。

民国庚午年三月二十六日　立

(来源:《清水江文书》第二辑第 9 册第 394 页)

GT－GSH－102 ／ GT－024－163 民国十九年四月刘耀乙、刘宗锜父子二人典田契

立典契字人刘耀乙、宗锜父子二人,今因家下要钱出使用,无所出处,自愿将到土名腊甲田乙丘,收花五桃(挑),其田上〔东〕抵、下左右抵某为界。四至分明,要钱出典。请中上门问到登冲龙显什各(名)下承典,当日三面议定价钱九十九仟文正。其钱领清,入手应用。其田付与典主耕种收花为利。其田留与耀乙耕种,典主自甘认谷贰石五斗。其田限在明年二月相赎,钱到契回,不得异言。恐口无凭,立有典契为据。

凭中　刘显发
亲笔　刘耀乙

□ 十九年四月 □

(来源:《天柱文书》第一辑第 16 册第 116 页)

GT－GGD－073/GT－031－119 民国十九年四月十八日杨通茂典田契

立典田契字人杨通茂妻,今因家下要钱使用无所出处,自愿将到土名冲边田一连式丘出典。上抵通全田,下抵通贵娘田,左右抵山,四至分明,要钱出典。请中上门问到冲光李高后名下承典。当日凭中议定典价元钱肆拾封整。其钱交足入手应用,并无下欠分文。其典田付与钱主耕管,不得异言,限至明年二月钱到续(赎)约,不得有误。若有误者,下田耕种收花为利。恐口无凭,立有典字为据是实。

凭中　胡启忠

273

代笔　通海

民国十九年四月十八日　立字

（来源：《天柱文书》第一辑第 20 册第 76 页）

6－36－1－113 王瑞珍立典田契字（民国十九年六月十七日）

立典田契字人魁胆寨王瑞珍，今因要钱使用无所出处，自愿将到坐落土名便得田一丘，收花式秤五边，上抵路边田，下抵志元田，左抵光求大田，右抵康佑路边田为界，四至分明，要钱出典。自己请中问到本寨龙延宁名下承典为息。当面言定典价元钱陆拾贰仟四百文。其钱领足。其典契不限远近将钱赎契，二比不得言。恐口无凭，立有定典三年字为据。

凭中　王品科

民国庚午年六月十七日　亲笔立　　典

（来源：《清水江文书》第二辑第 10 册第 114 页）

GT－WHX－045 ／ GT－009－233 民国二十年六月九日杨氏金花暨媳陶氏翠姣典田字（附：转典田领字）

立出典田字人吴杨氏金花，率媳陶氏翠姣，今因家下要钱用度无从得处，婆媳商议，自己请中上门问到亲房吴祖铣、吴祖魁、吴德馨叔侄名下，将本己祖人遗下产业，地名洞头大坡田，从屋背以上右边由井塘以上之田大小不计丘数，并随山场完全出典与吴祖铣、吴祖魁、吴德馨叔侄为业。凭中当面言定典价钱壹千柒百千文整。其钱当日凭中一概领清，并不下欠分文，外不另立领字。自出典之后，任凭承典主子孙永远管业，出典主不得异言。若有来历 ☐ 清，出典主向前理落，不干承典主之事。恐口无凭，立☐典字为据。

因移远就近，将此田转典与杨永 ☐ 兑清，另立领字。

凭中　吴祖文
光　并代笔

民国二十年六月初九日　立

（来源：《天柱文书》第一辑第 7 册第 46 页）

6 - 25 - 1 - 019 王有敖立典田地字（民国二十年六月二十三日）

　　立典田地字人魁胆寨王有敖，今因缺少钱使用无所出处，自愿将到坐落土名容烈田一丘，收花四秤，上抵山，下抵凤发田为界，左抵山，右抵山，四处分明，要钱出典。先问房族，无钱承典。自己请中上门问到岩有村龙见发名下出钱承典。当日凭中义（议）定价钱三拾伍仟整。其钱付与典主岭（领）足应用。其田付与典主管业。自典之后，不得黄言。若有黄言，立有典字为据。

代笔　王光泽

民国辛未年六月二十三日　典

（来源：《清水江文书》第二辑第 8 册第 404 页）

GT - GDL - 109 ／ GT - 039 - 134 民国二十年七月十四日龙喜泮典田契

　　立典字人龙喜泮，今因要使用无处所出[1]，自愿将到土名召却半冲田一丘，上抵路，下抵共田，在左右抵沟，四至分明，要钱出典。当面仪（议）足价六千整。其钱付与典手。自己上门到龙士恒名下承典，不得异言。恐口无凭，立典字为据。

民国二十年七月十四日　立典

（来源：《天柱文书》第一辑第 13 册第 320 页）

注：

（1）今因要使用无处所出："要"下有脱字，从其旧。

GT - GDL - 057／GT - 040 - 061 民国二十一年三月一日龙喜泮典田契

　　立典契田字人龙喜泮，今因家下要钱使用无处可得，自愿将到土岭答田一丘，上抵本人田，下抵本人田，左右抵山，四至分明，要钱作典。自己问到清明朝宗公会主承典，立（义）定典价钱壹拾参（叁）仟贰百文整。其钱领足，其田付与公会耕收花为利，［限］不限远近将钱还转，不得有误。若有误者，将典约远永存照[1]，不得异言。恐后无凭，立有典字为据。

讨笔　先翰

民国壬申年三月初一日　立典

（来源：《天柱文书》第一辑第 14 册第 60 页）

注：
（1）将典约远永存照："远永"当作"永远"，依其旧。

GT－GGD－078/GT－031－112 民国二十一年三月六日杨通全加典田契

立加典田契字人杨通全，今因家下要钱使用无所出处，自愿将到土名冲巳田－丘，上抵本姓共田，下抵陆志可名下承加典。其田前因辛未年典有典契，价钱一拾四封正，令（另）外加典同（铜）元八封四百文正。其钱交清，不欠分文。其田限至明年二月钱到收约，不得有误。倘有过限，下田耕种，不得异言。恐口无凭，立有加典字为据。

亲笔

民壬申年三月初六日　立

（来源：《天柱文书》第一辑第 20 册第 81 页）

6－35－1－055 王贵标立典田字（民国二十一年四月二十八日）

立典字人王贵标，今因要洋使用无处所出，自愿典到地名岑滥田壹丘出典，上抵贵品田，下抵志□田，左抵山，右抵冻求田为界，四至分明，要洋出典。自己上门问到本寨王邦林名下承典，当面言定价洋壹伯（佰）伍拾元整。其洋亲手领足。其田任凭典手耕种，每年待秋收后将谷式伯（佰）斤称与承典人以为息利，日后不得异言。恐口无凭，特立典字为据。

内添四字。

代笔　贵生

民国廿乙年四月廿八日　立

（来源：《清水江文书》第二辑第9册第471页）

2－12－1－024 姜如芝立典田字（民国二十二年二月初二日）

立典田字人姜如芝，为因缺少钱用无处得出，自愿将到之田，地名皆洋田二丘，约谷三石，界限：上凭田祖之田，下凭溪，左凭山，右凭恩相之田为界，四抵分清，今将出典与姜元昌名下承典为业。当日凭中义（议）定价钱贰拾叁仟整，限六月内归还不误。如有者，每年上租谷二百三十斤。倘有不清，俱则（在）典主理落，不关钱主之事。口说无凭，立此典字为据存照。

凭

姜如铨

中

民国二廿年二月初二日⁽¹⁾　姜如芝亲笔立

（来源：《清水江文书》第三辑第10册第25页）

注：

（1）民国二廿年二月初二日："二廿"：当作"廿二"，从其旧。

GT－ZGP－062/GT－013－058 民国二十二年四月六日潘光怀典水田地契

立典水田地契人潘光怀，今因家下缺少，要钱使用无从得处，自己父子商议，情愿将到自己之业，土名龙凤山却（脚）青山冲水田壹丘，欲出典。开明四抵：上抵潘光世田，下抵光文桐油湾，左抵潘姓油树，右抵潘姓油树，四抵分明，欲行出典。先问房亲，后问业邻，无人承就。自己请中上门问到龙贵华名下承典。当日凭中议定价钱柒拾伍仟。其钱亲手领用，另不领书⁽¹⁾，所领是实。其田出典，不限远近取续（赎）。立此典字为据。

外批：内添叁字。

潘光槐清（亲）笔

民国贰拾贰年四月初六日　立典

（来源：《天柱文书》第一辑第4册第63页）

注：

（1）另不领书：一般作"领不另书"，从其旧。

4－1－1－077 陆胜煌立典田字（民国二十二年四月二十二日）

立典田字人本寨陆胜煌，为□缺少用费无处设法，自愿将长冲之一外间田出典与本寨陆宗显名下承典为业。当日凭中议典价钱贰拾捌仟〇八拾文整，亲手收足应用。□有自典之后，恁凭承◻◻◻田耕种管业，不得异言，永远存照是实。

外批：添□字、黑三字。

　　　　　　　　　　　　　　　　　　　　代笔　陆胜□

民国二十二年癸酉四月二十二日　立

　　　　　　　　　　（来源：《清水江文书》第二辑第 3 册第 256 页）

GT－GDL－068/GT－040－074 民国二十二年六月二十二日刘荣昌典田字

立典田字人刘荣昌，今因要钱用度无处可得，自愿将到坝溪脚坡脚田一丘出典。其田上抵本主田，下抵飞山庙，左抵沟，右抵大路，四至分明。自己上门问到凸洞村杨通全名下承典，议定典价元［钱］玫拾贰封四百文。其钱领足。其田限至明年二月内将赎，不得有误。误者，任通全下田耕种，不得异言。恐口无凭，立有借字为据。

　　　　　　　　　　　　　　　　　　　　　　亲笔

民国二十二年癸酉六月二十二日　立

　　　　　　　　　　　（来源：《天柱文书》第一辑第 14 册第 71 页）

GT－WWD－027 / GT－010－099 民国二十三年二月十三日吴氏彩乔典田契

立契典田字人吴氏彩乔，今因要钱使用无从得处，自愿将到土名梅子坡过水田壹丘，冲头田两塝，共计谷四拾四罗（箩），要行出典。请中上门问到房叔胡贡卿名下承典为业。当日凭中定典价捌百伍拾式千文正。其钱清（亲）手领去，不下欠分文。其田钱主下田耕种，典主不得异言。今有凭，立典字为主（据）。

凭中　胡贡毫

民国二十三年二月十三日　立典

（来源：《天柱文书》第一辑第 8 册第 234 页）

6－9－1－092 王有宁立典田地字（民国二十三年五月初五日）

立典田地字人本寨王有宁，因今要钱使用无所出处，自愿将到地名便大田壹丘，收花叁捞肆边，上抵庚林，下抵溪，左抵王祥全，右抵山为界，四至分明，要钱出典。自己问到本寨王宏林承典，二比议定典价贰佰壹拾仟文。其钱收足应用。其田限典三年，备价赎典，不得异言。恐后无凭，立有典字为据。

讨笔　王昌宏

民国甲戌年五月初五日　立典

（来源：《清水江文书》第二辑第 6 册第 322 页）

4－2－1－048 陆秀银立老典田字约（民国二十三年五月二十一日）

立老典田字约人本防（房）侄陆秀银，为因家下缺少用度无从所出，自愿将到座（坐）落土名长冲秧田一丘，约谷叁担，自愿请中登门问到叔父陆胜河名下承典为业。当日凭中三面议定价元钱一百九八封整[1]，亲手收回应用。其田自典之后，恁凭钱主下田耕种管业，典主不得异言。此田限定三年价到田回。恐后无凭，立此典字为据是实。

中　陆秀文
笔　陆相隆

民国甲戌年五月二十一日　立

（来源：《清水江文书》第二辑第 3 册第 344 页）

注：

（1）元钱一百九八封整："九"下脱"十"字。从其旧。

GT-GGD-089/GT-033-080 民国二十四年三月十九日胡启林典田契

立典田契字人胡启林，情因要钱使用无所出处，自愿将到土名高登麻田大小式丘，收禾式拾肆稛作典，上抵龙东模田，下抵刘庚庆田，左抵东模田，右抵庚庆田，四至分明，自己问到媳妇汤氏兰青承典。当日言定价钱式佰式拾仟整，不限远近相赎。恐口无凭，立有典字为据。

凭中　胡贤文

讨笔　龙东模

民国二十四年三月十九日　立字

（来源：《天柱文书》第一辑第21册第123页）

1-11-1-070 姜继琦立典字（民国二十四年七月初十日）

立典字人本家姜继琦，为因所欠长媳之钱无处所出，自愿将到补先坝子田式丘，界止：上凭钱主之田，下凭典主田，左凭钱主之田，右凭纯礼之田，四抵分清，今凭族出典姜氏月香私下承典为业。当日议定典价光洋式拾式元正，亲手收足应用，之后恁凭钱主上田耕种管业，典主不得异言。恐口无凭，立此典字为据。

凭中　文忠

笔　文科

民国乙亥年七月初十日　立

（来源：《清水江文书》第三辑第6册第539页）

6-38-1-074 王云清立典田契约字（民国二十四年十一月十一日）

立典田契约字人魁胆寨王云清，今因要钱使用无所得出，自愿将到坐落土名岑滥田一丘半，上抵友德田为界，下抵秀鳌为界，四至分明，要钱出典。自己上门问到本寨王根林名下承典三年收花为息，当面言定典价钱大洋贰拾壹元捌角整。其大洋交与典主领足支用。其田契任从典主收花三年。自典之后，不得异言。恐口无凭，立有典字为据是实。

内添四字。

凭中　王碧林

讨笔　炳煜

民国二十四年岁次乙亥十一月十一日　立

（来源：《清水江文书》第二辑第 10 册第 362 页）

7 - 1 - 1 - 022 杨秀清立典田字约（民国二十四年十二月初二日）

立典田字约人本寨堂叔杨秀清，为因缺少钱用无处所出，自愿将到屋贝田乙丘，约谷伍石整，今凭中立典与堂侄杨再能名下承典为业。当日凭中三面议定典价钱壹佰肆拾式仟二百文整，亲手领足应用。其钱字（自）典之后，恁从钱主耕种管业，典主并无异言。恐后无凭，立有典字永远发达存照为据。

外批：内错式字。

中笔　杨再卿

民国乙亥年十二月初二日　立

（来源：《清水江文书》第三辑第 1 册第 22 页）

GT - GSH - 002 ／ GT - 024 - 083 民国二十四年十二月十日龙什德典田地字

立典田地字人黄花寨龙什德，今因家下要钱使用无所出处，自愿将到土名行头冲田大小五丘，上抵龙令增田，下抵姚元招田，左抵共山，右抵龙大光山，自（四）至分名（明），要出典，当面议定典价铜元壹佰陆拾封正。限字（至）三年钱到契回。自典之后，不得异言。恐口无凭，立有典字为据。

代笔　龙令㶥

民国二十四年十二月初十日　立

（来源：《天柱文书》第一辑第 16 册第 3 页）

281

5-1-3-100 彭仁炳、彭仁福立再加典田字（民国二十四年十二月二十二日）

立加典田字人彭仁炳、彭仁福，今因家下缺少钱用无从得出，弟兄商议，自愿将到我父亲所兴之田，座（坐）落地名对门榜顶头大田乙丘，约谷⁽¹⁾、四抵照依老典契，今已弟兄自愿加典与彭普亨名下承典为业。当日凭中议定加典价元钱壹佰零壹千四百文整。其钱当日领足应用，不欠分文。其田自典之后，恁凭钱主下田耕种收花管业，照依古理，错典仍就年三⁽²⁾。典主不得异言。将后无凭，将立加典字存照为据。

内涂乙字。

凭中　姜桥荣

彭仁山

民国念岁次乙亥十二月二十二日⁽³⁾　亲笔　立

（来源：《清水江文书》第二辑第5册第100页）

注：

(1) 约谷："谷"下疑有脱字，从其旧。

(2) 错典仍就年三："年三"疑作"三年"，从其旧。

(3) 民国念岁次乙亥十二月二十二日："念"下有脱字，按民国乙亥年为民国二十四年，从其旧。

GT-DGH-001/GT-016-004 民国二十五年袁盛丰出典袁盛财田土簿记（附：民国二十六年袁盛三出典袁盛财田土笔记、袁盛三出典袁盛财典田土记）

民国廿五年典袁盛丰塘当田半丘，价壹佰肆拾仟文正。当日付清典价，不欠分文。田付袁盛财耕种，不限远近盛丰得钱上门赎归清手续。特此簿记。

廿六年九月袁盛三将那窑中间田壹间、寨号田一丘典与袁盛财名下，典价谷肆石。其田付盛财耕种，不限远近得钱上门赎归以清手续。特此笔记。

又袁盛三将岑滥坡盘田一丘典与袁盛财名下，典价伍拾伍仟文。此记。

（来源：《天柱文书》第一辑第3册第214页）

GT – W – 014/GT – 010 – 163 民国二十五年一月二十四日刘修炳典田字

立典田人刘修炳，今因家下要钱用度无从得处，夫妻谪（商）议，自愿将到土名大圳上水田壹截，收谷伍运零壹箩，要行出典。先尽亲房，无钱承典。请中上门问到包（胞）兄黄昭汉名下承典为业。当日凭中言定典钱贰佰贰拾捌千文整。其钱即日领清，并不下欠分文。自典之后，任从钱主耕管收花为息，典主不得异言。恐口无凭，立典字为据。

凭中　杨万春

民国式拾伍年正月二十四日　亲笔　立

(来源：《天柱文书》第一辑第 8 册第 259 页)

GT – WHX – 051 / GT – 011 – 021 民国二十五年六月十四日吴梁氏伯贞、吴德泉母子典田字

立典田字人吴梁氏伯贞、子德泉。今因要钱无从得处。母子商议，自愿将到土名荒田蒋家门口水田壹丘，计谷伍运，要行出典。自请中上门到伊亲蒋泰顺兄弟名下承典为业。当日凭中言定典价光洋陆拾圆整。其洋亲手领清，并不下欠分文，另不另立领字。自典之后，任从钱主下田耕种收花为利，典主不得异言。恐口无凭，立典字为据。

凭中　吴祖文

民国二十五年丙子六月十四日　德泉亲笔　立典

(来源：《天柱文书》第一辑第 7 册第 123 页)

GT – GDL – 115 / GT – 023 – 122 民国二十五年七月五日龙德芳典田契

立典田契字人龙德芳，今因家下要钱用度无所出处，自愿将到土名门口田一丘，上抵路，下抵起仁田，左抵典主田，右抵溪，四至分明，要钱出典。自己上门问到地良寨龙潜沛名下承典。当面议定价钱贰佰四拾仟文正。其钱当面交清，言定三年为期。自典之后，不德（得）异言。恐后无凭，立有典字为据。

代笔　龙德海

中华民国廿五年七月初五日　立典

（来源：《天柱文书》第一辑第 15 册第 117 页）

6 - 5 - 1 - 038 王秀栋立典田字（民国二十五年八月二十六日）

立典字人魁胆寨王秀栋，今因将到坐落地名格大田乙丘，收花五边整，上抵志林田坎，下坎溪水，左依沟水，右抵刘老孙田坎为界，四至分明，要钱出典。自己问到本房王庚林承典为业，当面议定典价钱九仟整。去限典字叁年将钱出契，本钱归还，不得异言。恐后无凭，立有典字为据是实。

亲笔

民国丙子年八月廿六日　立典字

（来源：《清水江文书》第二辑第 6 册第 67 页）

2 - 2 - 1 - 058 姜周池典田字（民国二十六年二月初四日）

立典田字典字人姜周池，为因要钱用度无处借出，自愿将到祖遗之田上下三丘，地名白堵，约谷式石，界限；上凭山，下抵恩相田，左抵永卿田，右抵恩相□田，四抵分明，今凭中登门出典与下寨姜永珠叔名下承典为业，当凭中议定典价光洋拾元正，亲手领足。其田自典之后，任凭钱主耕种管业，我典主人等日后不异言。倘有不清白，惟我典主之事问，不与钱主相涉。口说无凭，立此典田字为据是实存照。

外批：限至三年不俱永（远）近来赎。

姜如相
凭中
姜贞相

民国二十六年二月初四日　周池亲笔　立

（来源：《清水江文书》第一辑第 13 册第 203 页）

3 - 2 - 3 - 153 杨顺天立典田字（民国二十六年二月初八日）

立典田字人杨顺天，为家下缺少银用无处得出，自愿将到地名引蜡王大干田乙丘，约谷六旦（担），界限：下抵山，上抵山，左凭银主之田，右抵山，四抵分清，今将请中出典与本寨姜宣韬名下承典为业，当中议定价大洋叁拾式元整，亲手收足应用。其田自典之后，任凭典主下田耕种管业，我典主不得异言。不俱（拘）永（远）远近价到赎回。口说无凭，立此典字为据。

凭中　姜志芳

民国廿六年式月刀（初）八日　亲笔　立

（来源：《清水江文书》第二辑第 2 册第 412 页）

GT－GDL－194/GT－040－172 民国二十六年三月十二日龙儒昌、龙儒模立龙后光田地典契遗失作废证明

立失典契字人龙儒昌、龙儒模，今龙俊光自乙亥年将猴子凹田丘典与昌、模二人耕种收花，到丁丑年三月十日光将钱纳契赎回，其契未知失在何处。恐后寻得，作为废契。恐后无凭，立有失契字约为凭存照是实。

弟笔　龙儒辉

民国丁丑年三月十二日　立失字

（来源：《天柱文书》第一辑第 14 册第 217 页）

GT－GYD－011/GT－004－001 民国二十六年五月十五日杨少伯典田字

立典田字人杨少伯，今因家下要钱度用无所出处，自愿将到土名龙东田一丘出典一半，上抵山，下抵龙姓田，左右抵山，分明[1]，要钱出典。自己登门问到龙氏内贞承典。当日言定价钱壹佰壹拾壹仟文正。其田限至庚辰年续（赎）转，不得有误。恐口无凭，立有典字为据是实。

讨笔　杨胜甲

民国廿六年岁次丁丑五月十五日　立

（来源：《天柱文书》第一辑第 11 册第 122 页）

注：
(1) 分明："分"前脱"四抵"或"四至"，依其旧。

3-2-3-155 杨顺天立典田字（民国二十六年五月二十六日）

立典田字人杨顺天，为因家下缺少银用无处得出，自愿将到地名白斗岭田乙丘，约谷式旦（担）半，界限：上抵典主之田，下抵山，左抵典主之冲田，右凭沟，四抵分清，今将请中出典与本寨姜必行名下承典为业，当面凭议定价大洋捌元整[1]，亲手收足应用。其田自典之后，任凭典主下田耕种管业，我典主日后不得异言。不具（拘）永（远）近价至赎回。口说无凭，立此典田字为据。

外批：此洋钱元八五叩（扣）。

凭中　姜兴贤

民国廿六年五月廿六日　亲笔　立

（来源：《清水江文书》第二辑第 2 册第 414 页）

注：

（1）当面凭议定价大洋捌元整："凭"后似脱一"中"字，依其旧。

1-3-3-186 姜秉光典田字（民国二十六年十月十四日）

立典字人加池寨姜秉光，为因缺少银用无处所出，自愿将到土名迫南之田，约谷七担作典，界止：上凭祖莹，下凭文举之坪，左凭典主之田，右凭林姓信之田［之田］，四至分清。将田作典大洋叁拾元整，每年上脚谷四百斤，范锡潭名下承典为业，本利不得还，上田耕种不屋（误），永见（远近）价到交至。此典字为据。

内吞（添）：八可（颗）字。

凭中代笔　姜坤泽
坤泽

民国卅一年三月初九日本利还清　　　　　　凭中　姜　　　字退
文举

民国廿陆年十月十四日　立

（来源：《清水江文书》第一辑第 7 册第 315 页）

286

GT－GGD－083/GT－031－125 民国二十七年三月十日杨通贵典田契

立典田契字人凸洞杨通贵，今因要洋使用无所得处，自愿将到土名凸洞坝田乙丘出典。上抵本主田，下抵溪，左抵龙德标田，右抵胡启模田，四至分明，要洋出典。亲自上门问到甘洞李高顺名承典[1]，亲主二面议定价洋式拾捌元整。其洋亲领。其田付与承典人耕种。自典之后，不得异言。恐口无凭，立有典字为据。

亲笔

民国廿七年三月初十日　立

（来源：《天柱文书》第一辑第 20 册第 86 页）

注：

(1) 亲自上门问到甘洞李高顺名承典："名"下有脱字，从其旧。

GT－GYD－038/GT－004－021 民国二十七年三月十八日刘根深典田字

立典田字人本寨刘根深，今因家要钱使用无所出处，自愿将到土名登毛田一丘出典，其田界限：上抵山，下抵本主田，左抵路，右抵山，自（四）至分明，要钱出典。自己上门问到龙大河名下承典。当日言定价钱柒拾仟文正，甘认当谷壹百四拾斤。其谷限至九月归还，不得有挨。若有挨者，其谷利为本，下田耕重（种）收花为利，不得异言。恐无凭，立典字存照。

亲笔

民国贰拾柒年叁月拾捌日　立

（来源：《天柱文书》第一辑第 11 册第 149 页）

GT－WHX－114 ／ GT－010－246 民国二十七年四月十八日蒋景福典田字

立典田字人蒋景福，今因要洋使用无从得处，夫妻父子商议，自愿将到土名黄巡楠竹圆（园）屋脚□坎上田一洞，计谷叁运，要行出典。请中问到杨永大名下承典为业，当日凭中议定典价洋拾元正。其洋即日清（亲）手领入，不

287

欠分文，领不另立领字。其田任从钱主下田耕种收花准利，日后备得原本赎字，不限远近。恐后无凭，立曲（典）字为实。

凭中　蒋昌培

民国二十七年四月十八日　亲笔　立

（来源：《天柱文书》第一辑第 6 册第 243－244 页）

GT－WKZ－011 ／ GT－010－135 民国二十七年六月刘修炳典房屋契

立契典房屋字人刘修炳，今因家下要钱使用无从得处，夫妻商议，自愿将到房屋半重（幢）要行出典。先尽亲房，无钱承典。请中招到包（胞）兄黄贻汉名下承典为业。三面言定典价钱光洋壹拾捌元整。其洋作借柒仟式百文。其洋即日领清，并不下欠分文。自典之后，任从钱主修整居坐，典主不得异言。今欲有凭，立典字为据。

外无领字。

杨宗根
凭中　胡英华
罗继松

中华民国式拾柒年六月　日亲笔　立

（来源：《天柱文书》第一辑第 9 册第 12 页）

6－15－1－014 五清炉立典田字（民国二十七年十二月二十三日）

立典田字人本寨王清炉，今因要钱使用无所得出，自愿将到坐落土名冲甲田一丘，收花一秤，上抵山，下抵沟扚，右左抵山，四至分明，要钱出典。问到本房王有谋承典为业。当日言定价钱叁拾式仟八百六十文。恐口无凭，立有典字为据。限至门（明）年三月初二赎契。

讨笔　王世云

民国戊寅年十二月廿三日　立

（来源：《清水江文书》第二辑第 7 册第 180 页）

GT－WHX－050 ／ GT－009－222 民国二十八年二月二日杨永兴典田字

立典田人杨永兴，今因要钱用度，自愿将到古牛弯己面分水田捌丘，收谷陆运，要行出典。先尽亲房，无人承受。自己请招到蒋景耀名下承为业，三面议定典价洋叁拾元正。其洋即日凭中点数领清，不欠分文。自典之后，任典主下田耕种收花准利，典主不得异言。恐口无凭，特立典字为据。

凭中　杨宗贤

民国贰拾捌年二月初二日　亲笔

（来源：《天柱文书》第一辑第 7 册第 51 页）

6－27－1－053 老四、老五兄弟立典田契字（民国二十八年二月二十日）

立典田契字人本寨老四、老五兄弟二人，无钱使用，无所得出，自愿将到坐落土名毫闷田□丘，四股出典一股，要钱出典。自己上门问本房桃姜名下承典为业，当面议定典价式佰柒拾文正。其钱付与典主应用。其田□典三年赎专（转）。自典之后，不得 异 言。恐口无凭，立有典字为据存照是实。

亲笔

民国廿八［年］二月廿日[(1)]　立

（来源：《清水江文书》第二辑第 8 册第 503 页）

注：

(1) 民国廿八二月廿日："八"下脱"年"字。

GT－WHX－115 ／ GT－010－241 民国二十八年三月二日蒋太本、蒋太开典田字

立契典田字人蒋太本、蒋太开，今因家下要洋急用无从□处，兄弟商议妥当，自己将到黄巡捕土名坝头田一丘，又并大墕丘水田一丘，又并冲头缸田式丘，计谷三处，收谷拾□运，要行出典。先尽亲房，无洋承典。自己请中上门问族内蒋昌培名下承典为业，当日三面言定典价叁拾式元正。其洋即日一并领

289

清入手，并不欠分文，外另立领字。其田任从洋主□田耕种收花为利，典主不得异言阻当（挡）。恐口无凭，立有典字为据。

内涂叁字。此批。

代笔　杨永大

民国廿八年三月初二　［日］⁽¹⁾　立典

（来源：《天柱文书》第一辑第 6 册第 245－246 页）

注：

(1) 民国廿八年三月初二："二"下脱"日"字。

GT－SCM－005 ／ GT－007－204 民国二十八年三月二十七日龙万礼典田字

立典田字人龙万礼，今因要钱使用无从得处，自愿将到上名大步对门河边长田壹丘，收花伍拾稨，上抵杨招和田，下抵杨宗和田，左抵田坎，右抵山为界，四至分清，要钱出典。自己问到冲敏村杨招宗名下承典，当面议定价钱壹佰陆拾陆仟陆百文正。其钱亲手领足应用。其田付与典主耕种，限至三年将钱赎契，不得异言。恐无凭，立有典字为据。

讨笔　龙万才

民国二十八年岁次己卯古厂（历）三月廿七日　立

（来源：《天柱文书》第一辑第 2 册第 288 页）

6－11－1－027 王秀栋立典田字（民国二十八年五月二十八日）

立典田字人魁胆寨王秀栋，今因要钱使用无所出处，自愿将到坐落地名便大田乙丘，收花乙劳八边，上左抵山，下抵先生田，右抵志林田，四至分明，要钱出典。自己问到乔问汤彩兴承典为业，当面言定典价钱叁拾仟整，去限叁年出典，不得异言。恐后无凭，立有典字为据。

亲笔

民国己卯年五月廿八日　立典

（来源：《清水江文书》第二辑第 6 册第 398 页）

GT－GGD－085/GT－031－155 民国二十八年七月十二日杨通贵将先年出典之田托典与李高顺字

兹情杨通贵典与汤苏氏凸洞坝田一丘，收花四挑，本年认谷贰挑，限至明年四月将续（赎）。若还不□，下田耕种收花，兹氏家下要钱，特将此田托与李高顺名下承典捌拾贰仟伍佰文。其钱领足入手应用。其花付与李高顺收花。若有不清，氏负完全责任。恐口无凭，立有托典字为据。

亲笔

凭中　胡贤文

中华民国廿八年七月十二日　立

（来源：《天柱文书》第一辑第 20 册第 88 页）

GT－WHX－119 ／ GT－010－253 民国二十八年十二月十八日蒋泰开典田字

立契典田字人蒋泰开，今因家下要洋急用无从得处，自己将到地名黄巡捕土名龙田右边一涧，收谷六运，又并茨猪吼水田一丘，收谷肆运，又并屋背銮田乙丘，收谷肆运，要行出典。先尽亲房，无人承受。自己请中上门问到亲戚杨永大名下承典为业，当日凭中三面议定典价洋贰拾肆元正。其洋即日领清，并不下欠分文，外无领字。恐后无凭，立典字为据。

自请凭中代笔　太梅

民国二十八年十二月十八日　立

民国三十年二月此田赎转。杨永大亲笔批。

（来源：《天柱文书》第一辑第 6 册第 251 页）

GT－GGD－087/GT－031－130 民国二十九年二月十五日龙宏标典田契

立典田契字人龙宏标，今因要钱使用无所出处，自愿将到土名凸洞右膊陆姓屋却（脚）田壹丘出典。上抵陆姓园，下抵典主田，左抵胡国灿屋，右抵路，四至分明，要钱出典。自己上门问到凸洞胡启康名下承典。当日面议典价元钱

291

贰佰捌拾封正。其钱领足应用。其田付与钱主耕种收花，限至三年钱到契赎，不得异言。恐口无凭，立有典字为据。

内添"用"字。

亲笔　　宏标

凭中　　龙宪明

民国二十九庚辰年二月十五日　立

（来源：《天柱文书》第一辑第 20 册第 90 页）

3-2-3-180 姜宣伟立典田字（民国二十九年六月十二日）

立典田字人姜宣伟，为因家下缺少钱用无处得出，自愿将到地名污扒田陆丘，界限：岭一林（连）叁丘。界：上下凭山，左冲，右凭山为界。又冲田一林（连）式丘，界：上凭沟，下抵绍□之田为界。又冲田一丘，界限：上凭山，下抵□坪，左抵大路，右抵承章之田角为界，四抵分清。今将此田共陆丘出典与本寨姜景周名下承典为业。当中议定价市洋伍拾捌元整，亲手收足应用。其田自典之后，任凭钱主用，下田耕种管业，限至三年价到续（赎）回，我典主日后不得异言。口说无凭，立此典字为据。

　　　中

凭　　　杨顺天

　　　笔

民国廿九年六月十二日　立

外批：民国卅年贰月初七日又将此处前契之田加典价市洋壹拾捌元捌角整，限至叁年价到续（赎）回。立此加典字为据。顺天笔批。

（来源：《清水江文书》第二辑第 2 册第 439 页）

GT-WHX-057 ／ GT-011-036 民国二十九年十二月三日吴德泉典田字

立典田字人吴德泉，今因家下要钱使用无从得处，自愿将到土名荒田蒋家门口水田壹丘，又并小田两丘，共计谷陆运，上抵路，下抵景耀田，左抵路，右抵坳田，四至分明，要行出典。自请中上门到蒋泰顺兄弟名下承典为业，当日凭中言定时用抄（钞）洋壹佰伍拾元正。其洋即日领清，不欠分文。自典之后，任从钱主下田耕种收花准利，典主不得异言。恐口无凭，立典字为据。

凭中　吴祖光

民国廿九年庚辰岁十二月初三日　亲笔　立

（来源：《天柱文书》第一辑第7册第129页）

1－11－1－083 姜文载、傅氏五妹立典田字（民国二十九年□月二十二日）

立典字人本房姜文载、傅氏五妹，为因缺少钱用无处所出，自愿将到地名皆占田一丘，约谷拾石，界止：上凭坤荣田，下凭山，左凭路以山为界，右凭纯章之田为界，四抵分清，今将出典与姜献龙名下之元钱壹百肆拾肆千文，亲手领足应用。其田自典之后，恁凭钱主逐年上田分花，典主不得异言。恐后无凭，立此典字为据。

代笔　姜文举

民国二十九年二十二日⁽¹⁾　立

（来源：《清水江文书》第三辑第6册第552页）

注：

(1) 民国二十九年二十二日："年"下脱月份。

GT－WHX－059 ／ GT－011－051 民国三十年三月六日吴德泉土退字

立土退字人吴德泉，今因领到蒋太顺兄弟还来本贰佰元，利一概收清，无欠分文，日后清出借字弍张作为故纸无用。恐口无凭，立土退收清为据。

光
凭中　吴祖
稷

民国卅年三月初六日　亲笔　立领

（来源：《天柱文书》第一辑第7册第131页）

293

GT－GGD－107 / GT－035－123 民国三十年三月二十二日杨通才典田契

立典田契字人杨通才，情因缺少用度，自愿典到更冲头田壹丘，收禾十八稿，上抵典主，下抵泽厚，左右抵山，四至分明。自己典到龚祥丰承典钞洋叁拾元正，限至三年续（赎）典，不得异言。恐口无凭，立有典字为据。

凭中　龙文明
代笔　杨东禄

民国三十年辛巳岁三月二十二日　立

（来源：《天柱文书》第一辑第 21 册第 309 页）

6－36－1－138 王志忠立典田契字（民国三十年又六月初九日）

立典田契字人王志忠，今因缺少洋用无所出处，自愿将到坐落地名邓岑冲包田一丘，收花四秢，上抵凤品，下抵宏林，左抵溪，右抵金林，四抵分明，要洋出典。问跟胞弟承典，王灿垣承典二年。言定典价钞洋贰佰元整。其田典限二年。其钞洋亲手领应用，自满将洋赎契退回，田归原主，不得异言。恐口无凭，立有典字为据。

凭中　王云清
亲笔

民国三十年又六月初九日　立典

（来源：《清水江文书》第二辑第 10 册第 137 页）

GT－WCB－009 / GT－010－208 民国三十年又六月二十日吴德泉典田字

立典田字人吴德泉，今因要钱使用无从得处，自愿将到土名岩坪景孝让种之田一连四丘，共收谷拾运，要行出典。自请中上门问到叔父吴祖澍名下承典。当日凭中言定典价洋时用钞洋壹佰贰拾元正。其洋即日领，并不下欠分文。自典之后，任从钱主下田耕种收花准利。其田限至三年钱到上门赎约。恐口无凭，立典字为据。

凭中　吴祖光

民国三十年辛巳又六月廿日　亲笔　立

（来源：《天柱文书》第一辑第 8 册第 192 页）

15 – 1 – 1 – 009 龙炳寿立典田契字（民国三十年八月初十日）

立典田契字人龙炳寿，情因家下缺少用费无处所出，自愿将土名三合场大田坎上有田壹丘，上抵圆园，下抵龙乾荣，左抵本主田，右张文彬之田为界，四抵分明。先问亲房，无人承典。请中上门问到江西街吴元大名下承典为业。当面凭中议定典价洋壹佰肆拾元整，定限三年归续（赎）。恐口无凭，立有典字为据是实。

凭中　江泉德

代笔　吴桥厚

民国三十年八月初十日　立字

（来源：《清水江文书》第三辑第 2 册第 9 页）

GT – JDP – 060/GT – 012 – 064 民国三十年十月二十一日杨再德典水田契

立典契字人杨再德，今因家下要钱使用无从得处，夫妻谪（商）议，情愿将到己业大冲承麒门口塆丘水田壹丘，上抵典主，下抵承宗大丘，左抵典主，右大路，四抵分明。要行出典，无人承就。青（亲）自上门问到房族〔杨〕杨金发名下承典。当日凭中三面言定典价市洋陆拾壹元正。其洋亲领入手用度，并不下欠角仙。其田任从杨金发耕管收花为息，不得异言阻当（挡）。限至三年备得原价上门赎契抽字，不得短少角仙。恐后无凭，特立典契字为据。

内天（添）一字。

凭中　杨子寿

民国三十年十月二十一日　杨再光代笔　立

（来源：《天柱文书》第一辑第 3 册第 61 页）

GT – GGD – 040/GT – 031 – 101 民国三十年十二月一日杨通全典田契

立典田契字人杨通全，今因要洋使用无所出处，自愿将到土名凸洞田乙丘，上抵胡启忠田，下抵杨通焕屋地，右抵胡启忠田，左抵杨通贵田，四至分明，要洋出典。请中上门问到杨氏淑菊名下承典，当日言定价洋伍拾捌元正。其洋亲手领足应用，其田付典主耕种收花为利，限至叁年相赎。自典之后，不得异言。恐口无凭，立有典字为据是实。

代笔　杨光辉

民国叁拾年十二月初一日　典

（来源：《天柱文书》第一辑第 20 册第 41 页）

GT－JDP－061/GT－012－065 民国三十年十二月三日杨再云典田契

立契典田人杨再云，今因家下要钱使用无从得处，夫妻商议，情愿将到自己面分土名三间田一丘，计谷拾陆箩，内开四抵，上抵杨求喜油树断，下抵路，左抵杨清棠田，右抵杨火喜田断，四抵分明。要行出典，无人承就。自己请中上门问到房侄杨金发名下承典，当日凭中三面言定典价市洋壹百壹拾捌元［文］正。其洋亲手领足，并无下欠角仙，领不另书。其田钱主任从耕管收花息，典主不得异言阻当（挡）。日后备得元价上门赎取，不得短少分文。今欲有凭，立典契一纸为据。

限之三年上门抽约。

子寿
凭中　杨
汉森

民国三十年十二月初三日　请笔罗洪祖　立

（来源：《天柱文书》第一辑第 3 册第 62 页）

GT－YYD－036/GT－018－009 民国三十年十二月二十二日吴展银、潘氏新姣典水田契

立典水田契人吴展银、潘氏新姣，今因老母去世缺少花费，无钱使用，是亦（以）姊妹商议，情愿将到父母养老之田土名崩塘黎子树脚水田大小拾丘，计谷贰拾捌箩。欲行出典，无人承受。请中问到吴恒顺名下承典为业，当日凭中议定典价洋肆百壹拾圆正。其洋亲手领足用度，其田任从典主耕管收花为息，

限至叁年对日登门赎契，不得缺少分文。今幸有凭，立此典契为据。

内添三字。

外帮粮洋壹圆伍角。

代笔　吴会生

凭中　吴展柏

民国三十年十二月二十二日　吴展银　潘氏新姣　立

（来源：《天柱文书》第一辑第 3 册第 268 页）

GT－W－031/GT－010－186 民国三十一年一月二十七日罗□昌典田字

立典田字人罗维昌，今因要洋使用，夫妻相（商）议，愿将己面土名岩冲口大路坎□丘，收谷陆运，请中问到亲识刘修炳名下承典为业。当凭言定典价洋贰伯（佰）肆拾肆元捌角正。其洋即日领清，并不下欠分厘，领不另立。自典之后，任凭钱主管业收花准息，日后备得原本，上门任其赎回□□。今欲有凭，立此典字为据。

吴□□

凭中　刘德和

民国卅壹年陆月廿七日　维昌亲笔　立

（来源：《天柱文书》第一辑第 8 册第 276 页）

GT－ZGP－040/GT－034－001 民国三十一年三月十八日潘光照典水田字

立典水田字人潘光照，今因家下要钱使用无从得处，自愿将到土明（名）冲脚寨水田一丘，上抵本抵[1]，下抵积庆水田，左抵光吉水田，右抵潘光福水田，四抵分明，欲行出典。请中上门问到潘积禄名下承典，当日凭中言定典价洋二百一十八元。其钱亲手领用。其田限至三年，不限远近备办原价登门赎取，无得短少分文。恐口无凭，立此典字为据凭。

中　潘光才

笔　积寿

中华民国三十一年壬午三月十八日　立　字

297

（来源：《天柱文书》第一辑第 4 册第 251 页）

注：

（1）上抵本抵："本抵"，疑为"本主"，从其旧。

GT－WCB－014 / GT－010－214 民国三十一年四月十五日游义和典田契

立典田人游义和，今因家下要钱使用无从得处，夫妻母子商议，自愿将到土名壅瓦门首田段上田一丘，计谷柒运，计开四至，上坻（抵）希邦田，下坻（抵）义福田，左坻（抵）刘必进田，右坻（抵）原龙田，四至分明，要行出典。请中招到胞兄游义儒名下承典为业。当日三面言定典价市用钞洋伍百元正，即日钱契两交，无欠分文，领不另立。其钱每年秋收付稞（课）谷叁石以为母亲养膳之费，年付年清，不得拖欠升合。如母亲百年毕世，本利以作安葬之资。此洋义儒不得私行领取。今欲有凭，立典是实。

内添"市用"二字。

蒋景孝

凭中　杨永发

游义芳

义堂

义福

自请希邦代笔

民国卅一年壬午岁四月十五日　　立典

（来源：《天柱文书》第一辑第 8 册第 197 页）

6－3－1－111 周光清立典田契字（民国三十一年五月初三日）

立典田契字人三德村周光清，今因缺少洋用度无所出处，愿将到坐落土名岑白祥田丘一[(1)]，上抵山，下抵坡，左抵山，抵山[(2)]，四至分明，要洋出典。先问亲房，无洋承典。自己上门问到魁胆寨王灿元、王士林二人承典为业。当日凭中议定价洋三佰〇五元整。其洋付与典主领足。其田付与收花为息。恐口无凭，立有典字为据是实。

　　　　　　　　亲笔　周光清
　　　　　　　　凭中　周茂恩

民国三十一年五月初三日　立典

　　　　　　　（来源:《清水江文书》第二辑第 5 册第 505 页）

注:

（1）白祥田丘一:"丘一",当作"一丘",从其旧。

（2）抵山:"抵"前疑脱"右"字,从其旧。

GT – GMS – 060/GT – 030 – 152 民国三十一年五月九日刘定川典田字

　　立典田字人刘定川,今因要洋应无所出处[1],自愿将到门口田出典。其田上抵刘定蛟田,下抵刘秀贤田,左抵本主三人共田,右抵刘定蛟田,四至分明。问到平墓龙氏桃音名下承典,当面议价洋壹佰元整。其田不限远近赎回。自典之后,不得异言。恐口无凭,立有典字是实。

　　外批:每年当□谷叁挑。

　　　　　　　　　　　　　　　亲笔

民国三十一年五月初九日

　　　　　　　（来源:《天柱文书》第一辑第 19 册第 66 页）

注:

（1）今因要洋应:"应"字下疑脱"用"字,从其旧。

GT – GGD – 090/GT – 031 – 132 民国三十二年二月一日龙宏标典田字

　　立典田契字人龙宏标,今因要钱使用无所出处,自愿将到土名凸洞坦左榜田壹,上抵陆宗丁田,下抵典主田,左抵承典屋,右抵溪,四至分明,要洋出典。请中上门问到胡国炒承典。当面议定价洋柒佰圆整。其洋清(亲)手领足。其田限是(至)三年将赎,不得异言。恐口无凭,立有典字为据。

　　内添二字。

　　　　　　　　　　　　凭中　吴祥发

299

亲笔

民国三十二年二月初一日　立

（来源：《天柱文书》第一辑第 20 册第 93 页）

GT－GMS－190/GT－030－104 民国三十二年二月一日龙宪榜典沙土字

立典沙土字人龙宪榜，今因要洋应用无所出处，自愿将到甘洞洞边沙土贰坪，上抵王世国屋地坎为界，下抵本主山，左抵大路，右抵坎，四至分明。自己上门问到本姪（侄）龙章焕承典，当面议定价洋壹佰圆正。其洋领清，其土付给侄龙章焕耕种，不得异言。恐后无凭，立有典字为据。

凭笔　刘国权

民国三十二年癸未岁二月初一日　立

（来源：《天柱文书》第一辑第 19 册第 210 页）

GT－GYD－034/GT－003－026 民国三十二年二月四日伍绍煊典田地字

立典田地字人伍绍煊，今因家下要洋使用无从得处，自愿将到土名冲对夺田叁丘，上抵永作田，下抵光判，左抵山，右汉流田，四至分明，要洋出典。先问亲房，无洋承典。自己上门到邦寨龙登科名下承典。当日义（议）定价洋陆佰元正。其洋付与典主。其田典主耕种三年洋字回。恐口无凭，立有典字为据。

代笔　伍永祥
凭冲（中）　龙光海

民国卅二年二月初四⁽¹⁾［日］　立典

（来源：《天柱文书》第一辑第 12 册第 35 页）

注：

（1）二月初四："四"字下脱"日"字。

GT－WHX－099/GT－008－112 民国三十二年二月七日吴祖让因典田契难找故纸作废杜退字

立杜退字人吴祖让，情因去岁民国叁拾乙年正月廿七蒲氏银兰书有典字与黄巡捕窑孔背乙丘，收谷拾式运，典与亲戚吴祖让，当日三面言定典价洋叁佰伍拾元正。因字据难找，日后执出作为故纸无用。特立杜退字为据。

凭中　蒋政洪

民国叁拾式年古历二月初七［日］　　祖让亲笔　立

（来源：《天柱文书》第一辑第 6 册第 106 页）

GT－WKZ－075 ／ GT－009－063 民国三十二年四月四日刘宜坤典墦场字

立典墦场字人刘宜坤，情因家下要洋还帐无从得处，兄弟商议，自愿将到土名□嫂背墦地壹墱，要行出典。请族戚问到伯父刘修槐名下承典为业。凭中言定典价洋肆拾元正。其洋即日领足，并无下欠分文，外无领字。自典之后，任从典主限管壹拾伍年，洋到抽字，二比不得异言。恐口无凭，立典字为据。

凭中　　吴必连
自请修炳　代笔

民国三十二年岁次癸未四月初四日　　立

（来源：《天柱文书》第一辑第 9 册第 113 页）

GT－WKZ－076 ／ GT－009－064 民国三十二年四月四日刘宜坤典园圃油山字

立典园圃油山人刘宜坤，今因家下要洋还帐无从得处，兄弟商议，自愿将到土名瓦窑江寨边内式墱并麻园式涧，又并井水冲油山，又并滥泥冲油山，壹共叁处，要行出典。请中招到叔父刘修池名下承典为业。凭中言定典价法币洋壹佰元正。其洋即日领清，无欠分文，领不另立。自典之后，任从钱主限管壹拾伍年，式比不异言。今欲有凭，立典字为据。

凭中　吴必连

301

自请修炳代笔

民国三十二年岁次癸未四月初四日　立

（来源：《天柱文书》第一辑第 9 册第 114 页）

GT‑GGD‑025/GT‑033‑016 民国三十二年五月七日龙天富典田契

立典田契字人龙天富，今因家下要洋使用无所出处，自愿将到土名中光门口田乙丘，上抵山，下抵通楠田，左右抵山，四至分明，要洋出典。自己上门问到龚家寨龚洋瑞名下承典。当面言定价洋陆佰元正，限至明年二月洋到契回，不得异言。恐口无凭，立有典字为据是实。

亲笔

民国三十二年五月初七日　立

（来源：《天柱文书》第一辑第 21 册第 52 页）

GT‑GGD‑026/GT‑033‑019 民国三十二年五月十四日龙天富典田契

立典田契字人龙天富，今因要钞洋使用无所出处，自愿将到土地名驾尾田大小四丘，收禾廿四穊作典，上抵韦贵林田，下抵龙均云田，左抵坡，右抵溪，四至分明。自己问到冲邓村宋奇才承典，当日议定典价洋叁佰伍拾元整，限至明年二月半相赎，洋到契回。若有不赎，在（再）下田耕种收花为利。恐口无凭，立有典字为据。

请笔　龙东模

民国三十二年五月十四日　立典

（来源：《天柱文书》第一辑第 21 册第 53 页）

GT‑GYD‑131 ／ GT‑006‑115 民国三十二年八月二十八日刘宗科典田契

立典田契字人刘宗科，今因家事要洋使用无处所出，甘愿将到土名石土地田式丘，上抵山，下抵龙姓田，左抵山，右抵典主田，四至分明，要洋[1]。问到本村龙门陶氏□献名下承典。双方议定价洋壹仟壹佰元□，□月加五行息，限至明年二月本息归还，不□□误。若有误者，下田耕种收花为息。立有□字是实。

内添二字。

代笔　刘宗才

民国卅二年八□□八日　立

（来源：《天柱文书》第一辑第 12 册第 330 页）

注：

（1）要洋："洋"下有脱字，从其旧。

GT‒GYD‒132 ／ GT‒006‒120 民国三十二年八月二十八日刘宗科典田契

立典田契字人刘宗科，今因家事要洋使用无处所出，甘愿将到土名高攸田乙丘作典，上抵杨姓田，下抵吴杨二姓田，左右抵砍（坎），四至分清，要洋。问到本村龙门胡氏蕊秀名下承典。双方议定价洋壹仟元整，每月加四行息，限至明年二月本利归还，不得有误。若有误者，下田耕种收花为息。立有典字是实。

代笔　刘宗才

民国卅二年八月廿八日　立

（来源：《天柱文书》第一辑第 12 册第 331 页）

注：

本契文中另有后人写入的有关账务的字句，未收入。

GT‒GYD‒133 ／ GT‒006‒091 民国三十二年十月四日刘宗科典田契

立典田契字人刘宗科，今因要洋使用无处所出，甘愿将到土名高攸田乙丘作典，上抵杨姓田，下抵杨姓田，左右抵山为界，四至分明，要洋出典。自己上门问到岑孔寨刘氏木引名下承典。当面议定价洋式仟玖佰元正。其洋亲领入

303

手应用。其田交与典主耕种壹年收花为息，不得异言。恐口无凭，立有典字
为据。

内添二字。

代笔　刘宗才

民国卅二年十月初四日　立

（来源：《天柱文书》第一辑第 12 册第 332 页）

GT－YYD－040/GT－018－011 民国三十二年十一月十三日吴唐氏爱莲、吴登松、吴才发典水田契

立典水田契人吴唐氏爱莲、侄吴登松、子吴才发，今因家中缺少用度无从
得处，是以叔侄母子谪（商）议，情愿将到父母养老田，地名崩塘梨子树脚水
田大小拾丘，计谷贰拾玖箩，欲行出典，先问房亲，无人承受。自己请中上门
问到吴恒训名下承典为业。当日凭中议定典价市洋贰仟贰伯（佰）捌拾元整。
其洋亲手领足用度。其田任从典主耕管收花为息，日后不得异言，限至叁年，
叁年将满对日登门赎契，不得短少分文。今幸有凭中，特立典契为据。

每年外帮粮谷拾碗整。

外添四字、典（点）伍字[1]。

凭中　吴会发
请笔　吴会林

民国叁拾贰年十一月十三日　　吴唐氏爱莲　侄登松　子才发　仝立

（来源：《天柱文书》第一辑第 3 册第 272 页）

注：

(1) 典伍字：意为删除五字，即契约中删除"洋一元伍角"。

GT－GYD－196/GT－005－177 民国三十三年一月二十一日龙引器典田契

立典契字人高中村龙引器，今因家下要洋使用无所出处，自愿将到土名圭
宠田乙丘出典。上溪，下抵龙姓田，左抵溪，右抵龙姓田，四至抵清。请中上
门问到本房龙大珠名下承典，当日凭中言定价洋三仟伍佰元正。其洋领清。其

田付与典主耕种收花为利，不限远近将赎。自典之后，不得异言。恐口无凭，立有典字为据。

代笔　龙启森

启俊

凭中　龙

大流

民国甲申年正月式拾壹日　立字

（来源：《天柱文书》第一辑第 10 册第 201 页）

GT－GGD－091/GT－031－118 民国三十三年四月七日龙宏标典田契

立典田契字人龙宏标，今因要洋使用无所出处，自愿将到土名凸洞榜上田田壹丘出典，上抵胡国炒田，下抵珑作林田，左抵丁求保田，右抵田主，四至分明，要洋出典。自己上门问到凸洞陆志可名下承典。亲主二面议定价洋壹仟陆佰圆整。其洋亲手领足。其田自愿典限三年将赎，洋到退约。倘有过限，下田耕种，不得异言，军谷粮谷承典人不当，田主负担。恐口无凭，立有典字为据。

亲笔

民国三十三年四月初七日　立

（来源：《天柱文书》第一辑第 20 册第 94 页）

GT－GGD－133/GT－031－186 民国三十三年四月十二日陆宗保典田契

立典田契字人陆宗保，今因家下要洋使用无所出处，自愿将到土名冲论田乙丘出典，东西南北抵山[1]，四至分明，要洋。自己上门问到本房王氏代凤名下承典，当面议定价洋壹仟伍佰式拾元正。其洋领足。其田付与典主，很（限）字（至）三年赎回，不得有误。恐无凭，立为典字为据

内添乙字。

亲笔　陆宗保

民国三十三年四月十二日　立

305

（来源：《天柱文书》第一辑第20册第137页）

注：

（1）东西南北抵山：契约标注四至采用双行夹注，常用"东西至……，南北至……"的格式。若单行，常用"东至……西至……南至……北至……"或"上……下……左……右……"的格式。从其旧。

GT – JDP – 068/GT – 012 – 067 民国三十三年五月十八日杨承宗典田契

立典田契字人杨承宗，今因家下要洋使用无从得出，母子谪（商）议，情愿将到土名乾溪田水田壹丘，内开四抵，上抵典主田，下抵眉周田，左抵溪，右抵秀仕田，四抵分明。要行出典，无人承就。请中上门问到房族族兄杨金发名下承典，当日凭中三面言定典价洋贰仟叁佰零肆拾玖元捌角整。其洋亲手领足，并不下欠分文，内包颗（课）谷贰石整。今欲有凭，立典字为据。

凭族中　杨德志

民国卅三年五月十八日　亲笔承宗　立

（来源：《天柱文书》第一辑第3册第69页）

6 – 36 – 1 – 155 王志朱立典田地字（民国三十三年五月二十日）

立典田地字人王志朱，今因要洋正用，自愿典到地名便德田半丘，收花叁捞，上抵贵祥田，下抵志福田，左右抵溪为界，要洋出典。二比妥。典价洋式仟元。其洋领足，□田付与王氏蛟月名下承典二年为业耕种。自典之后，不得异言。立有典字为据。

讨笔　王昌宏

民国叁拾叁年五月二十日　立典

（来源：《清水江文书》第二辑第10册第156页）

7 – 1 – 1 – 040 张久仁立典田字（民国三十三年五月二十七日）

立典田字人本寨张久仁，为因家下缺少洋用无出，自愿将到坐若（落）地名寨脚小田一丘，计谷伍拾斤，今将出典本寨杨再能名下承典为业。当日凭中三面议定典价大洋四元整，亲手收回应用。其田自典〔自〕之后，恁凭银主耕种管业。恐口无凭，立有典字是实为据。永远发达。

外批：大洋去，大洋回，二比不得议（异）言。

内添一字

代笔　吴廷显

凭中　张久盛

民国叁拾叁年甲申年伍月贰拾柒日　立

（来源：《清水江文书》第三辑第 1 册第 40 页）

6-1-1-070 王光平立典田地字（民国三十三年六月十五日）

立典田地字人本寨王光平，今因要使用无所得出，自愿将到坐落土名下孟田乙丘，上抵山，下抵王有生田，左右抵山；又克列乙丘，上抵龙志良，下抵王志朵田，左抵山，右抵沟为界，四至分明，要洋出典三年。请中上门问到王林党名下承典为业。当面凭中议定价洋陆仟肆佰捌元整。其洋领足应用，不得易（异）言。若有易（异）言，立有典字据。

凭中　王光才

讨笔　王光有

民国叁拾叁年六月十五日　立

（来源：《清水江文书》第二辑第 5 册第 331 页）

3-1-5-051 姜于简、姜于泽弟兄立借洋字（民国三十三年六月二十二日）

立借洋字人姜于简、姜于泽弟兄，缺少钱用无处得出，向姜氏藤妹借得本洋壹仟元，限十日内归还，无利。如有过限至秋收后，共应上花谷贰百斤整，本洋在外。将于泽□培从加重头田壹丘作典。其田上下左凭山，右凭绍模田，四抵清白。立此借字是实。

外：钱借还，经手姜于简（印）。

民国三十三年六月二十二日　于简亲笔

此契之数姜于泽之股本利还清，不与于泽证据相关，此据。

307

外批：还来洋式百四十三元，其余七百五十七元任（认）谷息。立此批。八月一日天仕笔批。

（来源：《清水江文书》第二辑第 2 册 51 页）

GT–ZGP–047/GT–034–025 民国三十三年九月六日潘光照典水田地契

立典水田地契人潘光照，今因要油使用无从得处，情愿将到土名马路冲水田大小三丘出典，上抵潘积道荒山，下抵罗姓水田，左抵古路，右抵潘姓水田，四抵分明；又张婆冲头水田三丘出典，上抵众田，下抵本主，左抵刘姓油树，右抵刘姓油树，四抵分明，欲行出典。请中上门问到周道全名下承典。当日凭中言定价议油陆拾式斤，亲手令（领）用。其田任从典主，限至收花三年，登门受价付油［登门］[1]，二比不得异言。今幸有凭，立有典契为据。

外批三字。

凭中　潘光才
笔　彭先道

民国叁拾三年九月初六日　立

（来源：《天柱文书》第一辑第 4 册第 258 页）

注：

（1）登门受价付油登门：此处后一"登门"为衍字。

6–10–1–034 王岩林父子立典田字约（民国三十三年九月二十日）

立典田字约人本寨王岩林父子二人，今因要洋使用无处所出，自愿将到坐落地名各登田一丘，上抵有光田，下抵典主田，左抵油山，右抵大路，四至分明，要洋出典。自己请中问到本房王清平承典为业。当面凭中典价钞洋叁仟四佰捌捌捌元整[1]，□限典字（至）□年出典。自典之后，不得异言。恐后无凭，立有典字为据。田典壹边。

凭中
　　清禄
　王
　　永恩

讨笔

民国叁拾叁年九月廿日　立典

（来源：《清水江文书》第二辑第6册第364页）

注：

（1）叁仟四佰捌捌元整：一般作"叁仟肆佰捌拾捌元捌角整"，从其旧。

GT－WKZ－083／GT－009－014 民国三十三年十月十三日杨德汉典田契（附：陈克显转典田字）

立契典田字人杨德汉，今因家下要洋使用无从得处，自愿将到土名瓦 窑 江月光桥田壹间，计谷伍运，计开四至：上抵刘姓，下抵溪，左抵黄姓，右抵刘姓。四至分明，要行出典。先问亲房，无洋承受。自请中上门问到陈克显名下承典为业。当日凭中言定典价洋陆仟元正。其洋即日领清，并不下欠分文，领不另立。自典之日，任凭洋主下田耕种收花为利，典主不得异言。恐口无凭，立典字为据。

　　　　　　　凭中　吴德泉

克显照元契转典黄昭汉管业。陈再彦笔批

民国叁拾三年古厂（历）十月十三日　亲笔　立典

（来源：《天柱文书》第一辑第9册第121页）

GT－WHX－137／GT－010－249 民国三十三年十一月二日蒋门胡氏玉环典田字

立契典田字人蒋门胡氏玉环，今因家内要谷子吃饭无从得处，兄弟夫妻商议，自愿将到地名黄巡捕土名搽树坳水田二丘，收谷八运，要行出典。先尽亲房，无谷承受。自己请中上门问到亲戚杨永大承典为业。当日凭中三面言定父（谷）子肆石正。其谷子领清，并不下欠升合。自典之后，任从谷主耕种收花为息，典主不得异言阻隂（挡）。今欲有凭，立有典字为据。

　　　　　　　　　　　　　　　　增

凭中　蒋泰开

自请包（胞）弟蒋景根代笔

民国三十三年十一月二［日］　立典

（来源：《天柱文书》第一辑第 6 册第 270 页）

GT－BDJ－051/GT－001－047 民国三十三年十一月二十六日杨胜富弟兄等典田契

立契典田字人杨胜富弟兄等，今因为父母除灵金斋□□，弟兄人等商议，将祖父遗留之泉田地名白头江水田壹丘，收谷柒挑出典。弟兄人等请中上门问到胞弟杨胜全名下承典为食，三面言定典价抄（钞）洋叁仟元正。其洋比日亲手领足，并无下欠分文。其田任由典主下田耕种收花为息，限至三年之内弟兄上门续（赎）取抽约了当，典主不得异言。口说无凭，立出典契一纸为据。

外批：田粮典主承任（认）侬管业证上粮。

凭中　田宗金

代笔　杨胜贵

民国三十三年甲申十一月廿六日　吉立

（来源：《天柱文书》第一辑第 1 册第 57 页）

GT－WHX－057 / GT－009－219 民国三十三年十二月五日蒋昌成、蒋景培叔侄典田字

立典田字人蒋昌成、侄景培，今因家下要钱用度无从得处。父子商议[1]，自愿将到土名同木冲水田乙丘，收谷四运，□来典与亲戚杨秉清名下承典为业，三面议定典价谷子式佰斤，课谷乙佰式拾斤，八月秋收相还，即日亲手领清，并不下欠分□，领不另力（立）。自典之后，任从钱主耕管，典主不得异言。恐口无凭，立典字一纸为据。

民国三十三年十二月初五日　侄子　蒋景培　亲笔　□

（来源：《天柱文书》第一辑第 7 册第 58 页）

注：

（1）父子商议：父子，从前面立字人来看，应为叔侄。

GT－DGH－003/GT－016－001 民国三十三年十二月二十二日袁均贵典到袁进财田土无效清白字

立清白字人袁均贵，今因典到下甘溪袁进财冲闷水田壹间，及叁□田三丘，收花拾陆挑，田恨（限）三年相赎，每年仓付谷四石。今念族中解决，典主今备原之价赎返，日后洋主再发现典字无效。恐后无凭，立此清白字样为据。

经手收洋人袁进勋，凭袁通富、袁进丰，□政勋，典价洋伍仟八百元正。此据。

亲笔　袁进勋（中指印）

民国三十三年十二月二十二日　立

（来源：《天柱文书》第一辑第 3 册第 216 页）

注：

（1）此契约原标题时间为"民国三十三年二月二十二日"，此处标题时间依据契约内容改动。

GT－WKZ－090 ／ GT－009－048 民国三十三年十二月二十六日刘良汉、刘良池典田契

立契典田字人刘良汉、（刘良）池，因家下谷要用度无得处，自愿将到土名竹山脚水田出典。请中招到刘修槐、宜楷、修灯等名下承典为业。当日中凭三面言定典价谷子柒石正。其谷即领清，无欠升斗。自典之后，任从谷主下田耕种，典主不得异言。日后无凭，立典字为据。

外批：其田典主月耕[(1)]，付稞（课）壹石贰斗正。典稞（课）老斗卅碗。

黄昭汉

凭中

刘宜清

民国卅三年十二月廿六日　自请男刘修灯笔

（来源：《天柱文书》第一辑第 9 册第 128 页）

311

注：
（1）其田典主月耕："月耕"，疑作"自耕"，从其旧。

GT－DGH－004/GT－016－002 民国三十三年十二月三十日杨氏妹花典田字

立典田契字人杨氏妹花，今因家下无所出处，丈夫在外，母子女三人无人照料，自愿将到土名冲焖田内涧半丘，收花四挑，上抵茂坤山，外抵胞弟田半涧袁进辉，左抵圾坎为界，右抵路为[(1)]，四至分明。自己问到胞弟袁进财名下承典。三面议定价典[(2)]谷肆石伍斗整，亲手领清，任从当主下田耕种。自典之后，领下（不）另立。田内不清，典主理落，不管（关）当主之事。恐口无凭，典主不得异言。立有典字为据。

代笔　杨宗根

民国三十三年十二月卅日　立

（来源：《天柱文书》第一辑第 3 册第 217 页）

注：
（1）此处脱一"界"字。
（2）价典：当作"典价"。

1－9－1－048 买谷抄记（民国三十四年二月初二日）

民国卅四年二月初二日抄记
买谷子捌百斤，去洋一万七千六百元。
买谷子壹百斤，去洋二千五百元。
买谷子一百，去洋二千四百元。
又付还姐四百元。
付欵（款）子五百元，又付 还 猪洋一千四百元。
付买香纸二百 七十 元。又付买菜嫖三十元。
付欵子二百元，又付买猪肉三百元。
付买盐壹百元，又付文烟工洋二百元。

继美借去洋贰千一百元，上谷利壹百四十斤。

文智借去洋弍千一百元，上谷利壹百四十斤。

付海花收一百元。又付买油一百元[(1)]。

付九百元，已收。又付去弍仟元，已收。

文科借去洋壹千五百元，上谷利一百斤。

（来源：《清水江文书》第一辑第 11 册第 326 页）

注：

（1）又付买油一百元："一"字原为类似"乙"的符号，其上再加一点释为"一"。那一点不像笔画。

GT－GCH－077/GT－024－064 民国三十四年五月五日林再根典田契

立典田契字人良台林再根，今因家下缺乏粮食，自愿将到土名冲坑田1342，四至抵山。亲自登门问到亲房林昌名名下承典，当面三人议定白米老斗壹石肆斗正，其米亲手领足，限至本年九月半将米赎契，不得有误。若有误者，迨至明年清明下田耕种，不得异言。恐口无凭，立有典字为据。

内添弍字。

典主（印）
祷笔　龙明国

民国三十四年厂历五月初五日[(1)]　典

（来源：《天柱文书》第一辑第 18 册第 218 页）

注：

（1）民国三十四年厂历："厂"在文书中是省笔字，一般释为"历"。此份文书中可能意为"古"，从其旧。

2-2-1-064 欧爱烟典田字（民国三十四年五月十一日）

立典田字人欧爱烟，□无处得出，自愿将到□之田乙丘，□界限：□，左抵沟，右凭大路，四抵分清，今将作典与本房姜□周名下承典为业。凭中三面议典价叁仟肆百元，亲手收足，无欠分文。限至秋□价到赎契。立此典字为据是实。

凭中　姜际作

代笔　　国铃

民国叁拾肆年五月十一日　亲笔　立

（来源：《清水江文书》第一辑第13册第209页）

GT-ZMH-044/GT-013-203 民国三十四年六月十一日刘荣懋典水田地契

立典水田契人刘荣懋，今因缺少用度无从得出，是以自己情愿将到祖遗之业，土名洞上庙形水田壹丘，计谷拾肆箩，内开四抵：上抵溪，下抵刘姓水田，左抵溪，右抵蔄墘，四抵分明。欲行出典，无人承受。自己请中上门问到刘荣富、刘荣泽、刘荣江三人名下承典为业，当日凭中议定典价洋肆万壹仟捌佰元整。其洋亲手领足。其业任从典主收花为息，限典三年为期满足，自备原价上门赎取，不得阻留。其价不得短小分文。今幸有凭，立此典契为据。

凭房亲　刘荣昶

凭证人　潘盛松

中华民国卅四年古六月十一日　亲笔　立

（来源：《天柱文书》第一辑第5册第45页）

GT-GGD-043/GT-031-104 民国三十四年九月四日丁求保、丁求炳典田契

立典契字丁求保、丁求炳，今因要洋使用无所出处，自愿将到凸洞坝头田式丘出典。其田上一丘上抵胡国炌田，下抵溪，左抵溪，右抵路；下一丘上抵

潘宏彬田，下抵溪，左右抵潘宏彬田，四至分明，要洋出典。自己上门问到大坡姚俊炳名下承典。当日议定价洋肆万元正，其田限式年相赎，承典人每年负担军粮各款谷叁拾陆斤。自典之后，不得异言。恐口无凭，立有典字为据。

丁求保　笔

民国叁十四年九月初四日　立

（来源：《天柱文书》第一辑第 20 册第 44 页）

GT－GBZ－055 ／ GT－036－077 民国三十四年十二月十七日龙昭汉典田契

立典田契字人龙昭汉，今因要洋用度无处所出，自愿典到土名王场半冲田大小三丘出典。上抵汉元田，下抵沟，左抵路，右抵山，四至分明。自己登门问到邦寨龙光泮名下承典。当面议定典价谷壹拾肆挑整，限至三年将赎，不得有误。若有误者，仍然下田耕种收花为据是实。

亲笔　龙昭汉（印）

民国三十四年乙酉十二月十七日　立

（来源：《天柱文书》第一辑第 22 册第 63 页）

GT－GGD－093/GT－031－126 民国三十五年二月十四日龙宏标典田契

立典田契字人龙宏标，今因要谷度日无所出处，自愿将到土名凸洞榜止田壹丘出典，上下抵本人田，左抵胡启润田，右抵溪，四至分明，要谷出典。请中上门问凸祠龙氏占凤承典。当中议定谷伍挑半。其谷亲手领足。其田付与承典人耕种叁年，清明谷利到退约，不得异言。军谷粮谷小款承典人不当，田主负担。恐口无凭，立有典字为据。

凭中　龙宪求
亲笔

民国三十五年二月十四日　立典

（来源：《天柱文书》第一辑第 20 册第 96 页）

315

GT－GGD－094/GT－031－129 民国三十五年三月五日龙宏标典田契

立典田契字人龙宏标，今因要谷度日，无所出处，自愿将到土名凸洞榜上田壹丘出典，上抵陆宗顺田，下抵本主田，左抵胡启润，右抵溪，四至分明，要谷出典。请中上门问到凸洞陆志可承典。当中议定价谷伍挑正。其谷亲手领足。其田限至叁年三月清明，谷到退约，军谷粮谷承典不当，田主负担。自典之后，不得异言。恐口无凭，立有典字为据。

凭中　杨通茂

亲笔

民国三十五年三月初五日　　立典

（来源：《天柱文书》第一辑第20册第97页）

GT－BDJ－076/GT－001－088 民国三十五年四月九日杨求富典田契

立契典田字人杨求富，今因家下缺少军粮用度无从得处，夫妻商议，情愿将到己分土名白头江水田壹间，实收计谷一十四箩。内开四抵：东抵魏姓田，南抵杨姓田，西抵业主田，比（北）抵杨姓田，四抵分明。要行出典，无人承受。请中上门问到杨氏凤□名下承典，当日三面言定典价谷子陆石整。其谷子每斗归（规）定壹拾三斤正。其谷子亲手领足，并不下欠升合。日后被（备）得典价谷子上门抽乐（约）了当，典主不得 言 论。其田典与谷主耕种收花为息。恐口无凭，立典契字为据。

内添捌字。

外批：军粮谷典主每年□付四大斗。

凭中　陈代□

中华民国三十伍年四月初九日　　天富笔

（来源：《天柱文书》第一辑第1册第82页）

6－36－1－170 王锦垣立典田契字（民国三十五年十一月二十日）

立典田契字人王锦垣，今因要洋使用无所得出，自愿将到便得大田一半丘，上抵典主田，下抵溪，左抵典主田，右抵友干田，至四分明[1]，要洋出典。自己请中向（上）门问到本寨王佐祥承典式年收花为息，当日议定典价壹拾式万元，日后折价大洋陆拾圆赎字，田归原主，不得异言。恐口无凭，立有典字为据是实。

内添三字。

凭中
王灿垣
代笔

民国叁拾伍年十一月廿日　立

（来源：《清水江文书》第二辑第 10 册第 171 页）

注：

（1）"至四"，当作"四至"。12 万元，折合大洋 60 元，折价为 1∶2000。

GT–GGD–114/GT–031–175 民国三十五年十一月二十三日胡国眸典田地字

立典田地字人胡国眸，今因要洋使用无所出处，自愿将到土名冲论田壹丘，收花柒挑，上抵龙发翔田，下抵本主田，左抵山，右抵沟，四至分明，要洋出典。自己上门问到本房胡□金名下承典，当日议定价钞［法］洋壹拾贰万元正。其洋亲手领清。其田付与典主耕种，议限叁年赎回。自典之后，不得异言。恐后无凭，立有典字为据。

外批：内添"日"字。又改"本""钞"两字。田赋全由田主负担。

亲笔

中华民国卅五年十一月廿三日　立

（来源：《天柱文书》第一辑第 20 册第 118 页）

7–1–1–051 胡建□立典田字（民国三十六年古二月十六日）

立典田字人裕和寨胡建□，为因缺少用费无出，自愿将到地名眼略大田壹丘，约谷叁拾石，今将出典拾石与木翁寨杨再能承典为业，当日凭中议定大洋伍拾元整，亲手领足应用。其田自典之后，恁凭银主管业，典主不得异言。恐口无凭，立此典字是实为据。

内除一字、添一字。

外批：价到速（赎）期。

凭中　胡建春

代笔　胡良材

民国卅六年古二月十六日　立

（来源：《清水江文书》第三辑第 1 册第 51 页）

11-1-1-043 收据（民国三十六年古四月二十四日）

收到

林昌沛于三十五年七月借去市洋叁万园（圆）正，今本利归还清楚。因借字一时难寻，故立此收条着（作）证，以后执出借据即着（作）无效。此据。

林再枝　条

民国三十六年古四月廿四日

（来源：《清水江文书》第三辑第 1 册第 231 页）

4-2-1-057 陆秀现立典田字（民国三十六年六月十六日）

立典田字人本寨陆秀现，为因缺少费用无处所出，自愿将到从也义之田式丘，上凭冲却（脚），下凭相泽之田，左右凭坡为界，四字（至）分明，今凭中出典与陆秀志弟兄二人名下存（承）典为业。当日凭中三面义（议）定大洋式拾八元整，清（亲）手收足应用。其田字（典）之后，任凭洋主下田耕种管立（业），典主不得义（异）言。其田限定三年以（已）满，价到归续（赎）。立有典字为据。

凭中笔·陆胜炽

民国卅六年六月十六日　立

（来源：《清水江文书》第二辑第 3 册第 353 页）

5-1-4-118 彭普求立典田字（民国三十六年十月十五日）

立典田字人彭普求，为因缺少粮食无所设法，母子商议，自愿将到座（坐）落地名对门榜大田 ▢▢ 谷三挑，四至：上抵普▢▢田，▢▢普求之田，左抵坡，右抵普发之田，四抵分明，今作典与彭普亨▢▢承典为业。当日凭中三面议定典价谷式百五十斤。其典价限期三年，如逾期，不▢远进（近）价到归赎。▢▢▢▢，特立典字一纸此[1]。

外批：代纳粮八分。

中笔　赵坤发

民国三十六▢岁次丁亥十月十五　立

（来源：《清水江文书》第二辑第 5 册第 256 页）

注：

（1）特立典字一纸此："此"下疑有脱字，从其旧。

GT-JDP-007/GT-012-006 民国三十六年十一月十八日杨均信典田契

立典田契字人杨均信，今因家下要洋正用无从得处，母子商议，情愿将到土名羡坪江过路丘以（一）连大小四丘，要行出典。请中上门问到亲识人伍氏银花名下承典，当日三面言定典价洋贰伯（佰）零式万捌仟元正。其田自典之后，任从承典人耕管收花。其田限式年赎契。其军粮田赋不关承典人之事。恐后无凭，特立此典契字存照。

凭中　杨金毫

民国卅六年十一月十八日　代笔均孝　立

（来源：《天柱文书》第一辑第 3 册第 8 页）

GT-SCM-027 ／ GT-007-212 民国三十六年十二月二十五日杨朝坤典田契

立典田契字人摆洞村杨朝坤，今因家下要洋使用出处[1]，自愿将到土名盘

319

岑田壹丘，上抵大羽山，下抵典主田，左抵大江，右抵典主田为界，四至分明，要洋出典。自愿将到孟益村吴汉祥名下承典，当面议定价钞洋壹佰万元正。其洋亲手领清应用。其田付与典主耕种三年收花为息，限至三月清明将洋过付赎典。若不赎典，再耕种为息。是典之后[2]，不得异言。若有异言，立有典字为据。

讨笔　龙启潘

华中民国三十六年十二月二十五日[3]　立典

（来源:《天柱文书》第一辑第 2 册第 310 页）

注:

(1) 今因家下要洋使用出处:"出处"当作"无处"，依其旧。

(2) 是典之后:"是"当作"自"，从其旧。

(3) 华中，当作"中华"。

GT－GGD－027 ／ GT－039－094 民国三十七年二月十二日龚祥标典田字

立典田契人龙祥标，今因家下要洋使用无所出处，自愿将到土名大得甘田乙丘，收谷参（叁）挑，上抵典主由东抵山，下抵祥贵田，左抵祥富田，四至分明为［界］[1]。自己上门问到秀桃名下承典，当日言议定洋壹佰伍拾万元正，不得异言。很（限）至民国卅捌年清明将出。恐口无凭，立有典字为据是实。

内添拾参（叁）字。

代笔　龙祥贵

民国卅柒年二月十二日　立

（来源:《天柱文书》第一辑第 20 册第 340 页）

注:

(1) 四至分明为:"为"下脱一"界"字。

GT－WHX－007 ／ GT－009－180 民国三十七年三月十八日蒋景淮典田契

立契典田字人蒋景淮。今因家下要谷急用无从得处，自愿将到土名灰家冲水田壹丘⁽¹⁾，计谷拾贰运，要行出典。自己请中招到蒋泰钦名下承典为业，当日凭中三面言定典价谷子玖石正，三十碗老斗。其谷即日亲手领清，并不欠斗合。恐口后无凭，特立典字为据。

魁

凭中　蒋昌

吉

内添一字。

民国卅七年三月十八日　亲笔　立

（来源：《天柱文书》第一辑第 7 册第 8 页）

注：
（1）灰家冲：地名，其他文书或作"灰江冲"。

GT–GMS–078/GT–030–010 民国三十七年三月二十日龙氏先行典田字

立典田字人龙氏先行，今因要谷正用无可得处，自愿将到地名高简田一丘出典。请中上门问到彭氏求善名下承典，当面议定价谷贰拾挑。其田四至：上抵粟宏钧田，下抵龙大沔田，左抵山，右抵构，四至分明。其谷亲领入手。其田付与求善耕种，贰年为期，期满将续（赎）。自典之后，不得异言。恐口无凭，立有典字为据。

批外：此田转佃与原典人耕种，每年甘认租谷捌挑，限至清明称付。

凭中

刘定中

代笔

民国叁拾柒年叁月廿日　立

（来源：《天柱文书》第一辑第 19 册第 84 页）

9–1–1–030 龙在渭立典田字（民国三十七年五月初一日）

立典田字人本寨龙在渭，情因要钱需用在急无处得出，自愿将到先年得典姜永清之田，地名皆从怀田壹丘，约谷拾肆石，其界：上凭希述之田，下凭山，

321

左凭启献山，右凭希述之田，四抵分明，今凭中出典与姜正芳名下承典为业，当日凭中三面议定典价市洋壹百叁拾万元。其洋当日亲手领足，分文不欠。至（自）典之后，恁从典主管业。其田不俱（拘）远进（近），价到续（赎）回。恐后无凭，立此典为据是实。

内添二字。

凭中　张富主

代笔　姜正铭

民国叁拾柒年五月初一日　立

（来源：《清水江文书》第三辑第 1 册第 145 页）

6－28－1－019 龙延斌立典田字（民国三十七年腊月二十日）

立典田字人龙延斌，情因缺乏谷用无所出处，自愿将到坐落土名黄怒田壹丘，上抵山，下抵溪，左右依山为界，四至分明，要谷出典。自己上门问到石引吴贵丹名下承典三年，当日议定价谷式佰伍拾斤整。其谷领足。其田交与承典人管业耕种。自典之后，不得异言。恐无凭，立有典字为据。

内添二字。

凭中　龙元慌

笔人　王德□

民国卅七年腊月廿日　立典

（来源：《清水江文书》第二辑第 8 册第 552 页）

GT－DGH－006/GT－016－006 民国三十八年三月二十二日袁世元、袁世祥兄弟二人典田契

立典田字人袁世元、袁世祥兄弟，今因家下要谷使用五（无）从得去（处），自己上门问到本在（寨）袁盛财明（名）下成（承）典，当日凭中义（议）定典谷价五石，汉（限）至五年，中在（寨）头田路坎脚二丘，上坻（抵）路，下坻（抵）袁世魁田，左坻（抵）刘姓田，右坻（抵）路；又病陆冲口田一丘，上坻（抵）世元，下坻（抵）刘姓田，左坻（抵）刘姓田，右坻（抵）路，四至分明，要谷出典五石，袁世祥当时凭中清仙清问[1] 房五谷成

（承）典，汉（限）至三年，彼（备）得本利，彼（备）办谷子上门读（赎）约为据。

袁盛丰　笔（押）

民国三十八年三月二十二日　立典

（来源：《天柱文书》第一辑第 3 册第 219 页）

注：

（1）清仙清问：疑作"亲身亲问"。

GT－LDS－008/GT－017－003 民国三十八年六月二十五日吴贤儒典青苗田契

立契典青苗田字人吴贤儒，今因家内缺少用度无从得处，夫妻商议，情愿将到己分土名白头江水田壹间，内开四抵，东魏姓田，南抵杨姓田，西（西）抵业主田，北抵杨姓田，四抵分明。要行出典，无人承当。亲识姊弟陈世廷名下承典，当日凭中三面言定钞洋壹百贰元整，其羊（洋）亲手领用。其田典转典钱主耕种收花为息，典主不得言论。恐口无凭，立此典字为据。

凭中　陈廷森

民国叁拾捌年六月廿五日　吴贤儒笔

（来源：《天柱文书》第一辑第 3 册第 229 页）

注：

（1）收花为息：花，花禾，即稻谷，指收稻谷为利息。

GT－SCM－018 ／ GT－007－210 民国三十八年六月二十九日龙世川典田契

立典田契字人龙世川，情因家下要谷子所用无从得处，自愿将到土名壕领田一丘，上抵本主田，下抵龙世彩田，左右抵山坎为界，四处抵清，要谷作典。自愿上门问到本寨吴胜理名下承典，当中议定价谷睦（陆）拾八斤正。其谷领足应用。其田付与典主收花为利，出典一年。自典之后，不得异言。恐口无凭，立有典字为据。

内添一字。

凭中　龙万福

讨笔　　行超

民国三十八年六月廿九日　立典

（来源：《天柱文书》第一辑第 2 册第 301 页）

6-40-1-097 王泽求立典田契字（民国三十□年六月初□日）

立典田字人本□王泽求，为因要洋使用无所得出，自愿将到便大田二丘，上抵生吉，下抵志标，左右抵山，四至□□□□洋出典。自己□□□上门问到王玉举承典二年。□□□己当日议定□□□二千元整。其洋亲领，其田□□耕种。承典□□，每年甘认租谷陆拾斤，限至九月□谷，不得有误。恐口无凭，立有典字为据是实。

凭中　王德安

亲笔　□□

民国三十□年六月初□日　立

（来源：《清水江文书》第二辑第 10 册第 559 页）

GT-LDS-009/GT-017-004 公元一九四九年八月十七日陈先兰典田契

立契典田字人陈先兰，今因家内要谷子用度无从得处，夫妻商议，情愿将到己分土名身小桥头水田壹丘，计谷拾贰箩整，内开四抵：东抵桥头，南抵路断，西抵杨姓田断，北抵溪断，四抵分明。要行出典，无人承就。亲识问到房孙陈世廷名下承典，当日三面言定典价毛谷捌老石正。其谷子亲手领用，并无下欠升合。其田自典与之后，任从谷主下田耕种收花为息，典主不得异言阻当（挡）。日后若得谷石之数上门抽约了当。恐口无凭，特立典契字样为据。

外批：每年补军粮谷毛谷壹老斗伍升正。业主负担完粮。

补荣登

罗继宗

　　　　　　　　凭中　　陈廷辉
　　　　　　　　　　　　　英
　　　　　　　请笔　　陈选华

民国卅捌年八月十七日

　　　　　　　　（来源：《天柱文书》第一辑第 3 册第 230 页）

GT－BDJ－081/GT－001－086 公元一九四九年九月二十三日陈先兰典田字

　　立典田字人陈先兰，今因家下缺少用度无从得处，自将己业地名漫塘桥头水田一丘，计谷贰拾箩，东南抵沟壕，西抵陈姓田，北抵江，要行出典。请中上门问到亲识杨政明名下承典，当日凭中言定典价谷子老石拾叁石正。其谷即日亲手领足，不欠升合。其田典与谷主耕种收花为息，日后备得谷子原数上门抽约了典。其税照依此田管业证纳完，二比不得异言。口不足凭，立典字为据。
　　　　　　　　　　　　　　罗成祥
　　　　　　　凭中　　杨再明
　　　　　　　　　　　　　连三
　　　　　　　陈世廷　　代笔

民国三十八年古历九月二十三日　　立

　　　　　　　　（来源：《天柱文书》第一辑第 1 册第 87 页）

GT－WCB－033 / GT－009－143 公元一九四九年十二月八日杨永柄典田契

　　立契典田字人杨永柄，今因家用不及，要洋用度无从得处，夫妻謪（商）议，自愿将到土名竹树背水田上下一连式丘，收谷伍运，要行出典。先进（尽）亲房，无洋承受。自己请中上门问到亲戚蒋泰富名下承典为业。当日凭中议定典价稻谷捌石，老斗，每斗叁拾碗，其数即日照契领清，并不下欠分文。其田相赎，限期式年后典主将数上门抽字，承典人不得异言。自典之后，任从承典人下田耕种收花。口说无凭，立典字为据。（内添"稻谷"式字。）
　　（领字在内，外不另立。）

325

　　　　　　　　　　　　　　　　凭中　游义登

　　　　　　　　　　　　　　　　杨明标笔

民国叁拾捌年十二月初捌日　立

　　　　　　　　　　　　（来源:《天柱文书》第一辑第 8 册第 148 页）

6-19-1-035 王祥有立典田字（公元一九五〇年二月十五日）

　　立典田字人本房王祥有，情因要钱使用无所得出，自愿将到坐落土名中孩田壹丘，上抵王吉瑞，下抵王炳由，左右抵沟，四至分明，要钱出典。本房王祖昌、王发通二人名下承典为业。其田典价壹佰贰拾贰仟捌佰文，其田出典三年续（赎）拁（转）。自典之后，不得异言。立有典字为据。

　　　　　　　　　　　　　　　　凭中　王发根

　　　　　　　　　　　　　　　　亲笔　王祥有

民国三十九年二月十五　立典

　　　　　　　　　　　　（来源:《清水江文书》第二辑第 7 册第 494 页）

GT-BDJ-088/GT-001-092 公元一九五〇年二月十七日陈代卿典田契（附:公元一九四九年十一月五日陈代卿收领陈廷生补清典田军粮谷子字据）

　　立契典田字人陈代卿，今因家中要钱使用无从得处，父子商议，情愿将到己分土名白头江牛口滩水田壹丘，计谷式拾四箩，要行出典，无人承就。请中上门问到房侄陈廷生名下承典，当日凭中三面言定典价谷子捌老石整。其谷亲手领用，不欠升合。其田典与钱主耕管收花为利，典主不得异言阻挡。口说无凭，立典字为据。

　　　　　　　　　　　　　　　　　　　　杨六忠

　　　　　　　　　　　　　　　凭中

　　　　　　　　　　　　　　　　　　　陈廷器

民国三十九年二月十七日　子陈廷寿笔　立

今收到

陈廷生典田军粮谷子叁老斗正，至叁拾捌年度补清。此据。

　　　　　　　　　　　　　　　　具领人　陈代卿

民国三十八年十一月初五日

（来源：《天柱文书》第一辑第 1 册第 94 页）

GT－GGD－118/GT－031－170 公元一九五○年二月三十日胡国眸典田字

立典田字人胡国祥，今因要谷使用无所出处，自愿将到土名冲论却（脚）溪边坝头田壹丘，收花捌挑，东抵本主荒坪，南抵溪，西抵国祥田，北抵山，四至分明，要谷出典。自己上门问到凸硐胡启康名下承典。当日议定价谷拾挑正。其谷亲手领足。其田付与承典主耕种，议限明年二月清明将赎，不得有误。若有误者，依旧下田耕种，不得异言。恐口无凭，立有典字为据。

外批：改"谷"字，添壹字。田赋税款项不在承典人负担。

亲笔

凭中　胡启祥

民国卅九年庚寅二月卅日　立

（来源：《天柱文书》第一辑第 20 册第 122 页）

GT－BDJ－082/GT－001－085 公元一九五○年三月十八日补家万、补家兴典田字

立典田字人补家万、补家兴，今因家下缺少用度无从得处，自将己业地名对中水田一丘，计谷贰拾四箩，东抵陈姓田，南抵宋姓田，西抵江，北抵补荣鳌田，要行出典。请中上门问到亲识陈世廷名下承典。当日凭中言定典价谷子老石玖石伍斗正[1]。其谷即日亲手领足，不欠升合。其田典与谷主耕种收花为息，日后备得谷子原数上门抽约了典。其税照依此田管业证纳完，二比不得异言。口不足凭，立典字［人］为据。

补荣登

凭中

陈廷器

外批：军粮谷每年叁斗，付与业主。

亲笔　补家万（印）

民国三十九年三月十八日　立

注:

（1）"玖石五斗"处有涂改。

GT－GGD－029 ／ GT－039－108 公元一九五○年四月三日龚祥锟典田地字

立典田地字人龚祥锟，今因家下要谷无所出处，自愿将到土名冲洒田乙丘承典，上抵祥银田，下抵祥银田，左右抵山，四至分明为界，要谷出典。自己上门问到龚祥贵承典。其田典主耕种。当日议定谷伍挑半正，收花为利，限字（至）三年相续（赎），不得有误。若有误者，在（再）下田耕种收花为利，不得异言。恐口无凭，立有典字为据字（是）实。

亲笔

民国三十九四月初三日　立字

（来源:《天柱文书》第一辑第 20 册第 342 页）

GT－SBD－185 ／ GT－007－176 公元一九五○年四月十八日张祚芳典田字

立典田字人摆洞寨张祚芳，情因家下要谷使用无所出处，自愿将到土名登圭鸭田半丘，上抵陆姓，下抵本主，左抵山，右抵干溪，四至抵清为界，请中上门问到本寨龙增槐承典。当面议定价谷柒佰斤正。其谷领清。其田付与典主耕种收花为利，限定两年赎转。若有不赎，元来下田耕种收花为利，不得异言。若有异言，立有典字为据。

凭中　杨胜然

张祚槐

子笔　张宏海

民国卅九年四月十八日　立

（来源:《天柱文书》第一辑第 2 册第 278 页）

GT‐SBD‐186 ／ GT‐007‐178 公元一九五○年五月十四日杨代云典田地字

　　立典田地字人摆洞高地杨代云，今因要谷使用无所出处，自愿将到土名关西田贰丘，上抵山，下抵芳（荒）山，左抵山，右抵典主田，四至抵清，要谷出典。请中问到本寨龙增槐名下承典，仪（议）定价谷叁佰伍拾斤正。其谷领清。其田付与典主耕种叁年赎转。若不转续（赎），下田耕种收花为利。恐口无凭，立有典字为据。

　　　　　　　　　　　　　　　　　凭冲（中）
　　　　　　　　　　　　　　　　　　杨代模
　　　　　　　　　　　　　　　代　笔

民国三十九年五月十四日　立

　　　　　　　　　　　（来源：《天柱文书》第一辑第 2 册第 279 页）

1‐3‐3‐201 姜秉魁典田收据（公元一九五○年八月十六日）

　　　　今收到
加池寨姜秉魁典田之大洋拾弍元正。此据。
典田字了去了，查出未退，具有收条。
民国卅九年八月十六日。龙明榜手条。

　　　　　　　　　　　（来源：《清水江文书》第一辑第 7 册第 332 页）

GT‐WHX‐002 ／ GT‐011‐001 公元一九五○年十月二十五日杨永旺典田契

　　立契典田字人杨永旺。今因要谷正用，无从得处，夫妻商妥，自愿将到自置田产土名鸡婆冲脚过路田一连肆丘，计收谷拾运，要行出典。自己请中上门问到族兄杨永吉出谷承典为业，当日凭中三面言定典价稻谷拾石陆斗正（系老斗叁拾碗）。其谷领清，另立领字。其田自典之后，任从承典人下田耕种收谷。限至叁年备稻谷上门抽契，二彼不得异言[1]。恐口无凭，特立典契为据。

凭中　杨永相

永旺　亲笔

民国叁拾玖年十月廿五日　立

（来源：《天柱文书》第一辑第 7 册第 73 页）

注：

（1）二彼不得异言："二彼"，一般作"二比"，即双方，从其旧。

6-38-1-085 刘晚丹母子立典田契字（公元一九五一年三月初八日）

　　立典田契字人本寨刘氏晚丹母子，今因上粮缺洋用无所出处，自愿将到坐落土地岭芸要田弎丘，上抵玉朵，下抵有谋，左抵沟，右抵生吉田为界，四至分明［分明］[1]，要洋出典。当面议定光洋拾伍园（圆）整，自己上门问到本寨王正凤名下承典为业，议价定三年为期，届期将钱赎典约，不得异言。恐口无凭，立有典字一张为据。

　　□

公元一九五一年□三月初八日

（来源：《清水江文书》第二辑第 10 册第 373 页）

注：

（1）四至分明分明：后一个"分明"为衍字。

6-40-1-098 王宗炽立典田字（公元一九五一年十二月二十九日）

　　立典田本村字人王宗炽[1]，今因家下无得钱用，自愿将到坐落地名便大田壹丘，上抵王宗炳田，下抵山，左抵山，右抵溪为界，四至分明，要洋出典。自己问到本寨王玉朵名下承典为业。当面言定出典田半丘，其价稻谷肆佰斤整。此田订（定）期壹年，至期可赎，不得异言。恐口无凭，立有典字一纸为据。

王光有　笔

公元一九五一年十二月二十九日　立

（来源：《清水江文书》第二辑第10册第560页）

注：

（1）立典田本村字人王宗炌：本句当作"立典田字人本村王宗炌"，从其旧。

6-14-1-027 王先元立典田契字（公元一九五二年元月十二日）

立典田契字人本寨王先元，今因缺少钱用无所出处，自愿将到坐落地名苗破脚田贰丘，上抵陈庚长之田，下抵溪并山，左抵溪，右抵庚长之田为界，四至分明，要钱出典。先问亲房，无钱承典。自己登门问到本寨王林泽名下承典为业，当日面议定期两年，典价稻谷伍佰斤整，自典之后，不得异言。恐口无凭，特立典字一纸为据是实。

内添贰字。

立典人　王先元

讨笔　陈再模

公元一九五二年元月十二日　立

（来源：《清水江文书》第二辑第7册第157页）

GT-GGD-099/GT-031-111 民国某年六月二十二日杨通全典田契

立典田契字人杨通全，今因要钱使用无所出处，自愿将到土名冲巴田壹丘，上抵本主共田，下抵杨通茂田，左右抵山，自（四）至分明，要钱出典。自己上门问到本村陆志□、陆志可二人名下承典。当日二面言定价钱壹拾四千文正，限至明年二月钱到□为[1]，不得有误。若有误者，下田耕种，不得异言。恐口无凭，立有典字为据。

亲笔

民国□未年六月廿二日　立典

（来源：《天柱文书》第一辑第20册第102页）

注：

（1）钱到□为：此处"为"疑作"回"或"归"，从其旧。

GT‑JDP‑203/GT‑012‑189 民国年间杨有成典田契

立典田契字人杨有成，今因家下要洋使用无从德（得）处，夫妻谪（商）议，情愿将面分之业土名无公冲口水田一丘，计谷拾肆箩，要行出典，无人承受。请中上门问到堂弟杨松林名下承典。当日议定典价洋弍万肆仟捌百元正。其洋即日亲手领足。其田任从洋主收花□息，日后典主不得异言。对年备得元价□门赎契，不得短少角分。恐口无凭，□立典字为据。

凭□□

民国叁拾□年□□笔　杨承纬　立

（来源：《天柱文书》第一辑第 3 册第 212 页）

2‑2‑1‑065 姜永端典田字（民国□年十一月二十八日）

立典田字人姜永端，为因缺少钱用无处得出，自愿将到之田一丘，地名堂加兴田，约谷弍担，界限：上凭路，下凭油山，左右凭山，四自（至）分清，今将出典姜永珠名下承典为业，当日意（议）定元钱壹拾弍仟文，亲手足[1]，为（未）少分文。其田字（自）典之后，任凭田主耕种管业。恐口无凭，立此典字为据。

外批：每年上租谷壹伯（佰）弍拾斤，担上屋称。

凭中　姜□□

民国□年十一月二十八日□□

（来源：《清水江文书》第一辑第 13 册第 210 页）

注：
（1）亲手足："手"下有脱字，从其旧。

5－1－4－121 彭仁清典田□（□年五月十六日）（残）

　　☐☐☐☐彭仁清缺少钱用，自愿□凹田式间，约谷柒石整，☐☐☐为典收花管业，典主不☐☐佳（加）典元钱伍拾仟〇八十文整。☐☐，不限远远价到归赎。☐☐。

□中　仁山

☐☐☐五月十六日本　亲笔

（来源：《清水江文书》第二辑第 5 册第 259 页）

2－9－1－146 李应昌立典田字（时间不详）

　　立典田字人文斗寨李应昌，为因要洋用度无处得出，自愿将到地名皆了祖遗之田，大小拾叁丘，约谷式拾担，其田界至：上凭路，下凭彬相之田，左右凭坡，四至分明，当日凭中议定典价舌（纸）洋捌仟元整，将田典与白岩塘彭仁金名下承典为业。其田自典日起满叁年，之外价到赎回。当有不清，不关洋主之事。典主自愿尚（上）前里洛（落）。口说无凭，立此典字为据是实。

　　外天（添）七字。

　　卅五年腊月廿九日姜周士☐☐八千元交李孔益代赎，退还典字。

凭中　李孔益
范丙发

（来源：《清水江文书》第三辑第 9 册第 474 页）

333

四、当约

1-3-1-001 姜严三等当约（乾隆二十六年二月初八日）

立当约人姜严三、姜柳富、姜罗乔、姜明宇四人，□因家下缺少银用，自己问到本寨姜文相、姜□□、姜文海、姜三保四人承典。姜严三□东田一丘作当五两，姜柳富园地一块、黄牛一边作当五两，姜罗乔考屋场地期（基）一间作当五两，姜明宇三人当面仪（议）定作当。恐有误者，恁从四人众上发卖。今恐欲凭，立此当约为据。

代笔　杨宏先

乾隆二十六年二月刀（初）八日　立

（来源：《清水江文书》第一辑第 7 册第 1 页）

注：

(1) 本契原题为"姜严三等典约"，根据内容略改动标题。

3-2-2-006 段老富立当契（乾隆三十三年十二月十二日）

立当契人段老富，今因家要银使无从得处，自己先年杨氏子玉得当段俊芳赟园，段老富传当段仕才、三才，凭中言中定贺银三钱正[1]。其入领足[2]，并无少短，今恐人心不[3]，立此当契为据。

椵约　段仕才
凭中　段俊六（押）
立约　段老富
代笔　段俊兴（押）

乾隆三十三年十二月十二日　立

信行

（来源：《清水江文书》第二辑第 2 册第 146 页）

注：

（1）凭中言中定贺银三钱正："凭中言中定贺"当作"凭中言定价"，从其旧。

（2）"其入领足"，按古代汉语习惯，承前省略"银"字，依其旧。

（3）今恐人心不："不"字下疑脱一"古"，依其旧。

3-1-2-014 姜天贤、姜老辰父子立典当房屋字（乾隆五十二年十一月二十四日）

立当字人姜天贤仝子老辰，为因先年错卖杉木一根，地名缸首，至今请中理讲，自知理冲[1]，无银培（赔）偿。自愿将坐屋内半间，邻（连）瓦并基在内，出当与姜廷仪名下银一一两式钱一分。自当之后，言定行息加三，不拘远近归还，不致有误。今欲有凭，立此当字为据。

添"式""一""分"三字。

凭中　姜兴文

姜之桢笔

乾隆五十二年十一月廿四日　立

（来源：《清水江文书》第二辑第 1 册第 199 页）

注：

（1）自知理冲："理冲"意为理亏，不讲道理之意。

1-1-3-004 潘昌文借银字（嘉庆四年五月初二日）

立借字人潘昌文，今因家下要银使用无从得处，自己请中上门问到姜廷德名下借出纹［银］叁两[1]。其银行利加三相还，不得有误。如有者，将八家之地载（栽）手杉木乙古（股）作当。今幸有凭，立此为照。

凭中　潘开吉

笔　潘必达

嘉庆四年五月初二日

（来源：《清水江文书》第一辑第 1 册第 303 页）

注：

（1）自己请中上门问到姜廷德名下借出纹叁两："纹"下脱"银"字。

1 – 1 – 3 – 010 潘盛文借银字（嘉庆七年五月初十日）

立借字人潘盛文，为因家中缺▢从得出，自己上门问到姜廷德▢一两四钱整，当日言定照月加四行利，限至十一月相还，将自养猪一只作当不误。恐后无凭，立借字为据。

代笔　刘明书

嘉庆七年五月初十日　立

（来源：《清水江文书》第一辑第 1 册第 309 页）

1 – 1 – 3 – 011 陆廷交借银约（嘉庆七年七月初五日）

立借约人中仰陆廷交，缺少口粮，自己借到家池寨姜廷德名下，实借过本艰乙两整五钱整，每两脚禾乙秤半，不得有误。自愿猪乙过（个）作当，限至本年十月初十归本。借字存照。

代笔　陆才富

嘉庆七年七月初五日

嘉庆九年 成 未收利成

嘉庆十一年半欠未收

嘉庆十二年鸠一年未收[1]

嘉庆十三年未收十四年未收

（来源：《清水江文书》第一辑第 1 册第 310 页）

注：

（1）嘉庆十二年鸠一年未收："鸠"在文书，"鸟"写在左旁，"九"写在右旁，从意思上推断，似为"整"。

1–1–3–014 莫文远借银约（嘉庆八年五月二十五日）

立借约人中仰寨莫文远，为因家中缺少银用无出，亲自借到家池寨姜廷德名下，实借过本艰十九两一钱整，照月加三行息，不得短少。自愿将土名常细养老田大小六丘作当。倘有拖欠，恁从艰主下田耕种，不得异言。恐后人心不古，立借字存照。

代笔　陆才富

嘉庆八年五月二十五日　立

（来源：《清水江文书》第一辑第 1 册第 313 页）

1–3–3–042 姜东保、姜安保借银当田字（嘉庆九年三月二十八日）

立当字人本房姜东保、姜安保，为因家中要银用度无出，自己借到姜佐章伯父本银伍两整，亲手收回应用。其银召（照）月加三行利，不拘远近相还，不得有误。如有误者，自愿将到乌利田二丘作当。今恐无凭，立此借当是实。

熙山
凭中　姜
佐兴
姜恩聪　书

嘉庆九年三［月］廿八日[(1)]　立

（来源：《清水江文书》第一辑第 7 册第 171 页）

注：

（1）嘉庆九年三廿八日："三"字下脱"月"字。

1-5-1-052 姜贵生借银字（嘉庆十一年十二月初四日）

立借字人本家老弟姜贵生，为姜之荣告姜包桥、兰生、贵生三兄弟一案，借本家兰生色银五两一钱去司抵案算账，每人落一两七钱，无处难借银还，将皮九嫩木作当。木三大股，贵生名下占一大股，当召（照）月加三行利。今恐无凭，立借字是实。

代笔兄　姜成方

凭中　姜东保

嘉庆十一年十二月初四日　立

（来源:《清水江文书》第一辑第 10 册第 52 页）

1-1-4-023 范承尧借银当杉木字（嘉庆十八年十一月初十日）

立借当字人岩湾寨范承尧，为因家下缺少银用无出，自愿将到乌已溪杉木作当，自己问到姑爷文通名下，借过本银拾两正。其银言定昭（照）月加三行利，不俱（拘）远近归还。立此借当字为据。

此山杉木分为四股，承尧占一股。

黄良佐　代笔

嘉庆十八年十一月初十日　立

十八年十二月二十五收修木工银一两。

（来源:《清水江文书》第一辑第 2 册第 23 页）

1-3-3-052 姜叁绞借银当田字（嘉庆十九年十月十二日）

立借当字人姜叁绞，为因家下缺少银用无处得出，自愿将到油山一块作当，地名冉檽士周田上坎，当与姜弼周名下本银三两三钱整，照月加三行利，不拘远近相还。今欲有凭，立此当字是实。

世爵　笔

嘉庆十九年十月十二日　立

（来源:《清水江文书》第一辑第 7 册第 181 页）

3－2－2－043 姜番皎、姜老领兄弟立当杉木字（嘉庆二十年五月二十七日）

立当杉木字人本房姜番皎、老领兄弟二人，为因家下缺少银用无出，自愿将到先年栽文宏之山，地名汪度库番皎所栽；又壹处地名白岩塘路坎下老领所栽老宗之山，二处之山俱作五股均分，每处栽手占式股，今将栽手每处式股各当银贰两零九分，今请中出当与姜二今、三今、姜烈名下。其银加叁行利，不俱（拘）远近相还。今恐无凭，立当字是实。

凭中　　姜长生

代笔　　黄万相

嘉庆廿年五月式十七日　　立

（来源：《清水江文书》第二辑第 2 册第 184 页）

1－3－3－054 姜廷华借银当杉木字（嘉庆二十一年十二月十三日）

立当字人本寨姜廷华，为因家中用度，自己上门问到姜之模名下，实借个（过）本银二两正，亲手领回，自愿将到杉木坐落地名冉在丹，又乙团皆反从后，二团作当是实。其银照月加三行利。恐后无凭，立此当字为据。

姜开科　笔

嘉庆二十一年十二月十三日　　立

（来源：《清水江文书》第一辑第 7 册第 183 页）

1－1－3－032 范文显当本还银字（嘉庆二十二年十二月二十六日）

立当字人格翁寨范文显，为因先年缺少加十寨姜廷方、廷德二人名下本银叁两叁钱正，不得有误。如有煤（误）者，自愿将到本寨书黄脚之杉木乙团，上凭书黄，下凭田，左凭岭，右凭路，四至分明。此杉木分为四股，文显名下占乙股，今出当与姜廷方、姜廷德名下，日后本利归清，当木归回。今恐无凭，立此当字为据。

凭中　　彭守道

339

亲笔

嘉庆二十二年十二月廿六日　立

（来源：《清水江文书》第一辑第 1 册第 331 页）

1-1-3-039 马宗荣、马宗和借银字（嘉庆二十四年六月二十九日）

立借字人重 坊 寨马宗荣、马宗和二人，为因家下要缺少银用无处所出，亲身问到加池寨姜廷德名下，实借过本银四两正，入手领用。其银米（每）两称脚禾五十斤，不得有误。如误者，自愿将猪作当。恐后无，立此借是实。

亲自送过来。

马宗和　亲笔

嘉庆廿四年六月廿九日　立

（来源：《清水江文书》第一辑第 1 册第 338 页）

1-1-3-043 姜开礼借银字（道光元年三月十七日）

立借当字人本寨姜开礼，为因家中缺少银用，自己借到姜世宽名下，借过本银三两五钱整，亲手收回，照月加三行利。自愿把党羊大田一丘作当，不恂（拘）远近相还。今恐无凭，立此当字是实。

姜世黄　笔

道光元年三月十七日　当

（来源：《清水江文书》第一辑第 1 册第 342 页）

1-1-3-044 姜廷华借银当屋字（道光元年七月初八日）

立借当字人本房姜廷华，为因家中无银作事，自愿将到坐屋新旧作当与姜开明名下，实当银一两五钱整，亲手岭（领）回应用，照月加三行利，不拘远近相还，日后依照旧续（赎）回，不得友（有）误。今恐无凭，立此当字为据。

代笔　姜开渭

道光元年七月初八日　立

（来源：《清水江文书》第一辑第 1 册第 343 页）

1－1－3－045 姜开礼借银约（道光三年十月初五日）

立借当约人姜开礼，为因生理缺少银用无出，亲自问到姜世宽名下本银拾两零一钱六分，亲收费用。其银自借之后，言定每两召（照）月加叁行利，不俱（拘）远近归还，不得有误。如有此情，自愿将到土名党暎大小田叁丘作当。今欲有凭，立此借约存照。

内添二字。

凭中　姜世安
代笔　姚白玉

道光三年十月初五日　立

（来源：《清水江文书》第一辑第 1 册第 344 页）

1－2－2－046 杨招德借银当字（道光四年五月初九日）

立借当字人杨招德，为因缺口粮无处得出，今借到姜开让名下，借过本银壹两整，亲手领用。其银召（照）月加三行利，不恟（拘）远近相还。恐有误者，自愿将猪一只作衹（抵）。恐后无凭，立当借字是实。

代笔　姜开文

道光四年五月初九日　立

（来源：《清水江文书》第一辑第 4 册第 169 页）

1－1－3－046 姜开礼、姜开胜兄弟当田借银字（道光四年十月初九日）

立当了人本家姜开礼、姜开胜兄弟，为因家中缺少无银用度，自己商议，问到本家大嫂绿音名下借银三两六钱五分整，兄弟亲自领用。其银言定照月加三行利，不拘远近相还。今兄弟謪（商）议党梯样田作当，田大小三丘作当。今（欲）有凭，立此借当字为据。

代笔　　姜世元
凭中　　叔姜素龙

道光四年十月初九日　立

（来源：《清水江文书》第一辑第 1 册第 345 页）

1–2–16–082 杨胜宽立借当字（道光五年五月二十二日）

立借当字人连花山杨胜宽，今借到加池寨姜天保名下，实借本银式两式钱整，亲手收回应用，每月加叁行利，不得有误。如有误者，自愿将诸（猪）一只作当。今据有凭，立此借当字是实。

代笔　　姜开明

道光五年五月廿二日　立

（来源：《清水江文书》第三辑第 6 册第 82 页）

1–2–3–031 杨胜宽借银当猪字（道光五年五月二十二日）

立借当字人连花山杨胜宽，今借到加池寨姜天保名下，实借本银式两式钱整，亲手收回应用，每月加叁行利，不淂（得）有误。如有误者，自愿将诸（猪）一只作当。今据有凭，立此借当字是实。

代笔　　姜开明

道光五年五月廿二日　立

（来源：《清水江文书》第一辑第 4 册第 317 页）

注：

（1）本份文书与"1–2–16–082 杨胜宽立借当字（道光五年五月二十二日）"内容完全相同，系同一份文书。

1–2–2–050 黄士珍借银字（道光六年十二月二十九日）

立借字人黄士珍，因为家中缺水，要银用度无处所出，自己上问到姜开让名下本银十两正[1]，照月加三行利，不限远近归还。立借字是实。

外批：将银广破（坡）脚半冲水田乙丘作当。

凭中　杨珍朝

代笔　杨昌和

道光六年十二月二十九日　立

（来源：《清水江文书》第一辑第 4 册第 173 页）

注：

（1）自己上问："上"字后脱"门"字，依其旧。

1-4-1-046 姜开仕押田借银当田限期字（道光九年十月十二日）

立借限当字人本寨姜开仕，为因生理缺少银用无处得出，自愿将到田，地名耶强上丘作当与姜世荣名下本银拾四两六钱七分正，亲手收回应用。其银言定照月加三行利，限在开年二月归还，不得有误。恐如有误者，银主上田耕种管业，当主不得意（异）言。恐后无凭，立此限当字为据。

亲笔

道光九年拾月拾二日　立

（来源：《清水江文书》第一辑第 9 册第 46 页）

1-1-3-049 姜维远当田借银字（道光十年七月初三日）

立借当字人本房姜维远，为因家下缺少银用无处得出，自愿将到百九上丘田作当与姜开议名下本银式两整，亲手收回应用，言定召（照）月加三行利，日后归还，不得有误。今恐无凭，立此借字存照。

开基笔

道光十年七月初三日　立

（来源：《清水江文书》第一辑第 1 册第 348 页）

343

1-1-3-051 姜世宽当田字约（道光十二年六月二十九日）

立当字约人本寨姜世宽，为因生理缺少银用无从得出，自己将到皆于田一佐（丘）着（作）当，上凭当主之田，下凭世安之田为界，右凭世桥之田，左凭当主之田为界，将到姜桥卿名下首实（饰）文（纹）银一两五钱整，亲手收回应用，其银每两秋各（谷）一百廿斤。今恐无凭，立此当字是实。

亲笔

道光十二年六月廿九日

（来源：《清水江文书》第一辑第 1 册第 350 页）

1-1-3-053 姜凤兰当园借姜开明银字（道光十四年三月二十四日）

立借字人本寨姜凤兰，今借到姜开明名下谷一称半，价银一两式钱整，照月加三行利，原将寨脚半竽园作当。恐说无凭，爰立借当字为据。

代笔　姜恩作

道光十四年三月廿四日　立

（来源：《清水江文书》第一辑第 1 册第 352 页）

1-1-3-054 姜世宽当田借银字（道光十四年六月初十日）

立借当字人加池寨姜世宽，为因家中缺少银用无从得出，自愿将到皆于田一丘作当与姜学礼名下，实借本银一两整，亲手收回应用，到秋收作谷六十斤作利，不得有误。今恐无凭，立此借当是实。

亲笔

道光十四年六月初十日　立

（来源：《清水江文书》第一辑第 1 册第 353 页）

1-1-8-041 姜开元弟兄四人典当房屋与地基字（道光十九年七月十四日）

立借银当字人姜开元、姜开书、姜乔福、姜老保弟兄四人，共有坐屋内外四间，派落每名占一间并地基为俱在内，今将老保一股作当与姜凤仪本艰式两整，亲手收用，准限本年十二月备办还足。如有过限，凭凭银主入宅耕管修整，借主弟兄不得异言。如有异言，现凭族叔公论，自愿立此借当字是实。亲口出当限，姜开元并非勒索。

凭中　姜开秀

道光十九年七月十四日　开书请世珽　立

（来源：《清水江文书》第一辑第 3 册第 351 页）

1-2-2-084 姜国彩借银当田字（道光二十四年十一月十八日）

立借字人剪赖寨姜国彩，为因先年国彩、吴镇奎、姜绍、姜士文合伙生理贩木，国彩、镇奎向加池寨姜开让借过本色银壹伯（佰）两，多年本利无归，至道光贰拾肆年，开让取讨，伙等无银归还，苦求开让让利，将色银壹伯（佰）两折归艰伍拾两，伙计四人分，每人名下落艰壹拾贰两伍钱，各写抵当，每年每名下上谷利壹伯（佰）伍拾斤，不得短少。本银不拘远近归还，各还各清，国彩自愿将剪赖国道屋坎下田一丘作当。恐口无凭，立此借当字为据。

凭中　吴焕章
子　清湖笔

道光贰拾肆年十一月十八日　立

（来源：《清水江文书》第一辑第 4 册第 209 页）

1-5-1-169 某某立借当字（道光二十六年九月初五日）

＿＿＿俱（拘）远近归还此银。愿将野单对门魂（坟）脚田式丘，谷五石作抵。恐后无凭，立借当字是实。

代笔　姜开文

道光廿六年九月刀（初）五日　立

（来源：《清水江文书》第一辑第 10 册第 171 页）

1-2-2-089 姜之连、姜开聪、姜位主父子三人当田借银字（道光二十七年十二月十三日）

立当借字人姜之连、开聪、位主父子三人，为因有 香 孙女益秀被姜法祖杀伤，法祖自杀身亡，明德具控父子在案，经官下乡勘验，父子急在燃眉，自愿将名下所有田业一概凭亲戚族人姜秉端、姜秉信、杨枝华、姜光秀、姜开文出当与姜开让名下，央求替借纹银六十二两五钱应用，照月加三利，候官回衙，父子将本利归还。如父子有异言，恁凭亲戚族人将此田业出卖得银还清，不得有误。恐口无凭，立此当借字为据。

内添式字。

龙文高

凭中

高老五

道光二十七年十二月十三日　立

（来源：《清水江文书》第一辑第 4 册第 214 页）

1-5-1-172 姜老包借当字（道光二十九年八月十七日）

立借当字人堂兄姜老包，为因要银用度无出，自愿将到座（坐）屋一间出当与堂弟姜开周名下，实当过艰式两式钱，亲手收用。自借之后，言定照月加三行利，限在十月内本利归还，不得有误。恐口无凭，立此当字存照。

姜世仁

凭中

龙运宗

代笔　姜世道

道光二十九年八月十七日　立

（来源：《清水江文书》第一辑第 10 册第 174 页）

1-1-8-059 姜乔福、姜开书当田字（同治三年二月二十八日）

立借当字人本房姜乔福、姜开书二人，为因要银用度无处得出，自愿将到冉牛园壹截大，此园上凭五八之园、下凭沛清之园，左凭当主，右凭勾（沟），四至分明，今将园出当与姜恩瑞名下，实当钱陆伯（佰）文整，亲手收足应用。其钱照月加三行利，不居（拘）远近价到续（赎）回。今恐无凭，立此当字为据。

凭中　　发春
代笔　姜开仕

同治叁年二月二十八日　立

（来源：《清水江文书》第一辑第 3 册第 369 页）

2-1-1-121 姜兆祥、姜兆佳弟兄抵当山场字（同治三年九月初十日）

立抵当字人加池寨姜兆祥、兆佳弟兄，今佃到文斗姜钟琦叔之山场加什塘从蜡夏之山，自愿将到乌榜溪桥头田一丘作抵，约谷七担，候木植成林，地主自愿退抵字与兆祥。立此抵字是实。

添一字、涂一字。

同治三年九月初十日　兆祥笔　立

（来源：《清水江文书》第一辑第 12 册第 125 页）

1-3-3-104 姜克贞借银字（同治十年十二月二十五日）

立借字人克贞，为因要银用度无处，自愿借到侄吉清名下，实借过艰叁两式钱五分整，亲手收足领用。其银照月加三行利，不恂（拘）远近归还，日后不得有误。恐口无凭，立此借字为据。

外批：将仓一间作［据］当，限在式年之内归。如不归还，银主管业，借主不得异言。

同治十年十二月廿五日　亲笔　立

（来源：《清水江文书》第一辑第 7 册第 233 页）

1-3-3-114 姜克贞借钱抵当地基字（光绪五年十二月二十六日）

立抵当字本家姜克贞，为因要钱用度无处，自愿将到屋地基一块，此地基分为三股，本名占一股作当，上凭忠还之屋，下凭风飞之屋，左凭钱主，右凭明高之屋，四至分清。今凭中出抵当与姜吉庆弟二人名下，实当过钱一千六百文整，亲手收足。其有此钱照月加三行利，限在八月之内归还，不得有误。恐口无凭，立此抵当字为据。

外批：内"千"字。

凭中　风飞

光绪五年十二月廿六日　亲笔　立

（来源：《清水江文书》第一辑第 7 册第 243 页）

1-5-2-058 陆忠宪抵当字（光绪六年十二月初四日）

立抵当字人中仰寨陆忠宪，为因缺少银用无处所出，自愿将到地名杨海凹中间田一丘，约谷四石，上凭陆荣星之田为界，下凭陆志高之为界，左凭孝清之田为界，右凭山为界，四至分清，今凭申（中）当抵与加什寨姜凤异名下，实供（借）过艰伍两六钱五分整。此银每两上谷五十斤整，每年关上门。如误者，上田根（耕）管业。恐口无凭，立此抵当字为据。

凭中　陆志高　笔立

光绪六年十二月初四日　立

（来源：《清水江文书》第一辑第 10 册第 233 页）

1-5-2-167 姜显邦抵当字（光绪三十二年八月初四日）

立抵当字人姜显邦，为因卖晚根之园与凤德未清，恨（限）至本年十月理落清处（楚），园归买主无事。若园不清与买主，我卖主自愿将本利退还买主，不得有误。如有误者，今将屋坪园作抵，恁凭凤德上园耕种为抵是实。

凭　周礼

光绪卅式年八月初四日　亲笔　立

（来源：《清水江文书》第一辑第 10 册第 331 页）

五、民间合会

GT-WHX-114 / GT-011-082 道光二十二年十二月十日蒋芝相收银账单

道光式拾二年十二月初十日蒋芝相领八会
○吴扒翠,该填钱二千文,下少六十四文。
○蒋□□,该填钱二千文。
○蒋宁宗,该填二千文。
胡杏富、肖志华二人,该填二千文。

杏富字批

(来源:《天柱文书》第一辑第7册第196页)

1-4-3-039 姜凤仪借粮单(道光二十四年十月初十日)

立会单字人本寨姜凤仪,为因粮食缺少无出,自愿邀约房族邦谷会一把,在谷十千零八十斤,除了首会余剩六脚,只有九百斤,言定四年填足,每年填式百柒十斤。齐会之期不得推三缓四。其谷先簸后上秤,每年东道艰叁钱八分,言定十月刀(初)十日系样齐井,会内之人所欠私账不许相扣。如有相扣悬谷者,二年务要照规加三加□。口说无凭,立此单纸一纸为据。
计开列于后:
开让
开义
大荣
明经

士成

成林占弌

凤仪占头

道光弌拾四年十月初十日　亲笔　立

余剩养会之人填谷。乙已年填谷一百弌十六斤，丙午年又养会九十斤，丁未年又养谷三十斤。就云。

（来源：《清水江文书》第一辑第 9 册第 389 页）

GT－WHX－134 ／ GT－011－128 咸丰十年六月游希林、游希凤兄弟抵接会字

立抵接会游希林、游希凤二人兄弟，今因领蒋再学会钱一十弌千文足，一并领清，恐有填会之日，不得有欠，自愿书口田丘作坻（抵），将到大右边中一涧田，收谷三运；又并岩坪新田一丘，收谷五运；又并屋倍（背）大路坎上田一丘，收谷三运作抵。若有下欠，任从钱会主下田耕种收花，抵主不得祖（阻）当（挡）。恐口无凭，立抵会字为据。

请游之萍伐（代）笔

咸丰十年六月初口日　领会 钱 字作抵　立

（来源：《天柱文书》第一辑第 7 册第 216 页）

GT－WHX－155 ／ GT－011－134 同治二年三月二十日杨万和领会钱字

立领会钱人杨万和，今因领到首会蒋再学会钱叁拾仟文足，其钱领足，照会规填三年加叁，壹年弌伍上岸，不得有误。如误，自愿将到自己面垒（分）土名雷公冲，地名绵花冲田丘作抵典，共收谷壹拾伍运，任从首领出典填还。众会友口至口口口钱，口任照会仪（议）吃，口外罚会仪（议）壹壹。如有不口，惟首会一人是问。所据领字是实。

吴开成

凭中

杨翠华

代笔　杨先之

同治式年三月廿日　立典

（来源：《天柱文书》第一辑第 7 册第 239 页）

GT－WHX－164 ／ GT－011－133 同治三年三月二十日杨显忠领会钱字

立领会钱字人杨显忠，今因领到蒋再学所钓（约）之会拾人叁拾仟文整，其钱亲领入手用度，并不后少分文。填至四年，不得为（违）误。若误，自愿将到土名滥沃冲田壹丘，收谷壹拾陆运，任从十人下田耕种收花，领会不淂（得）异言。填至四年以（已）满，此自（字）以为故纸无用。今犹有凭，立将田作抵是实。

代笔　杨宏本

同治三年甲子岁三月二十日立

（来源：《天柱文书》第一辑第 7 册第 248 页）

GT－WHX－177 ／ GT－011－092 同治七年三月二十日游希凤领七会钱字

立领七会钱人游希凤，今因领到将再学钱会伍阡（仟）文，存钱一阡（仟）〇六伯（佰）八文，存与首会，田（填）之四年不吴（误）。今欲有凭，立领字为据。

凭　杨□和　笔

同治七年三月二十日　立领

（来源：《天柱文书》第一辑第 7 册第 261 页）

6－15－1－004 王金焕等立收银字（光绪三十一年五月初十日）

立收银人本寨王金焕、老全、老林、□伟四人，会上艮，今因收到本寨王秀芳本利式两七钱四分整，日后不得异言。立有收字是实。

光绪叁拾壹年五月初十日　收立

（来源：《清水江文书》第二辑第 7 册第 170 页）

GT－WHX－019/GT－010－033 民国九年七月二十四日潘光禄、潘光贤以田作抵向潘光槐借钱并付息字

立借钱字人潘光禄、潘光贤，今因家下要钱使用无从得处，自己上门问到潘光槐众等修路会上钱承借，借出元钱肆仟文整。其钱议定行钱利，每仟每月加利钱肆拾文。其钱亲手领用，限至周年本利相还，不至（致）有误。如有误者，自己将土名墨凹头子口树乙块作抵，上抵古路，下抵刘姓山坡，左抵刘姓油树，右抵刘姓杉木，四抵分明作抵，日后不得异言。恐口无凭，立此借字为据存照。

外批：内添六字。

亲笔　光贤

民国九年庚申七月廿四日　立借

（来源：《天柱文书》第一辑第 6 册第 140 页）

1－3－2－044 姜坤泽母子借粮抵田字（民国十年三月初九日）

立借字人本房姜坤泽母子，为因缺少粮食无处所出，自愿将到培故之田一丘作抵，界止：上凭抵主之田，下凭作干之田，左凭抵主之田，右凭沟，四至分明，今将出抵与母猪形凤沼、凤翎、源淋、元秀等清明会内之谷一伯（佰）斤，其后加五行利，限至秋收归还，不得有误。恐后无凭，立此借抵字为据。

代笔　文举

民国辛酉年三月初九日　立

（来源：《清水文书》第一辑第 7 册第 112 页）

GT－GMS－108/GT－030－047 民国十二年三月十七日刘森严典田字

立典田字人刘森严，今因家下要钱使用无所出处，自愿将到地名登秋藕落岭田一共有大小七丘一概立典。问到清明会首人刘大材、刘昭德、刘口熙、刘德开、刘大锡、刘长贵、刘恩太、刘锡照等承典，当日言定价壹拾捌仟文正。其钱典手领□□种。每年认会上乾（干）净谷壹拾捌□□种与不得种，决然不得欠缺颗粒，逐年缴清。倘有延玩，除认乾（干）谷外，下田耕种收花，不得异言。恐口不凭，立典字为据。

笔　刘大元
田主　刘森严（押）

民国十二年三月十七日　　　　

（来源：《天柱文书》第一辑第 19 册第 116 页）

6－1－1－060 王承灿立招借会钱字（民国十三年二月十三日）

立招借会钱字人本寨王承灿，招措王庚寿会钱，承灿登门问到王求林、恩全会钱叁仟八百文整，承利三，限在九月本利归还。本利不归，任从耕重（种）虫鹏宋田乙丘。恐口无凭，立有己（借）字为据。

民国甲子年二月十三日　立

（来源：《清水江文书》第二辑第 5 册第 321 页）

GT－GDL－113 ／ GT－023－061 民国十八年五月十九日龙德芳以土作抵向胡国柱、龙才多、龙泽柱等借元钱并付息字

立借元钱字人龙德芳，今因家下缺少用度无所出处，自愿将到土名山定屋脚田一丘，上抵尢（荒）平（坪），下抵原叔田，左抵溪，右抵沟，四至分明，要钱作抵。自己请中上门借到胡国柱、龙才多、龙泽柱、汤应林等，承借孔圣会钱肆拾五千文正，每月加四行息，不限远近归还，不得有误。若有误者，下田耕种收花为息，不得异言。凭口无凭，立有借字为据。

凭中　龙显明
讨笔　龙廷魁

民国己巳年五月十九日　立借

（来源：《天柱文书》第一辑第 15 册第 115 页）

353

3-1-5-038 锦屏兼理司法□□府民事判决书（民国二十五年十月初二日）

锦屏兼理司法县政府民事判决

原诉人：姜灿春五十二岁，锦屏县人，商。

被诉人：姜必镛五十二岁，仝　　　仝

证人：姜为煌六十五岁，仝　　　仝

　　　姜为隆六十一岁，仝　　　仝

　　　姜为美六十岁，仝　　　仝

　　　姜承英四十岁，仝　　　仝

右列当事人因合伙债务事件经本府审理终结判决如左：

主文：

姜灿春备洋二十一元缴给姜必镛，具领自赎抵与桥梁会首人东茂之田壹丘，并备息谷六十六斤□交桥梁会收清，讼费归姜灿春负担。

事实：

缘姜灿春、姜必镛与姜为煌等均系同族叔侄弟兄，民国八年十月姜灿春等合伙经管木植，未立契约，仅有簿据，灿春出本银二百三十二两，为煌出本银五十六两，永隆出本银〔四〕四十两，必镛出本银十四两余，灿春又交必镛运费银一百五十余两，共本银四百九十余两，灿春经理买卖，必镛经管账目，因当时买眼佳者、报东笼两处山木，应付山价银三百四十余两，不敷五两，经必镛代各合伙向平鳌场桥梁会首人借以补清，每两按月行息二分。民十，必镛算账，木仅卖获价银四百七十二两，已折本二十余两，连必镛向行户龙道生拨银十七两五钱，共收获价银四百十一两余，行户尚欠价银六十余两。已获之价均为灿春等支用，许俟行户价银补清，即结算合伙账目，照数分给并还桥梁会首人借项。迨民国十五年桥梁会首人催利甚急，全家仍未补价，必镛即以己之东茂田一丘抵与桥梁会首人，每年认息谷一百斤，由灿春、必镛、为煌三人负担，必镛当时并垫付利息九两余。未几，龙道生病故，无人继续管业。灿春等三人连年认付息谷，延不议还债项。去秋灿春并将应付息谷未给。必镛受首人催索，不免喷自烦言。灿春仍以价未收获为辞，必镛遂理民十所真之账，未见红单，价值以多报少。经灿春约集为煌、永隆、为美、承英等证明清算，必镛坚执己见，事未结束。县城克后，灿春即以折本无利等情告诉必镛到府。兹经集讯，并据两造及证人等供述、控词追索前情。

理由：

查姜灿春与姜必镛等合伙经营木植，既系必镛经管账目，如果民十清算，灿春未将行户红单执出，必镛何以知木之卖价为四百七十二两，折本二十余两？且必镛自向行户龙道生拨银十七两五钱支用，并开单载明行户尚欠价银六十余两，足见卖木价值灿春决无以多报少情事。惟必镛借桥梁会首人银五两补给山价，纵民十清算，因卖价尚未补清，不妨稍缓议还，何以龙道生死后行户倒闭，灿春临经理买卖，众不约集合伙筹商赎还手续，致必镛垫付利银九两余。忽焉十年并与为煌负担息谷，众各自三百余斤迟延之咎其何能辞？依《民法续编》第二百七十一条之规定，"连合债务应各平均分担给付"，但事隔十六七年，各合伙人现均贫乏无力，应饬灿春负责清偿。据上论结，并依《民事诉讼法》第七十八条判决如主文。

民国廿五年十月廿日

核与原本无异

县长

承审员　书记员

民国廿五年十一月　日　核发

（来源：《清水江文书》第二辑第 2 册第 38 页）

6－3－1－110 王桂标立借钱字（民国二十六年二月二十三日）

立借字人本寨王桂标，今因要钱出用，借到清醮会上元钱肆拾柒仟伍佰文。其钱照月加四利，钱随用随缴，不得异言。恐口无凭，立有借字为据。

讨笔　彦珍

民国丁丑年二月廿三日　立借　字

（来源：《清水江文书》第二辑第 5 册第 504 页）

GT－GDL－171 ／ GT－023－161 民国二十六年二月二十八日龙万生典田还清明会钱字

立典田字人龙万生，今借到清明会元钱玖拾壹仟肆佰文正，自前未获如数偿还，故得将土名各闲田乙丘，上抵山，下抵山，左抵路，右抵山，四至分明，收拾边，自种认谷伍边，要钱出典。限至三年仍价赎回，不得有误。若有误者，任凭下田耕种收谷花为利，不得异言。恐口无凭，立有典字为据。

　　　　　　　　　　　　　　　　　　　　　　讨笔　龙颜泽

民国二十六年二月廿八日　立

　　　　　　　　　　　　（来源:《天柱文书》第一辑第 15 册第 189 页）

6-38-1-075 王有德父子立典田地字（民国二十六年四月十二日）

　　立典田地字人魁胆寨王有德父子，今因要钱使用，自愿将到坐落土名冲包路边之田壹丘，上抵本主田，下抵王志福田，左抵路，有（右）王凤品田水沟为界，四至分明。自己问到本寨王康佑、恩葵、世荣、光求等清明会上承典为业，当面言定典价大洋贰拾柒元整。其洋每年认谷贰佰伍拾斤，自限古十月将谷利并其本归还，不得有误。若有误者，照月行利加四归还，日后不得异言。恐口无凭，立有典字为据。

　　内涂一字，添二可（颗）字。

　　　　　　　　　　　　　　　　　　　　　　讨笔　王彦文

民国丁丑年四月十二日　立典字

　　　　　　　　　　　　（来源:《清水江文书》第二辑第 10 册第 363 页）

GT-GDL-117 / GT-023-080 民国二十六年七月十三日龙德芳典田契

　　立典田契字龙德芳，今因要钱使用无口出处，自愿将到土山禁屋却及屋边小冲田式丘，上抵屋，下抵胡姓田，左抵慌（荒）坪，右抵鱼塘;小冲一丘，上抵姚皆林田，下抵姚皆焕田，左抵德照山，右抵慌（荒）园，四至分，要钱作典。自己上门问到打昌会上经手人龙明焕、龙显奎、龙德林名下，义（议）定典价肆佰肆拾千文正。其钱亲手领足应用。其田付与明焕等耕管收花为利。自典之后，内添口字，不得异言。恐口无凭，立有典字为据。

　　　　　　　　　　　　　　　　　　　　　　代笔　龙德麟

民国贰拾陆年七月十三日　立

　　　　　　　　　　　　（来源:《天柱文书》第一辑第 15 册第 119 页）

1-3-3-189 姜秉光借钱字（民国二十七年十二月二十八日）

立借字人本寨姜秉光，情因用度无从得出，自己借到振济会内大洋叁角玖仙整，照月加三行利，决不有误。如有误者，自愿将到地名借主屋背田一丘作抵，界限：上凭元灿田，下凭大路，左凭水沟，右凭借主园坪，四抵分明。恐口无凭，立此抵字为据。

己卯年三月付还清字退。

中　代笔　姜德章

民国二十七年十二月廿八日

（来源：《清水江文书》第一辑第 7 册第 318 页）

GT-GYD-148/GT-003-085 民国二十八年十一月五日伍绍钱典田契

立典田契字人伍绍钱，今因家下要钱使用无所出处，自愿将到土名德困田一丘，收花拾挑，上抵杨承风田，下抵龙荣先田，左抵山，右抵［右抵］胡启田田，四至抵清，要钱出典。自己登门问到本房清明会钱经手人伍华廷名下，承借钱贰拾捌仟文正，其钱照月加四行息，限自（至）明年二月本利归还，不得有误。若有误者，下田耕种收花为利，不得意（异）言。立有典字为据。

代笔　伍绍钟

民国贰拾捌年十一月初五日　立典

（来源：《天柱文书》第一辑第 12 册第 150 页）

1-6-1-088 姜文斌弟兄借抵谷字（民国三十年四月□日）

立借抵谷字人本寨□文斌弟兄，为因缺少粮食，无处所☐☐☐☐登门借到富培却略修路会，今☐☐姜锡珍、姜元瀚☐☐谷壹百斤，亲手领回。其谷加伍行☐☐秋收九月内归还，不得有误。如有□□，自愿将到栽手叁块，壹块地名污在丹，□凭岩洞，下抵溪，左凭山内为有栽☐☐洪；又壹块地名培丢，界限：上凭土垦，☐☐，左右抵冲；又壹块地名井消，上凭土☐☐抵纯礼田，

357

左凭抵主共山，右凭元林山为界，□□明。如有过限九月者，着（作）为断卖管业，抵主□得异[1]。恐口无凭，立此抵断为据。

民国卅年四月□日　文斌亲笔　立

（来源:《清水江文书》第一辑第 11 册第 96 页）

注:

（1）抵主□得异:"异"字下脱"言"字，从其旧。

6-14-1-016 他宋会账册（民国三十年七月十四日）

公元一九五二年

民国三十年七月十四日

他宋会

凤华，鸡二只，计重三斤三两，每斤价二元。

根庆，扣洋六元三角七。

佑求，盐钱一元，酒四件一元二。

锡茂，米吃一升，扣一元二。

松炳，合共用去九元七仙五。

显田，谷子每升价洋弍元二。

清然，米每升价一元弍。

民国三十一年九月初二日计

玉妥借去谷壹百斤。

存在根庆谷子有六百七十九斤半。

存钱在凤华手壹千文。

民国卅二年九月初十日计

存谷有壹百玖拾七斤，在光祖手。

灿求去肉弍斤伍两。

光元去肉伍斤收。

泽求去肉伍斤，☐。

德玉叁斤，☐。

☐☐捌斤，☐加九两。

金保肆斤。

培求式斤半，三斤一两。

（保求式斤☐两）要

（碧海二十四斤）

碧海十五斤。

碧珠陆斤半，收一万伍仟。

碧林式斤。

元西式斤六两。

光有式斤五两，收四仟六。

（来源：《清水江文书》第二辑第7册第146页）

3-1-5-046 姜于简立欠谷字（民国三十二年三月）

立欠谷字人姜于简，为因累年所欠谷及久租谷本利，至民国三十二年会期结算，共该本利壹仟壹佰叁拾斤整，无处归还，自愿尚（向）本祠祠长姜为耀、姜为宏等磋商，将汪翁你大田作典，足（逐）年恁（认）租谷叁佰伍拾斤整。恐口无凭，立此欠典字为据。

外批：其田不俱（拘）远近价到赎回。

于钧

凭中　姜

宣梅

民国三十二年三月　会期亲笔　立

（来源：《清水江文书》第二辑第2册第48页）

3-1-5-049 姜于泽立欠谷字（民国三十二年）

立欠谷字人姜于泽，为因累年所欠谷及欠借谷本利至民国三十二年会期结算，共该本利叁佰四拾四斤整，无处归还，自愿尚（向）本祠祠长姜宣梅、宣明等磋商，将汪翁你秧田作抵，足（逐）年恁（认）租谷陆拾［斤］斤。口说无凭，立此欠典字为据。

外批：其田不俱（拘）远近价到赎回。此批。于简笔批。

凭中　姜于章

民国三十二年　会期亲笔　立

（来源：《清水江文书》第二辑第 2 册第 49 页）

6－13－1－122 王林党立借会洋字（民国三十三年三月初十日）

立借会洋字人本房王林党，今因缺少□用无所出处，自愿借到本房王焕方、光显、清平、泽求、清福、光烈名下，承借其会洋陆仟三百元整，每仟元当利谷二百斤，本利限到明年清明本利归还，不□异言。恐口无凭，立右（有）借字为据存照。

内添二字。

代笔　王世康

民国三十三年三月初十日　借

（来源：《清水江文书》第二辑第 7 册第 122 页）

6－13－1－123 钱会账单（民国三十三年三月初□日）

王有敖　王泽求　王则发　王清平　王清禄　王乾禄
王炳岩借出会羊（洋）壹拾元陆角，又欠酒壹元四角。

王恩乾下欠酒洋　□　肆角。

□王凤仁借去　□　拾伍元陆角，清。

收王清禄借去会洋拾伍元〇弍角，清。

收会上存洋弍拾弍元整，存在光显手，清。

民国叁拾弍年□月初九日

民国叁拾叁年三月　□

王炳岩借去会洋□角。

王恩乾借去会□。

又记开叁拾叁年用□洋数目

用去肉拾式斤□佰式拾伍元。

用去盐肆两，扣洋式拾捌元。

用去酒拾件，扣洋陆拾元。

用去米拾式□拾式元。

壹共用去洋□伍元。

（来源：《清水江文书》第二辑第 7 册第 123 页）

3-1-5-050 姜于简立欠谷字（民国三十三年古历三月十四日）

立欠谷字人姜于简，情因种汪翁你田租、霓培二处田，共三处田祖（租），共该陆百斤，因本年蝗虫为害，众议让式百斤，存四百斤，年抵十月内来示（市）洋叁百元式拾伍[1]，该谷壹百式拾斤，除折外，实存谷式百捌拾斤，无处还清，自愿加四行息，至秋收后九月本利归还。将本名分占元右屋却（脚）小塘作抵是实。

民国三十三年古历三月二四日　亲笔　立

（来源：《清水江文书》第二辑第 2 册第 50 页）

注：

（1）参百元式拾伍："元"字下有两个数字符号和一个"扌"，推算为式拾伍。本当作"参百式拾伍元"，从其旧。

GT-BDS-018/GT-015-001 民国三十三年十月六日舒烈祥典水田契

立典契字人舒烈祥，今因欠到清明会上谷子柒石伍斗无法可设，自愿将到土名屋脚冲水田一丘作典与清明会上耕种为业，日后设法出谷子柒石伍斗赎回。

其田上抵烈祯水田，下抵溪，左抵荒山，右抵溪，四抵分明，欲行作典。随契付与会上耕官（管）为据。

舒烈祥　亲笔

民国卅三年十月初六日　立

（来源：《天柱文书》第一辑第 1 册第 164 页）

GT－GGD－098/GT－033－079 民国三十四年十二月十九日胡启林向本族冬至会借谷并限期归还字

立借字人胡启林，兹借到本族冬至会谷壹佰伍拾式斤，限至明年九月间无息归还，不得有误，否则即由介绍人胡贤广负责偿还。此据。

内添"到""还"式字。

介绍人　胡贤广（手印）左母指
债务人　胡启林（手印）左母指
代　笔　胡启然（手印）左母指

民国卅四年古十二月十九日

（来源：《天柱文书》第一辑第 21 册第 135 页）